「顧客愛」というパーパス

NPS3.0

WINNING ON PURPOSE

The Unbeatable Strategy of **Loving Customers**

ベイン・アンド・カンパニー
フレッド・ライクヘルド
ダーシー・ダーネル
＋モーリーン・バーンズ◆著
大越一樹＋髙木啓晃◆監訳・解説
鈴木立哉◆訳

プレジデント社

WINNING ON PURPOSE

By
Fred Reichheld and Bain & Company Inc.

Published by arrangement with Harvard Business Review Press, through Tuttle-Mori Agency, Inc., Tokyo

本書をアデライド、クレア、
そしてこれから生まれてくる孫たちの世代に捧げる。
どうか愛する孫たちが定期的に集まり、
過去と現在の世代を祝ってロイヤルティ・ベルを鳴らし、
愛とロイヤルティという私たち全員の遺産《レガシー》を称えてくれますように。

本書に寄せて

――ジョン・ドナホー(ナイキCEO)

フレッド・ライクヘルドと知り合って四〇年近くになる。出会ったのは、私が大学を出て最初に就職したベインのボストンオフィスで、私のデスクはフレッドのオフィスの近くにあった。フレッドはいつも若手スタッフに気軽に話しかけてくれ、我々はしばしばロイヤルティの持つ変革の力を讃えていた。フレッドは今もベインで、誰よりも多くの経験と深い洞察力でもってロイヤルティについて熱弁を振るっている。実際、数十年にわたり、実質的にロイヤルティ経済性という一つの分野とネット・プロモーター・システムを創出したのは彼だ。そのNPSは、今では世の中に広く受け入れられている。私はいつもフレッドのことを「ゴッドファーザー」と呼んでいた――もちろん、ロイヤルティのだ。デジタル時代の今、彼の仕事はより重要性を増したため、ロイヤルティの〝DG〟(デジタル・ゴッドファーザー)と呼ぶべきではないかと思うくらいである。

フレッドが開発したツールとフレームワークのおかげで、私はベインにいたときから、自分のキャリアを通じて実践的な成果を上げ続けることができた。ベインのCEO時代には、フレッドの生み出したネット・プロモーター・スコアを世界で初めて導入し、それを完全な経営システムへと発展させるために熱心にサポートした。その後、イーベイ（eBay）、サービスナウ（ServiceNow）、ナイキ（Nike）でCEOを務めるなか、フレッドのコンセプトと創意工夫はずっと私のチームの勝利に貢献し続けた。彼の魅力的な話や主張は、時に経営的というよりも道徳的に響くこともあるが、私のチームが成果を上げるのにいつも貢献してくれた。

さて、せっかくの機会なので、ここではもう一歩踏み込んで申し上げたい。社会の非常に多くの人々が資本主義に疑いの目を向けている今日、我々がビジネスリーダーとしてのモラルについてよく考える必要があることは言を俟たない。だからこそ、フレッドのアプローチはビジネスで役立つ。同時に、「黄金律を重んじる」（第6章）などという高尚なタイトルの章が並んでいるからといって、本書が成長率上昇に役立たないなどとは思い込まないでいただきたい。実は、顧客資本主義を目指すフレッドの工程表《ロードマップ》は、すべてのビジネスリーダー（そしてすべてのチームメンバー、取締役、投資家）が、このますます顧客中心になっていく世界で勝つために必要な基本ツール、方策、プロセスを提供してくれるのだから。

まだある。本書では、一九九〇年代初頭、ベインが破綻の瀬戸際に追い込まれたときの経緯を振り返っている。これは、これまであまり詳しく語られることがなかった物語であり、経営マニアには新鮮な発見となるはずだ。フレッドは、この会社を経営破綻から救うために、ミット・ロムニーの下に結集して手を組むという誓約書に署名した、十数名の第一線パートナーの一人だった。ベインでの四四年に及ぶキャリアを通じて、創業者たちが一七年の歳月をかけて成し遂げた素晴らしいイノベーションだけでなく、彼らが致命的な失敗を犯して去った後に、会社を革新しようと決意して立て直しに突き進んだ日々を直に経験してきたのだ。

だが、なぜこの話を今になってする気になったのだろう。それは、NPSの根底にある基本を理解し、受け入れることを通じ、ベインが本当の意味で働きがいのある職場になった——アメリカの企業レビューサイト「グラスドア」によると、過去一〇年間世界一の座を守り続けている——経緯を理解するのに大いに役立つと思うからだ。ベインは特別な場所であり、研究する価値が十分にある。というのも、同社の進化の物語を知れば、すべてのリーダーが自分のチームを向上させ、偉大さへと導こうというやる気が湧いてくるからだ。

ここで私が言っているのは真の偉大さということだ。フレッドは、第9章に掲げた「宣言《マニフェスト》」でこう説明している。

> 人々が充実した、素晴らしい生活を送れれば、世の中は良くなる。偉大な企業はその支援を行う存在であり、偉大なリーダーはそうしたコミュニティを構築し、維持する。すなわち、単に満足のいくサービスを提供するだけでなく、創造性にあふれた、思いやりのある、心のこもったサービスを通じて顧客に喜びを与え、顧客の生活を豊かにするサービスを提供する。その結果として、チームメンバー自身も意義と目的のある生活を送るよう、彼らの背中を押す。

本書の出版はタイムリーであると同時に、その内容は時代を超えたものである。フレッドは、アップル（Apple）、エンタープライズ・レンタカー（Enterprise Rent-A-Car）、チックフィレイ（Chick-fil-A）といった、いくつかの偉大な企業の物語を更新することから書き起こした。いずれも、彼がこれまで何十年にもわたって追い続けている間に、素晴らしい業績を上げ続けてきた企業群だ。各社のこの実績は、徳の上に築き上げられた企業は回復力が強いという明確な証しだ。ビジネスリーダーに次々と降りかかるさまざまなブラック・スワン（訳注：滅多に起きることはないが、発生すると市場に壊滅的な被害をもたらす事象のこと）に対処できる、ということなのだ。この一年だけでも、我々はパンデミック（新型コロナウイルス感染症の世界的流行）に伴うロックダウン、世界的な景気後退、人種問題を背景にしたさまざまな事件、アメリカ連邦議会襲撃事件などに直面してきたのだから。

本書では、エアビーアンドビー（Airbnb）、ワービー・パーカー（Warby Parker）、ペロトン（Peloton）、チューイー（Chewy）など、ネット・プロモーターの理念やツールを使って勝利の戦略を組み立てている、デジタル革命家たちの新鮮な物語も読むことができる。本書を読み終える頃には、偉大な企業を構築するには何が必要か、きっと新しい理解を得ているだろう。

誤解のないように申し添えておきたいが、本書はフレッドがこれまでに書いてきた大ヒット作の要点を繰り返した本ではない。いや、本書は、これまでの彼の著作の中でも最も重要なものだ、と私は思っている。世界が金融資本主義から顧客資本主義へと移行するなか、未来に対する斬新な視点と思考の切り口を明らかにし、リーダーの果たすべき道徳的な責任を明らかにしている。本書は、すべての偉大な組織を導く第一のパーパスは顧客の生活を豊かにすることで、これこそが“Winning on Purpose.”（勝つべくして勝つ）なのだ、という深く説得力のある証拠も提供しているからだ。

皆さん、他に何もすることがないときには、フレッドの「顧客資本主義宣言」を読んでいただきたい。上記に一部を引用したが、第9章には全文が紹介されている。そこには、まさに彼の主張が凝縮されている。また、第5章の図表にもぜひ目を通し、よく研究してほしい。これは自社の顧客から愛された企業だけが、投資家に圧倒的な高リターンを提供できることを示している。そして、フレッドの新しい強力な指標、プロモーター獲得成長率もぜひ易々と使いこなせるようになっていただきたい。NPS革命による次の飛躍を必ずや支えてくれるはずだ。

読者が本書から、私と同じ感動と実践的な価値を得られるよう祈念している。これこそまさに、正しいタイミングで出た正しい本なのだ。

はじめに——ネット・プロモーターの起源

六五歳の誕生日を数週間後に控えたある日、全身麻酔から目を覚ますと、担当医からの忌まわしい言葉が私を待っていた。「大きな悪性腫瘍があります」

目覚めの一撃とはまさにこのことだ。その日、私はベッド（検査台）の上に横たわり、看護師の指示に従って息を止め、体を動かさないよう注意しながらCTスキャンに身を任せていた。ガンがどこまで広がっているかを調べるために、バリウム造影剤が静脈に流し込まれているときは、「放射線医が何を発見しようとも、自分の時間は刻一刻と死に近づいているんだなぁ」とつくづく思った。普段、私の頭は共有したいさまざまなアイデアで一杯である。しかし、このときはいつもと違った。今考えていることを書きとめておかないうちに生命の終着点に着いてしまう、数々のアイデアは私とともに消えてしまう、そう思ったのだ。

その通り。私が本書の執筆に集中するきっかけとなったのは、命に関わるガンの診断だった。一週間にわたるCTスキャンと検査の後、医師団は治療には一年以上かかりそうなこと、数回の手術と数カ月にわたる化学療法や放射線療法が行われると説明。そして、生存率曲線（私のような症状の患者が二年後、五年後に生存している確率）の概念を紹介してくれた。この手の会話もまた、精神を実に集中させてくれる。自分に時間があるうちに、最も成し遂げたいことは何かについて真剣に考えるようになるのだ。それについて考えれば考えるほど、私は何としても本書を書かなければならないとの思いを強くした。

通常の環境であれば、面倒なことは先延ばしにしようと思うかもしれない。特に、この先一〇年か二〇年は健康でいられるなら、なおさらである。さらに言うと、私は物を書くという作業をどうにも楽しめない。それは、私にとって執筆は柔軟体操や筋力トレーニングのメンタル版といってよいものだからだ。そう、正しいことはわかっていても、実際にやってみると、ちっとも楽しくないのである。だが幸いなことに、私は行動を起こす時間があるうちに目を覚ますことができた。

それでは、私にとって重要だと思われたそのアイデアとは何なのか。残り少ない私の人生を、本当は好きでもない、執筆という仕事に捧げようと思うほどのアイデアとは何か。本書が、その答えを非常にハッキリと示してくれると思う。

私はベイン・アンド・カンパニーで過ごした四四年間のほとんどを一つのテーマに費やしてきた。それは偉大な組織をつくり、維持するうえでロイヤルティが果たす役割を理解し、リーダーたちがロイヤルティを育てるのに役立つツールとフレームワークを開発することだ。これまでに出版した何冊もの著書、数十本もの論文、数百の講演（私の家族が長年にわたって受け続けてきた夕食時のレクチャーを含めれば数千になるだろう）の中で、私は自分の考えを明確に述べ、伝える機会をたくさん持ってきた。一方、ネット・プロモーションという私のアイデアは広がり続け、今や世界中で数え切れないほど多くの組織で利用されている。何と素晴らしいことだろう！　したがって、NPSについて私が付け加えることはほとんどないといってもよいのかもしれない。私と同じような立場にいる理性的な人であれば、放射線、手術、化学療法という、思わずひるんでしまうような治療法に立ち向かうことを決意した後は、人生でやるべきことはすべてやり切ったと腹をくくり、庭に引きこもるかもしれない。

　ではなぜ、このテーマでまた本を出そうというのか。まず、これほど多くの企業がＮＰＳを導入したことは実に喜ばしいことだが、同時にその大半が使い方を間違っている、いや、このシステムが果たせるはずの成果のほんの一部しか実現していないことを、私は深く憂慮している。第二に、顧客とのやりとりがデジタルソリューションに移行するとともに、ＮＰＳはあまり役立たなくなると推測する人々がいる。しかし実のところ、非常に成功したデジタル革命家の多くは、私たちのＮＰＳフレームワークに大きく依存し、デジタル信号による分析とアンケート調査結果を組み合わせて、彼らの提供するデジタルソリューションが非常に魅力的な経験《エクスペリエンス》（と正しい人間的な触れ合い）を提供し、顧客を推奨者《プロモーター》（本書では、「推奨者《プロモーター》」「中立者《パッシブ》」「批判者《デトラクター》」はＮＰＳの構成要素のことを指す）へと変えることに成功しているのだ。最後に、ＮＰＳの使い方を間違えている企業があまりにも多い。学習や成長を促すための指標ではなく、スコアを目標にしているのである。このような誤解を解くために、私としては、ＮＰＳの成り立ちからその基本原則《プリンシプル》、底流に流れるパーパス、そしていくつかの実践的なアドバイスを紹介しようと思う。

私の目を開かせた特別な日々

ＮＰＳの萌芽は、私の目を開かせてくれたいくつかの特別な日がきっかけとなった。ビジネスで勝つとはどういう意味なのか、（ビジネスでも人生でも）成功をどう測るのか、そして愛とロイヤルティの間にはどのような関係があるのか――こうしたことについての私の理解が変わっていった日々である。

ボストンのベイン本社からミズーリ州セントルイスの郊外、クレイトンにあるエンタープライズ・レンタカーの本社を訪ね、アンディ・テイラーに会ったのは、その特別な日の一つである。読者の多くは、アメリカ国内外に七六〇〇店舗あるエンタープライズの支店のどこかでレンタカーを借りたことがあるだろう。

私はアンディと彼の会社について何か特別なことがあると感じてはいたものの、それが何なのかがどうしてもわからなかった。クレイトンを訪問したのは、主にその理由を確かめるためだった。私にはベインの戦略コンサルタントとして数十年のキャリアがあったので、彼が地域のリース会社から世界最大のレンタカー会社に家業を発展させた方法論に感銘を受けていたことは確かだ。エンタープライズは利益率も成長率も低く、資本集約的な業界で事業を展開しているにもかかわらず、ザ・ハーツ・

コーポレーション（The Hertz Corporation）、エイビスレンタカー・システム（Avis Rent A Car System）といった大手のライバル企業と渡り合うことができた。未公開企業で外部投資家からの出資の必要もなく、私がビジネススクールで教わったミクロ経済学と企業戦略のルールもほとんど破られていた。しかし、同社の成功要因は他にもあると思い、それが何かを知りたかったのだ。

私が会ったときのアンディは、すでに資産を何十億ドルも持つ大金持ちになっており、私のような人間と話す以外にもすべきことがたくさんあったはずだから、インタビューの依頼も簡単に受け流すこともできただろう。ところが、彼は私を歓迎してくれた。そればかりか、時間を惜しみなく割いてくれた。同社の見事な成功の秘密を探ろうとする数々の質問に対して、エンタープライズの成長の裏には何も秘密がないのだと、忍耐強く説明してくれた。「フレッド、ビジネスを成功させる方法はただ一つ。お客様がまた来てくれるように、そして友人を連れてきてくれるように、お客様を大切にすることだ[1]」

それから二〇年、私はアンディの正しさを理解できるようになった。持続可能性と、私が言う「良き利益」（詳細は後述する）を重視すれば、それが企業を成長させるための唯一の方法であることに確信するようになったのだ。

もちろん、これには顧客を大切にする体制をどのように整えるかという疑問が残る。アンディに「社長在任中の出来事で最も誇りに思うことは何ですか」と尋ねると、彼は近くの本棚の上にあった分厚いバインダーを指さした。それはエンタープライズでその年に二〇万ドル以上の収入を得た従業員のリストなのだという。同社が目を見張る成長を続けていることを考えれば、今頃この冊子はもっと分厚くなっているだろう。

もう一つ、アンディが話してくれた次の言葉を、私は決して忘れない。「フレッド、君の名前がある会社のリーダーまたはオーナーとしてこのドアに掲げられているとき、もしお客様が『自分が大切にされている』と感じなければ、君はそれを自分個人の問題として捉える必要がある。つまり、傷つけられているのは君の個人的な評判なのだ、と考えるべきだ。友人や近所の人々がカクテルパーティーや地域のバーベキューパーティーでエンタープライズでの経験について話しているのを聞くと、彼らが本当に話しているのは自分の親戚についてのこと、つまり、私たちが近所の人々の生活にどう影響を及ぼしているのか、という問題と受け取るのだ」

読者はすでにご存じかもしれないが、多くの競合他社と異なり、エンタープライズは配偶者が運転した場合の追加料金、法外な遅延料金、ガソリンタンクを満タンにするのにかかるガソリン代金の不当な上乗せといったオプションを取らない。確かに、こうしたことは企業が短期的に利益を押し上げるための手口ではある。だが、長期的には、こうした企業が顧客の幸せを奪い、会社の評判を落とすことは間違いない。

アンディに秘密の武器があるとすれば、業界内の他の誰もが目を向けていない鋭い洞察力を持っているとすれば、これしかない。カクテルパーティーでの会話、裏庭に置いたホットプレートを囲んで話された数々のエピソードが、あなたの評判やビジネスの命運を左右する、ということだ。しかも、今やこのような会話がソーシャルメディアを通じて拡大され、エンタープライズの優位性は飛躍的に伸びているのである。

＊＊＊

特別な日をもう一つ紹介しよう。幸運なことに、私はテキサス州サン・アントニオにあるボブ・ヘレスのオフィスで彼と話をする機会を得た。アメリカ海軍兵学校を卒業した後、ボブはレーガン大統領の統合参謀本部副議長の地位にまで上り詰めた。私が会ったときには、ＵＳＡＡのＣＥＯだった。ＵＳＡＡは、米軍当局者向けに自動車保険を扱う小さなニッチ企業からフォーチュン２００入りするまでに成長した、保険・金融サービスの巨大企業である。皆さんも、最近のＵＳＡＡのテレビコマーシャルを見たことがあるだろう。軍人の家族、つまり実際の顧客が同社を称賛しているあのコマーシャルだ。

ボブの計らいで、ＵＳＡＡの本社をめぐるツアーを見学させてもらった。社屋としては世界最大級の建物で、あまりにも広いのでゴルフカートに乗らなければならなかったが、実は思いがけない場所で忘れられないシーンに遭遇した。昼過ぎ頃に、できあがったばかりの弁当が厨房の天井高く積み上げられていたのである。シェフの説明によると、それは従業員が家に持ち帰って家族と食べるための夕食とのこと。買い物や調理に時間を取られることなく家族と一緒にすごせるようになった、と特に一人親世帯に喜ばれているという。シェフとの会話も弾んだ。シェフはとりわけ自分のチームがつくった、小さな子どもたちにアピールするばかりでなく、栄養価の高い革新的な食事を誇りにしていると語った。この日、私が体験したさまざまな出会いを通し、ＵＳＡＡが従業員の幸福感とウェルビーイング（幸福度）を大切にしていることに感銘を受けた。あたかも、真に優秀な将軍が自分の軍隊を大切に思っているかのように感じたのである。ボブは私に、リーダーの仕事とは、チームが正しいミッションを遂行し、ミッションをよく理解したうえで成功に必要な資源を確保できるようにすること、そして何よりもリーダーが自分たちの安全とウェルビーイングのために全力を尽くしてくれることをチームによく理解してもらうことだ、と教えてくれた。偉大なリーダーは、毎朝このことを気にして目を覚まし、夜に床に就くのだ、と。

私がUSAAから受けた教えはそれだけではない。最初の訪問の後も、ボブはさまざまなアドバイスをしようと、何度も連絡をくれた。彼のリーダーシップ哲学と偉大な組織を築くうえでロイヤルティが果たす役割について、私たちは電話で何度も話した。さらに、バブソン大学のエグゼクティブ・カンファレンス・センターで行われた経営者向けセミナーで私がロイヤルティに関する講義をしたときには、自らボストンまで飛んできて手伝ってくれた。ボストンでの滞在中、ボブは奥さんとともに私たち夫妻を夕食に招待してくれた。セミナーとディナーでの質疑応答を通じ、私は彼が自分や自分の会社をよく見せるためではなく、私の仕事を助けるために受け答えをしてくれたことに気づいた。あるとき、彼の秘書を長く務めている女性に「ボブは誰とでもこんなに気前よく接しているのですか」と尋ねてみた。すると彼女は、ためらうことなくこう答えたのである。「誰とでも、というわけではありません。ただ、誰かが重要な仕事をしている人だと見抜いた場合には、その人の役に立ちたいと思うようで、そういう人たちに投資するのです」

この教えには衝撃を受けた。世界を良くしようとして働いている人や、そういう人々にあふれた組織を見つけると、その成功を手助けする方法を探さなければならない。そのような関係に投資し、投資を通じて自分の個人的な影響を増大させるためだ。これは基本的にロイヤルティと関係がある。ボブは、戦場で命をかけて戦うという意味だけでなく、金融サービス業の中で、顧客や同僚たちの日々を明るくするために行う日々の意思決定や優先順位の決定という文脈でロイヤルティを理解していた。ロイヤルティとは、人間関係に時間と経営資源《リソース》を投資することだ。その結果、人間関係の基礎となる基本原則《プリンシプル》を前進させることができる。そうすることで、この世界を良くすることができるのである。

ＵＳＡＡは、顧客体験《カスタマージャーニー》全体のエピソードをデジタル化する先駆者として際立っている（同社には支店がなく、顧客は世界中に広がっているので、別に驚くことではない）。たとえば、ＵＳＡＡのデジタルバンキング・チームは小切手用にモバイルを使ったオンライン入金の仕組みを開発した。デジタル技術が高度化しているにもかかわらず、ＵＳＡＡはデジタルボットやアルゴリズムを使って顧客から追加利益を得ようとすることは決してしない。顧客に提供するサービスを改善することだけを目指している。そうした態度や姿勢は人の口から口へと自然に広がる。しかも、忘れないでほしいのだが、先ほど触れたカクテルパーティーやご近所とのバーベキューは、今日ではソーシャルメディアやユーチューブ、格付サイトで補完されているのだ。同社の顧客と従業員は、ＵＳＡＡがいつも自分の利益を第一に考えて行動してくれることに疑いを抱かない。もちろん、ＵＳＡＡは高度な分析と高い保険引受能力を駆使して、競合他社に勝るとも劣らぬ成果を出し続ける必要がある。しかし、人間とデジタルの能力を両方駆使して顧客の生活を豊かにし、従業員に神聖なミッションを受け入れる気にさせるのは同社の決意だ。だからこそＵＳＡＡは、保険業界で一目置かれる存在になったのである。

私の印象に残っている三つ目の「特別な日」は、チックフィレイを訪問し、同社の経営陣とリーダーシップの継承についての討論会で司会を務めたときだった。創業者のトゥレット・キャシーは、訪問した日の晩に別荘に招待してくれ、翌朝には私たち全員にワッフルをつくってくれた。このときに、私たちの関係の方向性が決まったと言っても過言ではない。

＊　＊　＊

最初に明らかにしておきたいのだが、黄金律がＬＧＢＴＱ（性的少数者）の権利にどう適用されるかについて、トゥレットがどういう立場を取っているか、私は心配だった。私には四人の子どもがいる。そしてうち二人は同性愛者で、立派に結婚している。トゥレットは年齢がすでに八〇歳を超え、南部バプテスト教会の信奉者だ。対する私は中年で北部出身、ハーバード大学で教育を受けたユニテリアン（訳注：バプテストもユニテリアンもプロテスタントだが、宗派が異なる）。つまり、私たちの目には世の中が同じように見えていないのだ。正直言って、ボストンからアトランタへと向かう飛行機の中で、このことが私の心にずっと引っかかっていた。

しかし、私はトゥレットが町中を車で案内してくれたあの日のことを決して忘れないだろう。自分がスポンサーとなって定期的に訪ねている十数軒の里親家庭を紹介してくれたのだが（実を言うと、トゥレットが高齢者であることは間違いないので、ツアーが始まったときには少々不安だったのだが、すぐに驚くほどしっかりしたドライバーであることがわかってホッとした）、立ち寄ったどこの家でも彼は温かく出迎えられていた。トゥレットがそれぞれの家庭のことを熟知し、大切に思っていることは明らかだった。移動中の車内では、さまざまなことについてざっくばらんに話ができた。なかでも、南部バプテスト派では、聖書の一節を自分にとっての座右の銘とする伝統があるという話が印象に残っている。トゥレットにとってのそれは「令名は大いなる富に勝り、恩恵は銀や金よりも良い」と書かれている《箴言》二二章一節だった。そして、自分はプライベートでも仕事でも、このルールを守って懸命に生きていると言うのだ。

そのとき、私は「待てよ、これは誰にでも当てはまる、正しい一節だ」と思った。今でもそう思っている。あなたにとって最も価値ある資産は、あなたの評判だ。それは、生きている間に人がどのような機会に出合うかを決定づけるもので、自分が亡くなった後も残る唯一のものかもしれない。「自分がその人の立場だったら、こうしてもらいたい」と思うような正しい接し方をするたびに、あなたは自分の評判を高め、世界を良い方向へと導く。これは、一期一会を大切にする、ということだ。もちろん、これは黄金律、つまりほとんど普遍的な基準だ。一方で、この黄金律の基準に満たない行動はすべてあなたの評判を落とし、世界を少し悪い方向に導くことになる。

その日、私がトゥレットから学んだ教訓の一つは、「自分の目的《パーパス》を早く見つけるほど、それを実現する時間が長くなり、自分が見つけた世界よりも良い場所を残すことができる」ということだ。さらに、どの目的にどの程度近づいているかを測る、より良い方法が必要だとも思った。そうすれば進捗状況を把握し、成功と失敗の両方から学び、将来のさらなる改善の舞台を整えることができる。トゥレットは、自分が最も元気になるのは、人のしかめ面を笑顔に変えるときだと話してくれた。ＮＰＳとは、笑顔の人の割合（%）からしかめ面をした人の割合（%）を差し引いた数値である。そう考えると、トゥレットがNPSに与えた影響は明らかだろう。この一〇年間、（私の見たところ）チックフィレイの同性愛者に対する姿勢は大きく改善し、黄金律の正しい理解に沿った愛を与えるようになった。このことを私はうれしく思っている。結果として、しかめ面を笑顔に変えた人々の数がますます増えているからだ。

エンタープライズやUSAAと同じく、チックフィレイはほとんど奇跡的な成長と繁栄を続けている。チキンサンドイッチのニッチな地域チェーンだった同社は、株式市場に打って出るまでもなく、アメリカとカナダで二五〇〇以上の店舗を抱え、売上高では（マクドナルドとスターバックスに次ぐ）世界第三位のレストランチェーンへと成長した。社内で生み出したキャッシュフローでこれだけの成長を賄うことは（しかも、同社は利益の相当部分を毎年慈善団体に寄付している）、奇跡のように思える。しかも店長は一万ドルの初期投資を行い、その後は毎年数十万ドル、場合によってはそれ以上の収入を得る場合もあることを考えると、なおさらである。

私は、アンディ・テイラーがあれほど誇りにしていた、あの分厚いバインダーのことをまた思い出す。トゥレットとアンディはまったく違うタイプの人間だが、共有しているミッションがある。顧客の問題を解決することでパートナーの成功と繁栄を助け、しかめ面を笑顔に変えることだ。

＊　＊　＊

以上三つのエピソードは、私にいくつかの重要な教訓を与えてくれた。第一に、ビジネスを動かす経済的な力に対する私の理解に大きな誤りがあった、ということ。ビジネススクールで教わり、ベインでの若い頃の経験によって磨かれた金融モデルでは、ここで紹介した三社の驚異的な自力成長を説明できない。彼らの真の経済性を理解するには、その根底に流れる圧倒的な力を明らかにし、数値化しなければならなかったのである。それはロイヤルティだ。

第二に、三社のリーダーたちは、いずれも目を見張るほど成功した起業家であるにもかかわらず、自分のことを自社の現場チームの召し使い《サーバント》だと考えていたという事実を受け入れざるを得なかったことだ。チームリーダーに対しては極端なほどの好待遇を提供し（レストランの店長の収入が毎年数十万ドルなのだ！）、彼らの成功を目に見える形で、しかも心から祝福していた。チームが顧客を正しく扱って初めて、チームリーダーの一人ひとりが素晴らしい生活を送りながら成功したキャリアを構築できるよう、その環境をしっかりと整えることで、彼らのウェルビーイング（幸福度）を大切にしていたのである。

そしてこの、仲間を大切に思う気持ちが第三の教訓だ。彼らは、利益や成長よりもはるかに刺激的なパーパスを受け入れていた。このパーパスは有益な副産物で、中核的なミッションは顧客に幸せを届けること、つまり顧客の問題を解決し、しかめ面を笑顔に変えることだ。エンタープライズ、ＵＳＡＡ、チックフィレイは、このミッションを達成している。だから、コストのかかる広告宣伝やマーケティングの仕掛けで成長を買う必要がない。その代わり、チームメンバーが顧客を大切に扱うこと（そして顧客からも愛されること）を通じて成長を勝ち取る。したがって、面倒な料金も、顧客をおびき寄せるための「おとり価格」といったテクニックやごまかし、罠、（不都合な情報が読みにくい）小さな活字も利用しない。なぜなら、彼らのパーパスとは相いれないからだ。顧客は、自分が大事にされていると感じれば再び来店し、友人たちを連れてきてくれる。そうした姿勢や行動が、持続的で収益性の高い成長の原動力となっているのである。

個人的な意味合い

本書はビジネス書ではあるが、ここに紹介した教訓は私個人の人生にも深く影響している。自分が体験したエピソードをいくつか紹介することで、各社の実践の普遍性が明らかになり、読者がどのような組織で働いていても、顧客、メンバー、従業員、投資家とともにより良い選択をして、成功した人生を送るための指針になってくれればと願っている。

たとえば、私はＮＰＳスコアが最も高い（つまり、顧客から最も愛されている）企業からモノやサービスを購入するように心がけている。顧客を愛してくれる企業と付き合うと、人生はそれまでよりもずっと楽しくなる。面倒な費用と平凡なサービスに何年も耐えたあげく、それまでの銀行との取引をついにやめたとき、私は金融業界でＮＰＳスコアが最高レベルの銀行に乗り換えた。ファースト・リパブリック・バンク（First Republic Bank）だ。私は今、この銀行の支店に行くのも、自分の担当者に電話や電子メールを送るのも実に楽しみだ。新型コロナウイルス感染症の危機が佳境にあった期間中、担当の女性は同行の取引とは関係のない書類を喜んで作成してくれ、雪の降りしきる駐車場を歩いて、暖かい車の中で（安全にマスクをして）待っている私に渡してくれた。顧客に喜びを与えることが第一のパーパスと考える銀行に切り替えて、私の生活は驚くほど豊かになった。

私の家族も、どの企業が自社の顧客を最も愛しているかを理解したことの恩恵を直接受けている。たとえば、私は一九七七年からベイン・アンド・カンパニーで働いている。ベインでは、読者の皆さんが本書で目にする多くの分析手法やツールが生み出された。ベインでの分析を通じて、私はアップルが顧客からも従業員からもずばぬけたスコアを獲得していることを知っていた。息子のビルが大学を卒業して、不景気の真っ最中に初めて正社員として働こうとしたとき、私は彼に地元のアップルストアに応募したらどうかと薦めた。最終的に、ビルはアップルストアに応募して採用された。そして、この就職はこれ以上ないほどうまくいった。入社以来、ビルは顧客と従業員の生活を豊かにするというミッションを真剣に受け止める文化と経営プロセスを叩き込まれてきた。私の見るところ、彼があのコミュニティで培ったスキルの価値は、ビジネスや経済学の上級学位を取得して得られる価値をはるかに超えていると思う。

ビルは、会社がチームメンバーのウェルビーイング（幸福度）を考えてくれるとはどういうことかを、身をもって知った。たとえば、アップルは従業員に貯蓄と投資を奨励している。これは多くの若者がまだ身につけていない人生上の必須のスキルであることを理解しているからだ。第一に、アップルは同社の充実した企業年金制度を使った貯蓄を薦めている。一〇年前（ビルがアップルのストアチームに入った頃)、従業員が毎年限度額いっぱいまで(バンガード・トータル・ストック・マーケット・インデックス・ファンドに)拠出していたなら、現在の残高は一〇万ドルを超えているだろう。貯蓄と投資の魅力をさらに高めるために、アップルは従業員持株制度も提供している。従業員は給与の最大一〇%を、半期ごとの期初または期末株価の八五%(いずれか低いほう)に相当する株価でアップル株式に自動的に投資できる。もし、仮想的なアップルストアの従業員が、ビルと同時期に持ち株制度に入って限度額を拠出していたら、彼または彼女の保有株式の価値は三〇万ドルになっているだろう。企業年金制度の分と合わせると、その従業員は四〇万ドルの資産を獲得したことになる。アップルストアで一〇年働くと、とんでもない蓄えができるということだ。

もちろん、従業員の誰も彼もが給与の限度額いっぱいを貯蓄に割けられるわけではないが、このような制度のおかげで、多くの従業員が他の方法ではとうてい実現不可能な多額の貯蓄をすることができる。しかし、金銭的な利益よりも重要なのは、従業員一人ひとりが善良な人々と時間をともに過ごす機会を得られるということだ。アップルはそのような人々を雇おうとするし、自分の接する人々の生活を豊かにする行動を祝福する表彰制度と報酬制度を通じて、こうした人々の持つ本質的な善良さを強化している。そしてビルの場合、ストアでともに働く素敵な人と結婚できた(アップル、ありがとう!)。二人の友人の大半はストアの同僚と元同僚たちだ。しかも、アップルで過ごす中で築き上げた人間関係とそこから学んだ教訓で、彼らの生活は豊かになっている。

もちろん、父親にとって、子どもたちの幸せほど大切なことはない。しかし私には、アップルを内側から眺められたことにはもう一つの利点があった。会社の広告キャンペーンやマスコミの記事ではなく、従業員の目を通してこの会社を見ることができたという点だ。私は自分が目撃したことを根拠に、アップル株への投資額を増やした。そして、この判断も非常に幸せな決断だった。

レッスンは終わらない

本書のタイトルページには、ダーシー・ダーネルとモーリーン・バーンズが共著者として示されている。二人の編集能力の高さと次々に示してくれた改善提案は、裏方の編集者のレベルをはるかに超えているので、今回は公的な役割で加わってもらえたことをうれしく思っている。本書を執筆する過程で、私が初めてNPSをつくったとき、これは「ネット・プロモーター・スコア」の頭文字であったことをモーリーンが思い出させてくれた。その後、NPSは一連のソリューションへと進化したため、私たちは現在これを「ネット・プロモーター・システム」と呼ぶことにした。各章を深く掘り下げていくにつれて、モーリーンは「本書で本当に語っているのはNPSの魂だと思うのです。そこで、NPSをネット・プロモーター・スコア／システムと呼ぶことにしませんか」と提案してくれた。ダーシーも同意見で、「正しく導入されたNPSは、ある企業が顧客を愛するというパーパス《目的》をどの程度一貫して達成しているかが明らかになります」と指摘してくれた。ありがとう、モーリーン、そしてダーシー。

日本語版発行に寄せて

顧客ロイヤルティを計測する「究極の質問」として登場したNPS（ネット・プロモーター・スコア）は企業の売上成長と相関し、かつシンプルであるという特長によってアメリカで急速に普及し、本書の出版時点でフォーチュン500企業のうち六、七割の企業が導入するまでに至っている。

一方で、多くの企業がNPSの本来の力を十分に活用できず、顧客の人生を豊かにするというミッションの入り口で右往左往している状況でもある。そうした状況に対する真摯な総括を踏まえつつ、これを打破するために書かれたのが本書である。

二〇一三年にフレッド・ライクヘルドらによって刊行された『ネット・プロモーター経営――顧客ロイヤルティ指標NPSで「利益ある成長」を実現する』では、NPSは顧客ロイヤルティを計測する指標としての「ネット・プロモーター・スコア」であると同時に、顧客の声に基づいて組織的に学習・改善サイクル（フィードバック・ループ）を回し、ファン顧客をテコにした売上増加につなげる経営の仕組みとしての「ネット・プロモーター・システム」であると宣言した。これに呼応するように、世界中でさまざまな企業がNPSを経営の仕組み（システム）として発展させて成果につなげてきた。

日本でも、二〇一〇年代に入ってから導入する企業が徐々に増えている。私自身、ベイン・アンド・カンパニーの東京支社で顧客戦略グループをリードする立場として、これまで数多くの企業からNPSに関するご相談を承ってきた。自社を顧客起点の企業に変革すべく、自らの創意工夫や試行錯誤をもって日々チャレンジし続けられている日本企業の取り組みは非常に素晴らしいと敬服することも多く、こうしたモメンタムが広がりつつあることに喜びを感じている。

一方で、NPSに対する部分的な理解や自己流の解釈、またさまざまな現実（企業内での優先順位、古くからの企業文化、権限、予算の制約など）に直面する中で、本来得べかりしNPSの最大パワー（フルポテンシャル）を活用できていない事例にも数多く接している。なかでも多いのが、顧客満足度調査の質問にNPSが導入されて計測されているものの、NPSを通して得た顧客の声の活用については「これまで通りのやり方」が踏襲されていることだ。その結果、NPSの改善は顧客接点の最前線を担う部門による「草の根の努力」任せになり、経営陣には年に何回かレポートを上げて、その場では議論は盛り上がるが、企業戦略と連動してのメリハリをつけた方針策定や、予算や人手のかかる「経営判断」を伴う投資やアクションには至らない状況に陥っている。これでは、現場の業務の複雑性や労力、コストが積み上がる一方で、競合を凌駕して真に顧客をファンにするための大きな成果は上がらないだろう。

私がNPSのご相談を承る際に、必ずお尋ねする質問がある。それは「御社でNPSの成果に責任・権限をお持ちの方、つまり成果が上がったら褒められて、下がったら怒られる方はどなたですか？」というものだ。たいていの場合「良い質問ですね……」と黙り込んでしまうか、「特に決まっていないので社長でしょうか……」と曖昧な答えが返ってくるかだが、なかには「スコアが下がると調査担当の私が怒られます」という実に気の毒な回答もあった。

売上や利益については責任者が存在し、(たいていの企業では) きっちりと成果を見ながら経営されているのに対して、NPSは真の意味での責任者不在のまま、売上や利益のような経営指標から切り離され、大きな問題がなければ経営の優先テーマから滑り落ちてしまう「コンプライアンス指標」としての取り扱いに押し込められている。また、NPSを高めた成果を売上成長という形で収穫できているのかについても、正しく評価が行われていない。ファン顧客を増やすことによる売上成長機会を、みすみす逃しているように見え、実にもったいない状況である。

NPSが誕生してからおよそ二〇年。NPSの活用における技術的な側面では多種多様な進歩があった。昨今では、顧客接点のデジタル化やデータの活用可能性の広がりに伴い、これまで想像もできなかったような飛躍を遂げようとしている。ただ一方で、多くの企業ではNPSの最大パワーを活用しきれず、顧客の人生を豊かにするというミッションを果たせていないことも事実である。

フレッド・ライクヘルドらが本書で提唱する「NPS3・0」では、NPSの技術的側面よりもむしろ、顧客への愛を実践することで自社のファンを増やし、その結果としてビジネス成長を加速するという実にシンプルで本質的なミッションを達成するためにどのように企業を改革していけばよいのか、という問いに立ち戻り、豊富な事例紹介とともに考察を進めている。また、NPSを高めるという「種まき」の結果として、きちんと自社の売上成長として「収穫」できているのか、という観点から、NPSを補完する新たなコンセプトとして「プロモーター獲得成長率 (Earned Gross Rate)」を提唱している。

＊＊＊

私は先日、京都五山の筆頭にも数えられる天龍寺で、素晴らしい日本庭園を目の前に（人生で初めて）座禅を組むという、これ以上なく贅沢な機会を得た。池の周りに巧みに配置された石や木々、借景として取り入れた嵐山のこんもりとした森に圧倒されながら、小鳥の声や水音しか聞こえない早朝の静寂の空間で、一時間ほどただひたすら雑念と向き合い続けた。そのときの不思議な感覚は今でもありありと思い出すことができる。

座禅を解いた後、ご指導いただいた禅師から実に興味深いお話を伺った。天龍寺を創始した夢窓国師は、禅宗の教えを後代の弟子たちに伝えるために、書物よりもむしろ（問答集は遺っているようだが）、まさにこの素晴らしい庭園を設計・造成して遺したというのである。配置された石や滝などの一つひとつに教えのエッセンスがこめられているそうだ。天龍寺では今でも修行僧たちが夜な夜な夢窓国師が伝えた教えを体得すべく、庭園を前に座禅を組んでいるとのことである（なお体得に一〇年はかかるそうだ）。

この話から、私は真に顧客起点の企業文化を築こうと日夜奮闘されているビジネスリーダーにとって大きなヒントになるというインスピレーションを得た（ちなみにフレッドは自宅の庭の池で錦鯉を飼っているそうだが、この話とは無関係である）。それは、言語化されていない生の世界に触れながら、自らの体と心を見開いて実践することを通して学び続けることで、単に「頭でわかった」だけでない、本質的で深い悟りに至ることができるということである。

ＮＰＳは顧客ロイヤルティを計測するという極めて有用なツールであり、分析から多くの示唆を得ることができる。だが、真に持続的かつ自律的な顧客起点の企業文化を築くためには、それだけでは足りない。挑戦しがいのあるパーパスによって経営層から最前線の従業員までを幅広く巻き込みながら、顧客の生の声に向き合って組織全体で学び、優れた顧客体験を日々実践することを通して初めて、社会に欠かせない存在として深く根を下ろした企業文化の創造と、他社には模倣できない組織能力の進化を実現できるのではないだろうか。体得に一〇年はかからないかもしれないが、これは一朝一夕では成しがたい大仕事である。

本書が日本の読者にとって、顧客の人生を豊かにすることを通して自社のビジネスを成長させるという、素晴らしい実践を始めるきっかけとなり、大きな改革を導くコンパスとなることを願ってやまない。

ベイン・アンド・カンパニー　パートナー
大越　一樹

二〇二二年九月

イントロダクション
パーパスを知る――そして実践する 43

第3章 顧客を愛する——顧客資本主義の本質 109

第4章

チームにやる気を起こさせろ——意義と奉仕の人生を送るために

第5章

投資家を尊敬する
――勝つのは顧客のロイヤルティが高いときだけ

第6章 黄金律を重んじる——だが、まずは理解しよう 231

第7章

期待を超えた感動を届ける

――単なる満足に終わらない差別化

第8章

こだわり続ける
――強い企業文化を醸成するシステムを構築する

第9章

謙虚であれ
――ネット・プロモーター3・0と、その先へ

第10章 日本企業も「顧客愛」で成長を遂げられる

Appendix

「顧客愛」という
パーパス
NPS3.0

WINNING ON PURPOSE

The Unbeatable Strategy of Loving Customers

Winning on Purpose

Know Your Purpose

Introduction

パーパスを知る

そして実践する

自分の目的《パーパス》は何か?

ほとんどの個人と企業にとって、これは一種の誘導尋問だ。個人にとって、「人生の目的とは何か?」という問いは哲学的で宗教的な響きを含んでおり、自分がなぜ存在しているのか、まさにその理由を探求したくなる。誰もが自分自身のためにこの問いに答えを出したうえで、できればその目的《パーパス》を達成すべく生きられればそれに越したことはないだろう。

だが、企業については、本書は大胆な主張をすることにした。常に勝利するための目的、いわば自社の存在意義《パーパス》は一つしかないからだ。もちろん、魅力的に見えるパーパスは数多くある。「勢力を拡張してビジネスを永続させる」「最低コストで最も効率的なプロバイダになる」「自分たちの業界で最大になる」「トップクラスのテクノロジー企業になる」「働きやすい会社になる」「顧客に幸せを届ける」「汚染を減らす」「模範的なガバナンスを実践する企業になる」「株主の富を最大化する」「不平等をなくし、社会正義を実現する」といった具合にだ。だが、最も強靭でいつまでも成功し続けられる企業は、どんなときにも最優先するパーパスを一つ選ぶ。それは、顧客の生活を豊かにすること。そして、このパーパスに従って事業を運営する。

これは、さほど広く認知された見方ではない。ベイン・アンド・カンパニーの調査によると、顧客価値の最大化を第一のパーパスとしている企業は全体のわずか一〇%だった。[1] 多くの企業はまだ、株主価値の最大化をど真ん中に置くという、旧来の金融資本家のマインドセットで事業を運営している。ここ数年、投資家だけでなく、顧客、従業員、サプライヤー、環境、社会といった複数のステークホルダーに説明するためのバランス・スコアカード(訳注:戦略立案や実行評価のために用いられるフレームワーク)

を採用しようという企業が従来よりも増えてきた。だが、過去四〇年間の私の経験を踏まえると、それらの企業と比べても、顧客を第一に考える企業が、顧客だけでなく、あらゆるステークホルダーに対してより優れた結果をもたらすことができる。

読者は、本書の第2章と第5章に、顧客を最も愛する企業が株主にも最高のリターンを提供しているという、説得力ある証拠を見出せるだろう。顧客を幸せにすることで、投資家も幸せにできる。ところが、逆の戦略は間違いなく失敗する。なぜなら、企業が投資家の利益を最優先にすると、顧客をないがしろにする行為を頻繁に行うようになるからだ（過度な延滞料、当座貸越料金、フライト変更手数料等を考えていただきたい）。

もちろん、今日、多くの企業は顧客中心に変わろうとしているので、この考えは常識外れではない。しかし、企業は顧客の幸福度の向上を第一のパーパスにしようとまでは至っておらず、なかなか飛躍的な進歩を遂げられずにいる。実際、顧客中心主義がかなり広がってきたにもかかわらず、大半のビジネスパーソンは今も、ビジネスの第一のパーパスを利益だと考えている。これは驚くべきことではない。何しろ、私たちはもっぱら財務結果に基づいて企業の成功を評価し、ボーナスを払い、出世の可否を判断しているのだから。

なぜだろう？　財務情報が監査に耐えうる最も信頼性の高い情報を提供するからだ。計画立案、意思決定、説明責任を推進し、投資家の注目をそこに集めることができる。今や私たちは投資家ではなく、顧客中心の世界に生きていることを多くのリーダーが認識してはいる。だが、彼らの組織、統制システム、ガバナンス・プロセスはすべて利益中心という古い世界を前提に組み立てられてきた。

一方、アップル（Apple）やアマゾン（Amazon）、T–モバイル（T-Mobile）、エンタープライズ・レンタカー（Enterprise Rent-A-Car）、コストコ・ホールセール・コーポレーション（Costco Wholesale Corporation）はもちろん、ワービー・パーカー（Warby Parker）、ペロトン（Peloton）、チューイー（Chewy）といったデジタル革命企業をはじめとする今日の成功企業は、顧客中心の考え方を事業運営にうまく組み入れてきた。各社のリーダーたちは、他のすべてのステークホルダーの利益よりも、顧客の利益を第一に考えるよう社員たちを刺激してきたのだ。

ネット・プロモーターは、有象無象から勝者を分ける要因に明るい光を当てる。「NPS（ネット・プロモーター・スコア：推奨者の正味比率）」を使うことで、企業は顧客のパーパスに対する達成度合いを測定できる。科学的にも厳密に測定できる指標へと数値化できたことで、顧客中心主義はもはや広報部門による大げさな宣伝文句ではなくなったのである。

本書の序文では、チックフィレイ（Chick-fil-A）の創業者トゥレット・キャシーが、自分（と彼の会社）を鼓舞するのは、顧客のしかめ面を笑顔に変えることだ、ということを直感的に知っていたと指摘したが、NPSはこれを計測可能で管理可能なプロセス、つまり科学に引き上げた。本書を読み進めればおわかりになるように、NPSは顧客が正しいサプライヤーを選ぶだけでなく、求職者が自分に最適な職場を見つけるのにも役立つ。そしてこれを使えば、投資家は市場に大差をつけて勝つことができる。

突然の指名に真っ青になる

ＭＢＡの学生だったとき、教授陣からの突然の指名には肝を冷やしたものだ。[2] それから数十年経ったある朝、今度はハーバード・ビジネス・スクール（ＨＢＳ）のボリス・グロイスバーグ教授からいきなり電話をもらい、学生時代と同じくアドレナリンが上がるのを感じた。自己紹介を終えると、教授は自分が子どもたちの通う学校の役員をしているのだが、どうも校長がＮＰＳフィードバックを非常に効果的に使っているらしいこと、彼が取締役に就いているファースト・リパブリック・バンク（First Republic Bank）もＮＰＳを本格的に活用し始めたことを話し出した。偶然とはいえ、ＮＰＳに二つの場面で出合ったことで、彼はこれを最大限に活用する方法についてもっと学びたいと思ったのだと言う。最も成功したのはどこで、うまくいっていないのはどこなのかを知りたい、と。そこで、数日後にＨＢＳのファカルティクラブで会うことになった。

昼食を摂りながら、私たちはそれまでの人生経験を語り合った。ＮＰＳがこれだけビジネスの世界に広まっていて、しかも私自身がＨＢＳとかなり密接な関係にあるにもかかわらず、ＮＰＳについて書かれたＨＢＳのケーススタディが一つもないことを話すと、グロイスバーグは驚いたようだった。実際、大半の教職員は、私の仕事から少し距離を置いていた。なぜだろう？　ＨＢＳでは、ＮＰＳがマーケティングツールと見られているからではないか、と私はグロイスバーグに話した。要するに、これは顧客満足度を測る少しましな指標にすぎず、役員室にいる経営者が関心を持つような代物ではない——そう思われていると説明した。[3]ところが、リーダーシップ論と組織戦略を専門とするグロイスバーグは、NPSにはそれよりもはるかに高い影響力があると見ており、NPSを最大限に利用している会社を教えてもらえないか、と言うのだ。

昼食が終わる頃になって、私は彼にファーストサービス・コーポレーション（FirstService Corporation）を紹介した。カナダのトロントを拠点に不動産管理業務を提供している企業で、売上高はおよそ三〇億ドル。私は同社の取締役をしている。この会合がきっかけとなって、HBSでのNPSに関する最初のケーススタディができあがった。このケーススタディで取り上げたのはNPSをさまざまな方法で利用している、ファーストサービスの子会社であるカリフォルニア・クローゼット（California Closets）だ。マーケティング・セグメンテーションとマーケティング戦略向けの革新的な適用方法を取り上げており、その一部は本書でも紹介している。だが、このケースの核心はミッション、つまり従業員をいかに刺激して、顧客に正しく接するかにある。

私は、グロイスバーグがNPSについての新しいケーススタディを教え始めたときにいくつかのクラスを傍聴した。彼はNPSを導入する際に検討すべき数多くの課題を、学生たちが認識しやすいように見事な手綱さばきで導き、学生間の議論を大いに促した。クラスが終わる頃、グロイスバーグから頼まれてNPSの起源についてコメントしたことが契機となり、活発な質疑応答が続いた。授業後には階下のスタジオに連れていかれ、補助教材ビデオ用のコンテンツとしてインタビューを受けた。インタビューテーマの一つは、NPSを誰もが自由に利用できる「オープンソースの指標」にすることは賢明だったのか、という点だった。この決定のおかげでNPSの急速な普及とイノベーションが達成できたのだが、同時に最も効果的な適用について混乱も生じたと、インタビューでは説明した。NPSは現在、ブランド・エクイティを測定し、顧客解約率を低下させ、デジタルイノベーションをテストし、チャネルを評価する企業に市場のセグメンテーションに利用されている。しかし、すでに述べたように、NPSの最も重要な役割は、リーダーが顧客中心の文化をつくり育てられるよう、(いつまでも拡大し続けるツールボックスとともに)顧客の生活を豊かにするという企業の第一のパーパスの進捗度を評価するフレームワークを提供することである。NPSを使うことで、企業は現在の資本主義システムが抱えている深刻な欠点をいくつか解決し、進化の次の段階に進められると思う——そう私はグロイスバーグに話した。

私たちの知る資本主義の終焉

これまでの資本主義(ここで私が言っているのは金融資本主義のことであるが)に対する不満が明らかに高まっている。そして、その証拠は至るところにある。近年、この不満は典型的な反企業過激主義者だけでなく、中道派によっても声高に唱えられるようになってきた。二〇一八年に実施されたギャラップ（Gallup）の調査によると、資本主義を好意的に見ているアメリカ人の割合は五六％（民主党支持の有権者の間では四七％）にまで低下した。さらには、三〇歳未満の回答者の大半は、資本主義よりも社会主義を好ましいと考えてさえいる。[4] 毎年スイスのダボスで開催される世界経済フォーラムに参加している資本主義社会の上澄みにいる人々も、現在のシステムへの懸念を表明している。マイケル・ブルームバーグはHBSの二〇一九年卒業祝賀会のスピーチでこの嘆きを表明したし、[5] 由緒ある財界人会議のメンバーである一流のCEOたちもこの状況を変えるべきだと強く要求してきた。見識あるCEOたちに対して、顧客、従業員、コミュニティ、環境、社会など、すべてのステークホルダーのための価値を創造する責任を求める声が高まっているのである。

確かに、この種の議論は感情には訴える。だが問題は、全員に対して責任を負うということは、つまり、誰に対しても責任を取れない、ということだ。すべての人に対して等しく説明責任を果たすことは、事実上不可能だからだ。複数の次元で価値を最適化しようとすると、すぐ数学的なカオスに陥るのと同じである。どれほど高性能なスーパーコンピュータでも、企業組織のように複雑なシステムでは、複数の要素を同時に最適化するよう求められたら解析不能になる。そうして、次のようなエラーメッセージが吐き出されることになる――不定解。線形計画法のアルゴリズムは、一つを除くすべての変数が、最低限満たすべき制約条件として扱われない限り機能できない。そして最適化できるのはたったの一つの次元だけだ。[6]

もちろん、最適化目標が複数設定されると、つまずくのはコンピュータモデルだけではない。複雑なものには人間もつまずく。だからこそ、最高のリーダーたちは苦労してチームの目的を単純化し、自分たちの創造的な努力を生産性の高いものに集中させるのだ。(7) すると当然、一つの疑問が生じる。企業がその偉大さの探求において最適化すべき一つの次元とは何だろうか、と。確かに歴史上のある時期、おそらく二〇世紀初頭ぐらいまでは株主価値の最大化(ミルトン・フリードマンが提唱していたことで有名だ)が正しい理論で、かつ正当な目標だっただろう。しかし、莫大な資本が平均を少しだけ上回るリターンを求めて世界中にうごめいている現在、本当の意味で貴重かつ希少な資源はもはや資本ではない。

今日では株主利益、とりわけ短期的な利益の最大化を目標にすると、すぐに凡庸さと衰退につながる。なぜだろう?「自分が愛されている」と感じなければ、顧客ロイヤルティは下がるからだ。しかも、貴重で希少な資源となった才能ある従業員の中に、株主を豊かにすることを自分の一生の仕事と捉えている者はまずいない。ほとんどの企業は、デジタルプラットフォームを強力に推進し、クラウドコンピューティングを利用するのに必要な、優秀な人材を血眼になって探している――一方で、このミレニアル世代とZ世代の人材プールにいる人々は、やる気が湧いてくるようなパーパスを持つ企業以外では働きたくないと思っている――私たちはそのような証拠をたくさん見てきた。

ならば、私たちは従業員の幸せを中心目標と捉え、彼らのお気に入りである今流行のパーパスを支持すればよいのだろうか。労働組合と多くの進歩的な政治家は、当然この見方を支持する。問題は、従業員を幸せにする多くのこと、たとえば長期休暇を取り、革新的な解決法を要求する厳しい顧客をかわし、競争やリスクによるストレスを避け、不愉快な変更やプロセス改善の必要性から目を背けるといったことは、まさに顧客を不幸にするという点だ。

その結果、顧客ロイヤルティは急速に失われ、やがて企業の成長と繁栄は損なわれてしまう。そして実のところ、こうしたことで従業員が幸せな気持ちになれるのは短い間だけで、雇用主が必要とするようなロイヤルティは育たない。

「働きがいのある会社」リストの一つを見てみよう。職場ランキングの中核的な基準として「優れた顧客体験の実現」を挙げているリストはほとんどない。重視されているのは、魅力的な福利厚生、豪華なカフェテリア、卓球台、無料のスムージーマシンなどだ。だが本当の真実はその総称に現れている。福利厚生とはしょせん、ワークライフの付加的な給付でしかないが、働きがいのある会社とは給与や福利厚生が充実しているだけでなく、従業員が顧客のために素晴らしいことを実現し、意義や目的のある人生を歩むことのできる会社だ。

さて、資本主義は次にどの段階に進化するのだろうか。現代はすでに「顧客資本主義」の時代に入った、と私は考えている。確かに、この言葉を初めて使ったのは私ではない。だが、本書がこの顧客中心の世界で勝利するために必要な指標と経営プロセスとともに、指針となる哲学や基礎となる経済学など、顧客資本主義の全体像を初めて包括的に説明したものだと自負している。(8) 第9章では、私の策定した「ネット・プロモーター・マニフェスト」を紹介する。これは本書の内容の真髄を抽出したものなので、顧客資本主義の時代にビジネスを持続的に繁栄させるためにビジネスリーダーが従うべき七つの基本原則である。繰り返しになるが、顧客資本主義の模範となる企業は、あらゆる顧客と従業員から最大限の利益を引き出して株価を引き上げたり、配当金を増やそうとしたりはしない。その代わりに、顧客や従業員と接するときに親切心、寛容さ、そして愛情の果たす大切な役割を重視する。

あなたはこの三つの名詞に心をとめてくれるだろうか。ここでもう一度強調させてほしい。親切、寛容、そして愛情だ。

今日、多くの自己啓発本は、読者が幸せになり、成功するためにどのような行動を取るべきかに焦点を当てている。だが、そうした本は幸せをつかみ、成功するために読者が答えなければならない最も重要な質問を無視している。それは、あなたの人生の重要な目的《パーパス》は何か、ということだ。あなたの答えが私の考えに極めて近ければ——つまり、他の人々の生活を豊かにして、世界をより良い場所にすること——であれば、どのような（個人間および組織間の）関係にあなたの貴重な時間と資源を投資する価値があるか。言い換えれば、何に自分のロイヤルティを捧げる価値があるか、あなたは慎重に考える必要がある。そして、どの個人なり組織なりが、あなたと同じ目的《パーパス》を受け入れ、それを体現しているかを確認しなければならない。そうすれば、あなたは彼らの繁栄のために全身全霊を捧げることができるだろう。そして、「自らが他人に求めることを、他人に対しても行え」（訳注：《マタイによる福音書》七章一二節、《ルカによる福音書》六章三一節に現れるイエスの言葉。この考え方はキリスト教をはじめとする数多くの宗教、道徳、哲学で見出される）という黄金律の考え方をどれだけ一貫して守っているかで、その進歩を測ることができる。なぜなら、黄金律は意味と目的のある人生へと導いてくれる、最も確実な道しるべだからだ。

私が、本書の物語と議論を通じて伝えたい重要な教訓の一つはこれだ。つまり、自分のロイヤルティを賢く投資せよということだ。次ページ以降で、正しい企業を見つけ出す方法、あなたの時間と情熱、資源、そして名声——言い換えれば、あなたのロイヤルティ——を投資するに値する企業をどうやって見つけるかについて説明しよう。私がベインの同僚の貴重な助けを得て開発した経験則、ツール、フレームワークを使えば、財やサービスを購入し、働き、投資する対象としてどの会社が最適かを明確化して、より良い選択ができるはずである。

ネット・プロモーターの進化

最初の頃、私はロイヤルティの経済性を数値化することに注力していたが、間もなく企業がどうやってロイヤルティを高められるかを理解することにシフトした。企業の最も崇高なパーパスを顧客の生活を豊かにするという観点から考え、それについて話し始めてもいた。だが、そのパーパスをどの程度理解したかをテストするには、成功と失敗を判定する実践的な方法が必要だった。二〇〇二年に、私はネット・プロモーターの開発に着手した。それは、アンディ・テイラーがエンタープライズで使っていた顧客フィードバックのプロセスにかなり刺激を受けた手法である。私は、テイラーが親切にも詳細に説明してくれた内容をさらに進化させ（顧客満足と再購入の可能性はどうかという彼の二つの質問を、推奨の可能性という一つの質問へと絞り込んだ）、顧客ロイヤルティを改善するためにどの業界の企業にも使えるようにした。

ネット・プロモーターが成長し進化すると——誰でも自由に使って改変できるオープンソースのイ

ノベーションで加速されたのだが――一つのマイナス面として、NPSが本当は何を意味しているのかについての混乱が起きた。NPSの中核が「あなたが推奨する可能性はどれくらいですか」という質問に基づく単なる指標だ、と考える人があまりにも多かったのである。これは、私がNPSをつくったときに意図していたことでは断じてない。本章の後半で論じるように、このシステムのために私が最初考えていた名称は、「正味人生充足率（Net lives enriched〔訳注：顧客の生活が豊かになった正味の度合いという意味〕）」だった。今でもこの名称のほうが、このシステムの説明としては適切であろう。その本質は、成功とは顧客への影響によって測定されるべきだという哲学にある。私たちは顧客の生活を豊かにしたのだろうか。言い換えれば、私たちは顧客の一日を明るくし、負担を軽くし、苦しみを緩和し、自分が愛されていると感じてもらえただろうか。しかめ面を減らし、笑顔の数を増やしただろうか。

NPSはその結果を三つのカテゴリーに分類する。「推奨者《プロモーター》」（笑顔）、「中立者《パッシブ》」（まあまあ）、「批判者《デトラクター》」（眉間に皺）である。推奨者は、自分の体験を大いに喜び、もっと多くを購入しようとリピーターとなる。それどころか、家族や友人、同僚たちにあなたのブランドを推奨したりもする。自分が支払った分よりも多くのものを手に入れたと感じ、それは考えてみれば「人生が豊かになった」ことの一つの定義でもある。その熱心なロイヤルティゆえに、彼らは非常に価値の高い資産となって、企業の成長と評判を高めるのに貢献する。中立者は、自分が支払った分の見返りは得ているが、それ以上のものは得ていないと感じている。満足はしているものの、ロイヤルティが高くないため、企業にとっての価値は長続きしない。最後に、批判者は自分の体験に失望し、支払った分の見返りを得ていないと感じている。顧客体験を通じて自分の生活が不愉快なものになったことで、彼らは「負債」となり、あなたの会社の成長と評判を傷つけるかもしれない。

私たちは、採点用の質問（推奨の可能性）と、なぜそのスコアか、そしてどうすれば改善できるのかを尋ねる一、二の深掘り質問に基づく調査を使ってネット・プロモーターを導入した。単純化したことの利点は、欠点をはるかに上回った。だからこそ、このスコア（中核となるパーパス《コア・パーパス》の成否を示す）と、それを中心とするマネジメントのシステムは花開き、発展してきた。

世界にはさまざまな調査があふれんばかりにあり、みんな飽き飽きしている。今日、先端的なＮＰＳ実践企業はビッグデータ分析の発展を通じてネット・プロモーターに関する多くの知見を引き出してきた。リアルタイムで顧客の行動を観察すれば、推奨者、中立者、批判者をタイムリーかつ正確に識別できる。一方、根本原因を深く調べ、改善案をテストするには、フリーコメントも含む調査が依然として重要な役割を果たすことに変わらない。事実、調査結果は実際の顧客行動と単なるノイズとを区別する数学モデルの訓練に使われている。

デジタル革命を経てもまだ変わっていないことが一つある。それは、顧客は自分の生活が本当に豊かになったと実感したときには、自分の愛する人たちにもその経験をしてほしいと考え、あなたの会社を友人や家族に推奨するということだ。この一事だけでも、あなたが自分のネット・プロモーターとしてのパーパスを達成したかどうかを明らかにするのに役立つだろう。

推奨の力

当初、私たちは「当社のことを友人に推奨する可能性はどれくらいありますか」という質問を選んだ。というのも、この質問に対する回答を見れば一人ひとりの顧客ロイヤルティの高い行動（再購入、シェア・オブ・ウォレット〔訳注：顧客の同商品カテゴリーへの支出総額に占める自社のシェア〕の上昇、実際の推奨行動）が予測できるからだ(9)。これらは、ロイヤルティの経済性をけん引する要素だ。時間の経過とともに、私は誰かの推奨する可能性が、なぜこれほど示唆に富むのかについて多くを学ぶようになった。人々がある製品またはサービスを推奨すると、それは事実上、推奨された企業と一緒に自分の評判も印象づけることになる。もし、友人の一人が自分の助言に従って不幸な結果になったとしたら、推奨者の判断力には疑問符がつき、信用が落ちるかもしれない。あるフォーチュン100社のCEOは、隣人たちに自分のお気に入りであるカリブ海のリゾートを推奨し、その通りに行動してくれたときの経験を私に話してくれた。そのCEOは、隣人たちが楽しい時間を過ごしているかどうかが気になり、その一週間は夜もおちおち眠れなかったという（毎日リゾート地の天候をオンラインで監視していたほどだ）。隣人の子どもたちがとても楽しい休暇を過ごせたと言ってくれたのを聞いたときには、心からホッとしたと言うのである。

だが、個人的な推奨にはもっと深い意味がある。本質的には、これは友人や家族の生活をより良くするための「愛の行為」だ。善良な人々は、ある会社が環境を汚染したり、従業員を酷使したり、業者を不当に扱ったりすることを知れば、その会社を熱心には薦めないだろう。熱狂的な支持は、単にあるブランドの品質や価値を高く評価した結果ではない。企業とそのコア・パーパスを探り、組織のガバナンスやコミュニティ、環境、社会的正義に及ぼす影響にまで目を向けている。つまり、私たちが実感した重要な真実が反映されているのである。おそらく、だからこそドイツの巨大企業シーメンス（Siemens）が、ＮＰＳを環境・社会・ガバナンス（ＥＳＧ）の持続可能性指標として明示的に報告しているのだろう。[10]

前述したように、私は当初このシステムを、「正味人生充足率」と呼ぶつもりだった。というのも、これが私たちのシステムが測定するコア・パーパスだからだ。自分が触れるすべての人の生活を観察し、何人の人々が豊かになり、何人の人がそうなっていないかを見る、ということを指す。しかし、私は思いとどまった。そうして、損益を重視する実践的なビジネスリーダーにアピールしそうな用語を選んだ。彼らは、批判者のもたらす深刻なコストとともに、（利益成長をけん引するという）推奨者のとてつもない価値を理解するに違いない、と。そこで、私はこのシステムを「ネット・プロモーター（推奨者の正味比率）」と名づけることにし、ベインの同僚たちの助けを借りて、この顧客中心の管理プロセスを世界に紹介したのである。

この試みはうまくいった。その後、各社での導入率は驚くべき勢いで伸び、二〇〇二年にこのネット・プロモーター・システムの考え方を、特に進捗度を測定するために考案したＮＰＳは「顧客第一主義」と「顧客の成功に基づく進捗管理」を実践する世界最先端のマネジメント・システムになった。『フォーチュン』誌は、二〇二〇年にNPSの特集を組み、シニアエディターのジェフリー・コルヴィンは次の文章で結論を述べた。

顧客センチメントを表す特定の尺度に、なぜこれほどまでに傾倒するのか。奇妙に響くかもしれないが、この現象は確かに大きくなっている。金融機関、航空会社、通信会社、小売会社などの大半、また多岐にわたる産業を含む「フォーチュン1000社」の少なくとも三分の二は、ネット・プロモーター・スコア（NPS）を使っている。静かに、しかし着実に、誰の注意を特に惹くこともなく、NPSは大半の大企業の役員室と数千社の中小企業オーナーのオフィスに入り込み、グローバル経済に深く広く浸透した。猜疑心と敵は概ね打ち負かされ、すべての先進国と多くの新興国で用いられるようになった。今やあらゆる種類の組織がNPSを熱心に研究している。使っているのは企業ばかりではない。イギリスでは国民保健サービス（NHS）も利用している。世界中のあらゆる組織が顧客体験に頭を悩ませているがゆえに、NPSは産業や国を問わず加速度的に浸透しているのだ。[11]

NPS現象は「フォーチュン1000」にとどまらず、スタートアップや中小企業、非営利法人にも一段と広がりを見せている。[12]そして、明日のリーダーたちも注目するようになった。スタンフォード・ビジネス・スクールのある教授は、スタンフォードの学生の六〇%がMBAの授業を受ける前からNPSを知っており、卒業するまでにその割合は一〇〇%に近づくと話していた。

本書を読み進めるためのロードマップ

NPSが広範囲にわたって急速に普及した大きな理由に、オープンソースにして実務家が自由に実験できるようにしたことが挙げられる。顧客と従業員双方からのフィードバックを踏まえて、自社のニーズに合わせてつくり変えられるようにしたのだ。デジタル化が加速する世界では、私たちのアイデアは形成され、洗練され、カスタマイズされて、世界中の何千もの組織が直面した課題に対応する。その結果、NPSは顧客体験を測定するための圧倒的なフレームワークになった。(13) しかし、どんなオープンソースのシステムでもそうであるように、イノベーションと思われたものの中には有害と判明するものもある。次章以降では、ネット・プロモーターのコア・パーパスをめぐる混乱を解消し、これらの破壊的なアプローチ、特に有効な測定を有効性の落ちる（そして信頼性の低い）目標に変換することでスコアを損なうアプローチを指摘していきたいと思う。また、企業の実例を通じて、多種多様な観点からベスト・プラクティスを紹介する。第9章では、現時点で世界最先端のシステムであるネット・プロモーター3・0の内容を要約し、付録AでNPS3・0の要素の詳細なチェックリストを提供する。

　最初の二つの章は、勝利するパーパスを持つことの意味と、正しいパーパスの追求がどうすれば偉大さにつながるかを説明する。第3章と第4章では、顧客を愛するとはどういう意味か、そして偉大なリーダーが自分のチームをどのように刺激して、そのミッションを受け入れさせるかを探る。第5章では、顧客を愛することがなぜ投資家にとって最善の結果をもたらすのかを説明する。賢明な投資家は、企業の経営陣が顧客を愛することを第一のパーパスとして優先すること、そして進捗状況について信頼できるデータで報告できるように、顧客ベースの会計《カスタマーベースト・アカウンティング》にアップグレードすることを主張すべきだ、という論拠を示す。次に、ネット・プロモーターを補完する指標として、私が「プロモーター獲得成長率（Earned Growth Rate：EGR）」と名づけた新しい指標を紹介する。この指標の専門的な問題は付録Bで触れるが、プロモーター獲得成長とは既存顧客からの継続的な売上と、既存顧客の紹介による新規顧客の購買を合わせた売上額が、自社の売上全体のどの程度の割合を占めているかを示すものである。広告など新規顧客獲得のためのマーケティング活動に依存せず、自社の優れた顧客体験を通して得られた顧客ロイヤルティによって、どの程度実際の財務的成果につながっているかを計測するというわけだ。第6章は、黄金律がビジネス社会を成功させるための道徳的で哲学的な基礎であることを説明し、リーダーがどのようにしてそのようなコミュニティを育むことができるかを示す。第7章では、単なる満足を超えて素晴らしい顧客体験の流れを実現できるか、企業がどのように革新していくべきかを探究する。第8章では、顧客中心の文化を強化し、利益よりも原則を重んじる実践的なシステムを示す。第9章では、「ネット・プロモーター3・0」で定義されている目指すべき姿（ベスト・プラクティス）に近づくには、ほとんどのビジネスリーダーには謙虚さが必要で、組織の第一のミッションは顧客を愛することだと助言する。

良き利益

私はかつて顧客を愛し、顧客ロイヤルティを獲得することは、顧客獲得費用の極めて高い限られた一部の業界、特に顧客獲得コストが高い企業（大半が民間企業）のみに有効なニッチ戦略であると考えていた。だが、それは間違いだった。

過去一〇年間にわたって、NPSには大量のフィードバックがもたらされた。この事実が示すのは、今日の世界では、満足の提供にとどまらず愛情をこめて顧客に接する組織は、競争の非常に厳しい産業の中で繁栄し続けられる唯一の成長エンジンをつくり上げるということだ。

そう、自由な市場と金融資本主義は、民主的な理想の進歩と世界中の生活水準の向上に多大なる貢献をしてきた。しかし、旧来の資本主義の失敗は少しずつ明らかになっている。次章以降で、私は「良き利益」と「悪しき利益」について述べる。悪しき利益は実業界の評判を貶《おとし》めてきた。これは顧客を利用し、資本主義への支持を弱めてきた結果である。一方、良き利益は推奨者を生み出すことで得ることができる。黄金律を実践し、顧客の生活を豊かにすることで莫大な純利益を得ているのであれば、うしろめたく弁解する必要はない。推奨者をつくり出して利益を獲得することは、世界を良くする一つの公式なのだ。

本書にこれから登場するある億万長者の創業者は、かつて「お客様を幸せにできるまで、私たちには利益を上げる資格がないのです」と言っていた。ウォール街が震え上がりそうな言葉である。だが、次章以降で紹介するように、このような極端に道徳的なアプローチを選ぶからこそ、投資家を含むすべてのステークホルダーが勝利する無敵の戦略が可能となる。顧客資本主義が勝つのは、正しいパーパスに向けて努力するからだ。それは、ビジネスリーダーとそのチームに、人間としての最高水準の責任を負わせるものでもある。「己の如く、汝の隣人を愛せよ」

Winning on Purpose

Lead with Love

1

愛をもって導く

無敵のパーパス

二〇〇九年、スティーブ・グリムショーがCEOとしてキャリバー・コリジョン(Caliber Collision)に入社したとき、この自動車修理チェーンは全米のわずか二州、六八店舗で営業していたにすぎなかった。ところが、二〇二〇年初め頃までには、全米一二〇〇カ所以上で店舗を構えるアメリカの圧倒的な業界リーダーにまで成長した。売上高も二億八四〇〇万ドルから五〇億ドル近くまで爆発的な拡大を遂げている。

そして二〇二〇年三月、新型コロナウイルス感染症のパンデミック（感染症の世界的拡大）というブラック・スワン（訳注：誰もまったく予想していなかった大事件）が町を急襲する。自動車は車庫とドライブウエー（私有車道）に押しやられ、車の衝突事故は急減した。業界全体の売上高は五五％も落ち込み、競合他社の多くは負債の支払い能力を維持するために営業店を閉鎖した。だが、キャリバーはこの逆風に真っ向から立ち向かうことにした。売上高が大幅に減少していたにもかかわらず、全店舗を開店して危機を乗り越える方法を見つけ出したのである。

スティーブはこのときの選択について、こう説明する。「キャリバーは、利益第一ではありません。人々を最優先しているのです」。業界の低迷を受けて店舗を閉じるのではなく、三億ドルのクレジット・ライン（訳注：銀行の融資枠）の一部を引き出しながら、サービスの質を引き上げたのである。喜びを与える顧客の数を増やすために、店舗内の余った設備を活用することにしたのだ。その結果、同社のNPSは前代未聞の水準にまで急騰し、業界標準をはるかに上回ることになった。そして、この事実に気づいた保険会社は、事故の際に同社を紹介する頻度を上げた。

この驚異的な粘りと回復は、なぜ実現したのだろうか。スティーブの説明によると、「フレッド、人は給料のために働きます。良い上司のためにはもっと働きます。そして意義あるパーパスのためには懸命になって働くんです」。私はキャリバーの意義あるパーパスを説明してほしいと頼んだ。すると、彼のチームは長い間、自分たちのパーパスが何なのかを考えに考えた末、その答えを同社のミッション・ステートメントに組み入れたと言うのである。

　お客様が当社を訪ねてくるのは、生活が混乱しているときです。事故に遭うというのは、悲惨な試練です。そして、誠実で、効率的な修理工場を見つけ出さなければならないというプレッシャーにさらされます。保険でどこまでカバーしてもらえるのか、自己負担はどの程度かといったことが心配になります。仕事の予定もガタガタになり、自分の車が修理工場に入っている間は代替車を探すという煩わしさにも直面します。生活が大混乱に陥るのです。そこで、私たちは当社のパーパスを「お客様一人ひとりが元の生活に戻るためのお手伝い」と決めました。お客様にご自分の生活のリズムを取り戻してもらうことだと考えたのです。

　こうして、スティーブと彼のリーダーシップチームは、従業員を刺激して仕事のリズムを取り戻しながら、各店舗の取扱高を大幅に引き上げる方法を探した。キャリバーは、新型コロナウイルス感染症の世界的流行が収束するまで、初期対応者《ファーストレスポンダー》と前線の医療従事者全員の免責金額（自己負担額）を負担する（上限五〇〇ドル）と発表した。これは、衝突による修理を必要とする警察官、消防士、救急車の運転手、医師、看護師全員にとって多額の救済になる。感謝の気持ちを伝えるとともに、チームを鼓舞し、余剰設備を活用する何と素晴らしい方法だろう！

不況のときにチームを雇用し続けて給料を支払い、顧客に喜びを与える努力を続けると、顧客も従業員も幸せになれる。これは明らかだ。では、投資家はどうだろうか。スティーブをキャリバーのCEOとして採用したプライベート・エクイティ企業は、同社の買収に一億六五〇〇万ドルを支払った。一〇年後の今日、スティーブの試算によると、キャリバーの時価総額はおよそ一〇〇億ドルに近づいており、投資金額の約五二倍にもなる。一〇年間の利益率で計算すると年率五〇％に近い。何と素晴らしい成果だろう！

スティーブは「いつも正しいことをする」、とりわけ「いつも人々に正しく接する」という考えに基づいて、キャリバーの文化を築き上げた。「自社の社員が社内でどう感じているかどうかが、外でお客様をどう扱うかに反映されるのです」と、スティーブは言う。キャリバーではリーダー全員が、チームメンバー一人ひとりが顧客（とチームメイト）に正しく接するとはどういう感じかを経験できる研修に参加する。なかでも上級リーダー育成プログラムのタイトルの一つが、私には非常に魅力的に思えた。それは目的意識をもって率いるだ。

キャリバーは、企業文化や価値観を補強する方法とシステムも開発し、現在リーダーシップ研修で教えている。また、同社の顧客と直接接点のある従業員が顧客の信頼を勝ち得たインパクトを十分に記憶に残しておけるように、同社の経営陣は毎週の打ち合わせで各店舗が自分の顧客の数を振り返ることにしている。こうした打ち合わせの間中、スティーブによると「チームは、その店舗が私たちのパーパスにどれだけ近づいたかを測定するいくつかの指標をチェックします。その中で圧倒的に重要な指標がＮＰＳです」。そうした過程を通じて、個々のチームメンバーは「ほら、あなたは正しいことをしているじゃないですか！」と称賛されるのである。

キャリバーの物語は、本書を通じて何度も繰り返される素晴らしいパターンを示してくれる。ビジネスが長期的に繁栄し、あらゆるステークホルダーに利益を与えるパーパスだ。そして、それはたった一つしかない。「顧客の生活を豊かにすること」。これだ。ただし、自社の主なパーパスを顧客の生活を豊かにすることと考えているビジネスリーダーは、わずか一〇％だということを覚えておいてほしい。[1]さらに一段と懸念すべき事実を指摘しておくと、今日の企業経営者のなんと九〇％が、顧客を中心に据えるというパーパスには無敵のメリットがあることを無視している。

だが、勝つための公式は比較的単純だ。パーパスに従って勝利するリーダーは、優れたチームメンバーを引き寄せ、刺激し、顧客の日々を明るくする行為を通じて、人生の目的を見つけられるよう支援する。従業員と彼らのチームが、顧客の生活を豊かにして感謝されて報酬を得ることができれば、パーパスにけん引された弾み車が持続可能な成長と経済的な繁栄を加速させるのである。単純化して言えば、これが個人と組織の成功への道だ。そして、次章以降で見るように、このパーパスに基づく戦略は、景気後退やパンデミック、そしてここにきて、しだいに頻度を増してきた予想できないブラック・スワンと言われる事象にも強い。このような事態になると、説得力のないアプローチは脆さを露呈するものなのだ。

デジタル世界におけるパーパス

キャリバーは、事故車の修理という過酷なビジネスで「パーパスに基づいて勝利する」を見事に実践している。意欲の高い従業員が心をこめて顧客に対応するという同社のような状況は、この業界ではまず見られない（読者自身の自動車修理工場での経験を考えてほしい）。それでは、この同じアプローチはソフトウエアのエンジニアやプログラマー、システムデザイナーなど、顧客と直接接することがほとんどない人々で占められている二一世紀のデジタルビジネスでも機能するだろうか。答えは「イエス」だ。そして、そのことが明らかになったのは、ネット・プロモーター・システムがソフトウエア業界で最も称賛されている企業で成功した進化を見たときだった。

スコット・クックと私は、一九七〇年代後半のほぼ同じ時期にベインに入社した。私はベインにとどまりコンサルタント業務と執筆活動を続けたが、クックはベインを辞めてソフトウエア巨大企業のインテュイット（Intuit）を設立、時価総額一〇〇〇億ドル超の素晴らしい「ロイヤルティ・リーダー」（顧客ロイヤルティが最高水準の企業）に成長させた。ソフトウエアがパッケージ包装しての通信販売やコンピュータショップでの直接販売からダウンロード販売、そしてついにはクラウドベースのアプリでの販売へと時代の変遷を経るなか、生き残ったソフトウエア会社は非常に少ないが、インテュイットの底力は目を見張るものがある。ネット・プロモーターを思いついた直後にスコットと雑談したときのことを、私は今も覚えている。場所はシリコンバレーの中心、カリフォルニア州マウンテン・ビューにあるインテュイットの本社だった。スコットは非常に興奮して、（台風の中）駐車場を歩いて横切りながら、同社のCEOに私の新しいコンセプトを話してほしいと譲らなかった。

システムを統合して中核プロセスをつくり、インテュイットを顧客にとって素晴らしい会社にする方法を見つけ出そうと、彼があのときに熱心に取り組んでくれなければ、ネット・プロモーター・システムがあれほどの勢いで離陸できたかどうかはわからない。インテュイットは、毎年の予算編成と資本配分プロセスの指針としてネット・プロモーターを活用する先駆者となった。さらに、自社の事業部門ごとのNPSを主要競合他社と比較して指数化し、投資家に定期的に報告する（私の知る限りでは）最初の企業となった。スコットは勇敢にも、各事業部門が競合他社をNPSで一〇ポイントは上回るという目標を公開した。NPSの世界の中で、一〇ポイントの差をつけるのはかなり大きい。

スコットはネット・プロモーターに最も早く飛びついた《アーリエストアダプター》一人だと、私は思っている。彼は、NPSを自分の会社のパーパスにとって欠くことのできない基本要素、つまり顧客の問題を解決して幸せにする行動を管理するのに大いに役立つ、と見ていた。これからも私は、スコットが自社の第一のパーパスを説明するときに使った表現を忘れることはないだろう。本書のイントロダクションで紹介した引用「お客様を幸せにできるまで、私たちには利益を上げる資格がないのです」は、彼の発言だ。この発言からも、インテュイットが創業間もない頃から、ネット・プロモーターを使えば同社のクレド（信条）を実践できると、スコットが考えていたことがわかるだろう。デジタル化が進展する現在のような世界でも、その信念に揺るぎはない。インテュイットは業界内でも、ネット・プロモーターのコミュニティでも先頭を走り続けている。

インテュイットのクレドは、顧客の利益よりも投資家の利益を重視する、「買い手責任」という資本主義の伝統的な概念から見事に決別するものだ。もちろん、ビジネスを持続させるには、投資家を惹きつけるだけの利益が必要となる。しかし、利益とは売上高からコストを差し引いた結果にすぎない。顧客と従業員からすると、そもそも利己的で退屈な数値なのだ。これは別のさまざまな問題を生むことになる。たとえば、旧来の資本主義は会社の従業員を不安定な立場に置くため、従業員は顧客や同僚に正しく接するよりも利益を気にかけ、投資家の（飽くなき）欲求を満たすために顧客に対する配慮は後回しでよいと考えるようになる。しかし、この考え方は、特に長期的には間違っていることが少しずつわかってきた。

では、どうすればよいのか。新しい指針を打ち出すことだ。顧客の生活を豊かにするために、驚異的な製品、サービス、体験を提供し、従業員の生活に意義と目的を与えるのである。リーダーが、顧客の生活を豊かにする立場に従業員を置くことを会社の第一のパーパスとするとき、彼らは会社の志とチームの志を一致させたことになる。スコットが「お客様を幸せにできるまでは、私たちは利益を上げる資格がない」と言うとき、彼は新しい北極星、つまり道筋を定める新しい方法を指し示している。特に、従来、主に利益獲得を目指して突き進んできた上場企業にとって、それは実に過激な方向転換と言えるだろう。

しかも、それは容易ではない。トップが断固たる決意をしなければ実現しないからだ。飛躍を決意したリーダーたちは、旧来の利益至上主義の枠組みに基づく（そしてそれを補強する）多くのツールや慣行に立ち向かわなければならないが、この枠組みは企業に絶えず影響を及ぼし続ける。もちろん、スコット・クックのような断固とした人々に率いられている企業にも、だ。なぜだろう？　理由はいくつもある。過去を振り返るビジネススクール、調べることも調べていないジャーナリスト、旧来の利益中心主義の企業でしか働いたことのない従業員の流入によって、旧来の典型的な考え方がウイルスのようにまん延するからだ。世界中にあるインテュイットのような会社に新入社員（や新役員）が入ってくると、顧客中心主義のリーダーシップを阻害する慣行やプロセスを無意識のうちに広めてしまう。財務報告と財務関連の説明責任というプレッシャーによって、顧客や同僚のために正しいことを行うべきだという声は、簡単にかき消されかねないのである。

要するに、「正しい生活を送る」というのは、試練にさらされ続けるということなのだ。だが、次に紹介する二つの物語（ＮＰＳをめぐる両極端の例）で紹介するように、これはする価値のある投資だと言える。

NPS：間違った方法

まずは、気が滅入るような話から始めよう。先日、自動車を買いに出かけた際に最初に立ち寄った販売店で、私はしゃれたショールームに感銘を受けた。そこは、スナックバーや革張りのソファを備えた、まるでガラスの宮殿だった。私は、この自動車メーカーとそのディーラーがネット・プロモーターを導入したと自慢していることを知っていた。彼らは自社の目指すゴールを達成するために、アップルをはじめとする主要なネット・プロモーター採用企業が採用しているソフトウエア企業メダリア(Medallia)の最新鋭の顧客フィードバック技術のプラットフォームを導入していた。このシステムは、顧客からのフィードバック・スコアとコメントを、担当する従業員のスマートフォンに直接送るようになっている。従業員はリアルタイムで学習し改善できることから、その自動車販売店は満足できる顧客体験の態勢が整っているように見えた。

しかし、これは誤りだった。実際には、この販売店で私が経験した車選びの冒険は、喜びに満ちた人生を豊かにするようなものからはほど遠い、むしろ歯の根管治療を思い出させるような、腹立たしくなるほど旧態依然たる体験だった。このセールスマン（彼を「ジョー」と呼ぶことにしよう）は、まず私が新車の正当な価格を調べようと使っていたウェブサイトを冷笑した。次に、私の下取り用の車に対して、そのウェブサイトが評価した本当の価値よりもかなり低い価格を提示した。私はいら立つ気持ちを抑えながら、下取りと新車購入のどちらでも、想定される価格幅の中で中央値での取引を希望していることを伝えた(若い頃だったらベスト二五％の価格での取引成立にこだわったはずだが、年齢のせいで私も多少丸くなったのだろう)。それでも、我々はその後一時間ほど、ああでもない、こうでもないとやりとりをした。ジョーの交渉戦術は、私にできるだけ高い値段を支払わせる一方で、下取り価格をなるべく低く抑えることを目的とした、不誠実でごまかしに満ちたものだった。

それは、私の忍耐と彼の品位の両方を蝕《むしば》むような、非常にいら立つ、無駄に時間のかかるやりとりだった。とにもかくにも、ついに我々は取引に合意した。ところが、次にジョーが発した一言に、私は思わず息をのんだ。「ライクヘルドさん。言うまでもないことですが、本日のあなた様の体験について調査票がお手元に届くと思います。そして、私たちの会社では、一〇点満点で一〇点だけが合格点なのです」。ジョーは非常に真剣な表情でそう言ったのだ。私が驚きのあまり目を見開いたのに気づいたのだろう。私たちの会話を聞いていた会計担当者が、数分後にこの点について念を押してきた。「当社の経営者がこの調査をいかに重視しているかをおわかりいただけると助かります。もし一〇点を取れないと、ジョーの立場はかなり苦しくなるんです」

調査票は数日後に受け取ったが、メーカーから来ると思っていたら、あの販売代理店からだった。後からわかったことだが、多くのディーラーは、自動車メーカーの調査に先駆けて自分たちで予備の「練習」調査を行い、その後の「本番」調査で顧客がすべて一〇点満点をつけてくれることを確認していたのだ。最初から最後までいらついたあの苦い経験にもかかわらず、私は低いスコアをつけてジョーを非難し、彼を窮地に立たせたくはなかった。結局のところ、私の経験した不愉快な問題の大半は、経営幹部がつくったシステムとインセンティブが悪いのであって、これはジョーがどうこうできる問題ではない。そう考えた私は、ディーラー向けの調査票をあっさりと無視することにした。ところが、もちろん話はそこで終わらなかった。次にやってきたのは電話と文書の集中砲火で、どれもこれも調査票を何とか埋めてほしい、そしてすべての質問に一〇点を与えられないのであればすぐに連絡してほしいというものだった。

さて、私は自分の時間がもったいないので、こうしたメッセージを無視することにした。これらはシステムを悪用する、くだらない試みにすぎなかったからだ。明らかに、彼らには正直なフィードバックを得て、ビジネスのやり方をどう改善するかを学ぼうという気はさらさらなかった。ただ、メーカーからの本番の調査にわざわざ答えてくれるのであればぜひ一〇点満点をつけてほしい、その点を確認したかっただけにすぎない。だから、本番の調査票が届いても無視することにした。私はこの一連の体験にほとほと疲れていた。特にあの調査票をめぐるばか騒ぎには辟易し、これ以上付き合っていられないと思った。

一方で、ジョーが顧客から一〇点満点を得たらどう感じるかを尋ねてみたいとも思った。やはり、うれしいのだろうか。それとも、ただホッとするのか。直接聞くのはかなわなかったので、次善の策を講じた。そのディーラーグループで当時ジョーの地区を担当していた経営幹部に、ジョーに本音を言う勇気がもしあったら、何と言っていただろうかと尋ねてみたのだ。すると、その幹部はまず、私の予想した通り、ディーラーたちは単に自動車メーカーのいいなりになっているだけで、クローズド・ループ（訳注：顧客からのフィードバックに基づいて改善のための行動を起こし、顧客に働きかけるサイクル）を用いたフォローアップ、根本原因の究明、テストと学習システムなど、ネット・プロモーターを可能にするツールをほとんど信頼していないと断言した。そして、大半のディーラーのマネジャーはスコアを見るものの、顧客のコメントまでわざわざ読むことはないと打ち明けてくれた。自動車メーカーが本当に気にかけているのは、J・D・パワー（J.D.Power）の顧客満足度の賞の獲得だ。というのも、この賞には広告価値があると認められているからだ。そこで彼らは、賞にふさわしくないスコアを取ったディーラーを罰するシステムを構築したというわけだ。

その経営幹部はもっと率直な言い方をした。「フレッド、そのセールスマンは『自分の生活が快適です』といった物言いは絶対しなかったはずです。彼はおそらくこういうふうに言ったのではないでしょうか。『今日もまた一発の弾をよけられた。ありがたい！ これでもう一日仕事ができる』とね」

そう、答えは「ノー」だったのだ。その会社で一〇点満点を得たところで、従業員には元気が湧かない。せいぜい恐怖心が軽くなるにすぎない。経営幹部は営業担当者ごとのスコアをチームの会議室の壁に貼り、毎週の反省会ではスコアの低かった者全員がプレッシャーを感じるように仕向ける。一週間で二つ以上の低スコアを取った営業社員は、首になるかもしれないからだ。そして、もちろんほとんどのスコアは一〇点ではあるのだが、それは許しを乞うたり、懇願したり、脅したり、時には無料のカーマットやオイルの交換といった賄賂によって不正に操作されたもので、誰もそれにだまされることはない。

別の言葉で言えば、ネット・プロモーター調査は、仮に最先端のテクノロジープラットフォームを使って実施されたとしても、地元のディーラーを訪ねる我々の多くが経験するように、この世の地獄としか思えない低レベルの店を魔法のように転換させることはできないということだ。企業が変わるには、トップが心を入れ替え、ネット・プロモーターが本当に測りたいものは何か、それはなぜかについて新しい発想で考える必要がある。

NPS：正しい方法

次は、感動的な話を紹介しよう。アップルストアは、ネット・プロモーター・システムを早期に導入した企業で、現在の店舗数は世界で五〇〇を超える。全世界の店舗幹部会議への登壇など、私は長年にわたってアップルにあれこれ貢献してきた。その返礼として、アップルは、ボストンのボイルストン通りにある旗艦店に私たちを招待し、朝礼の撮影とインタビューに応じてくれた。これは極めて異例のことだ。他の多くの大手企業と同様、アップルストアは徹底的な秘密のベールに包まれて営業しているからだ。アップルのチームがネット・プロモーターを行動に移す様子、つまり営業の舞台裏を観察するというまれな機会に恵まれて、私は非常にうれしかった。

開店時間である午前一〇時の一時間前、私は現地に到着した。同社のチームは、立ったまま行う朝礼（「デイリー・ダウンロード」と呼ばれている）で一日を始める。これは、アップルストアのコアのミッションとして明示的に掲げられている「自分たちが顧客と従業員の生活を豊かにしているか」という点にほぼすべての意識を注ぐ、活気あふれる慣行だ。チームリーダーは売上目標や「数字をつくる」ために何をしなければならないかについては一切話さず、前日の顧客から受け取ったネット・プロモーターのフィードバックを検討する。さまざまな顧客の問題をどう解決するかについて、チームメンバーが考えを出し合い、リーダーがその日の顧客をさらに喜ばせるかもしれないアイデアを要約する。そしてチームに、「顧客の目を見る」「必要に応じて握手する」などといった小売の基本を改めて復習させる。最後に、前日に喜んだ顧客から「推奨者」になったとのコメントを得たチームメンバーの表彰に数分を費やす。立ったままのミーティングなので、拍手は大喝采《スタンディング・オベーション》となった。

この流れは読者にはやや陳腐で型にはまった、あるいは強制的な儀式のように映るかもしれない。だが、実際にその光景を直に目にした私は、そんな雰囲気をみじんも感じなかった。表彰された人たちは同僚たちからの称賛で刺激を受け、やる気を出しているように見えた。そして、これは彼ら従業員も（顧客の）生活を豊かにするという会社のミッションに感化されたことを示す、小さなステップにすぎないものだった。

朝礼が終わると、チームメンバーはそれぞれの持ち場に散っていった。私は地下にあるスタッフルームに行って、ボストン店で最高のNPSを獲得したスタッフにインタビューした。当時のボストン店は、アップルの旗艦店の中で圧倒的に高いNPSを得ている店の一つだった。

話しているうちに、この若い女性は（「アリス」と呼ぶことにしよう）、ミレニアル世代の最も素晴らしい側面を凝縮したような存在だという印象を受けた。たとえば、彼女は自分の給料の額よりもミッションに強い関心があり、自分がいかに早く昇進するかよりもパーパスの達成を重視しているようだった。当時のアリスは「アップル・クリエイティブ」だった。アップル・クリエイティブとは、顧客がアップル製品を最大限利用するにはどうすればよいかを教える先生役のことだ。

彼女は自分が育った環境から話し始め、ケンブリッジにあるクエーカー（キリスト教フレンド派）

の学校教育にいかに影響を受けたかを強調した。その学校で、黄金律（自分がそうしてもらいたいように、他の人にしてあげること）が、健全な生活と良き生活を送るための最高の基盤であると理解するようになったことを話してくれた。私は、そのルールを仕事にどう活かしているか、具体的な例を示してほしいと頼んだ。アリスは少し考えると、次のように答えた。「私は学校時代に注意欠陥多動性障害（ＡＤＨＤ）に苦しみ、退屈な授業に集中できませんでした。このときの経験から、学びがワクワクするほど面白く楽しいことだと、生徒の皆さん全員に感じてもらえる方法を見つけ出そうと夢中になりました」

ここでの「生徒の皆さん」とは、顧客のことを意味している。そして、顧客のコメントとフィードバックに注意深く耳を傾けて、顧客の立場に立って考えられるように心がけていると続けた。彼女は、すぐに顧客の多くがテクノロジーにおじけづいていることに気づいたという。そこで、テクノロジーが安全で快適なものだと顧客に感じてもらうための方法を見つけ出した。まず「尋ねたら恥ずかしくなるような、つまらない質問などないのです」と、顧客の前で言い切ることにした。たまに彼女にもわからないことを聞かれたときには、「それは良い質問ですね。一緒に答えを見つけ出しましょう」と答え、顧客と一緒に、その問題について深い専門知識を持っている他の従業員のところまで出向くようにしたのだという。

アリスは、仕事の満足感の大半を、自分が顧客の生活に及ぼした良い影響を目撃することで得られていると言う。そのうえで、アップルのネット・プロモーター・システムの大きな利点の一つは、自分が顧客の生活を豊かにするのにどれだけ貢献しているかを毎日確認できることだ、と説明してくれた。ネット・プロモーターのおかげで、自分が長年にわたって生きる基準として守ってきた黄金律にどれだけ沿っているかを常に測ることができるようになったと言うのである。彼女はこの種の定期的に送られてくる「通信簿」を全然こわがっていなかった。いやむしろ、歓迎していた。推奨者《プロモーター》のコメントがスタッフルームのビデオモニターに流され、彼女の与えた好影響が店舗中のチームメンバー全員に見られていることを誇りにしていた（当時、同店の従業員数は五〇〇名を超えていたので、彼女のように顧客の笑顔を直接見ることのできる従業員はほとんどいなかった）。もちろん、店舗のリーダーやマーケット担当マネジャー、そしてカリフォルニア州クパチーノにあるアップル本社の幹部にも自分のスコアが見られていることを、彼女は知っていた。

「お客様から一〇点満点をもらうと、どんな気分になりますか」と尋ねると、しばらく考えた後、私にとって忘れられない言葉を発した。「私は自分が正しい生活を送っていると実感します」

この発言を聞いたときの私の最初の反応は、アリスよりも四十数歳上の人間なら誰でもする反応ではないだろうか。疑念、共感、そしてわずかないら立ちが混じったものだ（「おお、アリス。世界はそんな理想論に常に報いるとは限らないことをそのうち学ぶはずだよ！」といった感じ）。だがそのとき、私は思わずこう言っていた（違う言葉を使ったかもしれないが）。「私も、まったく同じように感じています」と。もし顧客への質問が正しくなされ、それに対して誰かがあなたに一〇点、つまり自分の大切な人にも同じ体験をしてほしいと無条件に推奨してくれたら、それはあなたが彼らの生活を明るくしたという、疑う余地のない証拠だ。もう少し踏み込もう。かつて、マーティン・ルーサー・キング・ジュニアは「誰もが偉大になれるのは、誰もが奉仕できるからだ」と述べた。それとまったく同じ意味で、あなたは一〇点を得たことでほんの少しの偉大さを見つけ、それを実現した——そう言っても過言ではないだろう。

正しい生活を送る：ネット・パーパス・スコア

多くの人々が共有していると思われるものの一つは、意義と目的に導かれた毎日を送りたいということ——この世界をより良き場所にしたいという願いである。ガンの診断を受けてショックを受け、その後の人生に向けて心の準備をするといった経験をしなくても、冷静になって少し考えれば、この目標への最も確実な道が、自分に関わる人々の生活を豊かにすることであることに気づく。

問題は、この目標が非常に捕まえにくいということだ。漠然としていて、緊急でもなく、総じて測定が不可能なことだ。ただし、ネット・プロモーター・システムを用いて、従業員一人ひとりが人生を豊かにした総和（推奨者の数）から悪化させた総和（批判者の数）を差し引くという評価を厳格に行っている会社で働けば、話は別である。

アップルストアに足を踏み入れると、従業員コミュニティからの前向きなエネルギーと雰囲気を感じ取れる。アップルストアの社員たちは優れた販売員だが（アップルの売り場面積当たりの売上高はどこよりも圧倒的に高い[2]）、単に私にiＰｈｏｎｅをもう一台売り込もうとはしない。顧客の生活を明るくしようと、とにかく一生懸命だ。そうすることによって、正しい人生を送っているのである。

顧客と従業員の幸福は密接に絡み合っており、組織の成功と結びついているという議論は、ある程度明白に思われる。この両者が相互に補強し合っていないなんてことがあり得ようか？　そんなはずはないにもかかわらず、この二つの幸福をつなごうとせず、あるいは間違ってつないでしまう企業があまりにも多い。私の見たところ、アップルストアは（顧客も従業員も）総じて、一般的な自動車ディーラーよりもネット・プロモーター・システムからはるかに多くの恩恵を受けている。これは偶然の産物ではない。仕組みの正しい設計の結果だ。アップルは現場の従業員を元気づけ、顧客の生活を豊かにするイノベーションのやり方を彼らに学んでもらおうと、自社のシステムを設計した（アリスは、顧客のスマートフォンから毎日デジタルのフィードバックを受け取っていた。スコアだけでなく、コメントや提案も提供されるので、彼女は自分の進歩の具合を確認し、管理できた）。これに対して、大半の自動車会社は、現場の営業担当者がどうすれば顧客の生活を豊かにできるかを学ぶのではなく、企業側が時に正直ではないディーラーの行動を掌握するために自社システムを構築している。

残念なことに、大半の企業のネット・プロモーター・システムは、アップルではなく、私の地元ディーラーのシステムに似ており、こうした企業のリーダーは素晴らしい機会を失っている。だが、正しくできないはずはない。次章以降では、顧客を喜ばすよう促すベスト・プラクティスを検討していく。ネット・プロモーター・システムを効果的に設計するために検討すべき選択肢の多くは、一見すると小さな疑問に対して答えを導くものだ。たとえば、従業員は調査が近づいていることと希望するスコアを顧客に伝えるべきか。従業員一人ひとりの結果を同僚に知らせるべきか。各従業員のスコアは表彰、報酬、昇進の動機づけに使われるべきか。不満顧客にフォローして解決に導く責任は誰が負うのか。面倒な調査の代わりに、推奨者、中立者、批判者の区分に分類できるように顧客行動データを活用できないだろうか。スコアを改善するための目標スコアやベンチマークを掲げるべきか。顧客スコアについて最終の説明責任を誰が負うのか。

こうした一見小さな疑問に対する答えの集積が、結果に莫大な差をもたらす。しかし、最も重要なのは、リーダーがNPSを使って実現しようとしている第一のミッションは何か、を見極めることだ。NPSを活用して、従業員は自分が接している人々の生活をいつも豊かに、つまりその人らしい生活を送る手伝いをする。これが偉大な組織のパーパスなのだ。NPSを正しく設計して導入すれば、NPSは組織のネット・パーパス・スコアになり、そのパーパスの達成に向けた進捗度合いを測ることができる。

Winning on Purpose

Aim for Greatness

2

偉大さを目指す

誰でも偉大になれる

私たちはネット・プロモーターの先駆者として名高いイーベイ（eBay）、チャールズ・シュワブ（Charles Schwab）、ベイン・アンド・カンパニー（Bain & Company）、インテュイット、ラックスペース（Rackspace）のCEOを招いて討論会を開催した。(1) 会場はカリフォルニア州パロ・アルトにあるフォー・シーズンズ・ホテル最上階にあるスイートルームのリビングルームだ。全員がマイクを身につけ、良いアングルを求めてカメラが電気スタンドの間を動き回るのを見て、やや会話が重苦しくならないか、少し気まずくなりやしないか、と私は心配だった。

だが、それは杞憂だった。自信に満ちた参加者たちは、周囲を動き回る撮影隊のことをまったく気にせず、すぐに自分たちの経験の語り合いに集中してくれたからだ。さまざまな話題に及んだディスカッションを通じて明らかになったのは、参加したリーダーたちはNPSを単に顧客ロイヤルティを測定する道具としてではなく、会社の実践的なモラルの羅針盤として使っている、ということだった。

私は前著で、(CEOに返り咲いた) チャールズ・シュワブがNPSを使って見事といってよいほどの転換を成功させ、自分の名前を冠した証券会社の業績を再び軌道に乗せた逸話を紹介した。ウォルト・ベッティンガーが次のCEOとして迎えられると、彼もNPSのフレームワークを有効活用した。フォー・シーズンズ・ホテルの討論会に参加したベッティンガーは、NPSが自分の会社でどう進化してきたかについての最新情報を紹介し、従業員はいつも安心して自分が正しいことをしていると話を結んだ。要するに、彼はNPSによるフィードバックを自分たちの行動や判断の裏付けとなる評価基準、言うなればモラル維持のためのある種客観的な安全装置と見ていたということだ。

また、ラックスペースのCEO、ラナム・ネピアは次のような忘れられないコメントを寄せてくれた。「私はNPSを、偉大さを示すGPS（全地球測位システム）のようなものだと考えています。NPSのおかげで、私たちのチームはどれだけ頻繁にお客様のために素晴らしい結果を達成できているかを知ることができるのです」

この発言には、その場に居合わせた全員がうなずいた。というのも、彼らはネピアの視点や考え方を理解しているからだ。チームのメンバーが他の人々に卓越したサービスを提供し、それをより一貫して実践できる方法を身につけるプロセスを経ることによって、偉大さに触れたことを実感できる。そのような環境を整えることは、リーダーが提供できる最も重要な価値の一つだろう。

私は、ネピアがNPSをGPSにたとえてくれたことに感謝した。なぜなら、GPSを使えば、自分の現在位置を確認することもできるし、他のドライバーからのフィードバックを統合するクラウドベースのネットワーク・アプリケーションと組み合わせれば、進みたい場所への最適なルートを教えてくれるからだ。GPS同様、NPSを使えば、私たちは偉大さ（私たちはこれを「顧客の生活を豊かにすること」と定義している）から見た自分の現在位置を確認できる。そして、同じような顧客からのフィードバックという信号を統合する予測アルゴリズムを通して、NPSは偉大さに向けた最適のルートを照らしてくれるのである。

ここで、第1章で取り上げた話題に戻ろう。二〇〇三年に『ハーバード・ビジネス・レビュー』誌の記事でNPSを紹介したとき、私はNPSがもたらす現実的な経済的・金銭的メリットを強調することに意味があると考えた。何しろ、私は大学では経済を専攻し、ベインで当時すでに二五年以上働いていた人間である。ベインは、顧客のために測定可能な財務結果を提供できることを誇りとしている。この点から見れば、推奨者《プロモーター》は会社の中核資産《コア・アセット》として、ロイヤルティの高い行動でキャッシュフローを生み出してくれる存在である。私たちの店舗に何度も訪問してくれて、購入量を増やし、友人に当社の商品やサービスを紹介し、建設的なフィードバックを提供してくれるのだから。ただし、告白すると、二〇〇三年の時点では、私はネット・プロモーターの感情的な側面を「おまけ」、つまり企業というケーキの添え物と捉えていた。あまりにも多くの企業のリーダーたちがこの感情的な側面を浅はかで軟弱なものとして無視するのではないか、と懸念していたのである。そこで、私はネット・プロモーターを企業の財務的な価値を増やす一つの方法と位置づけた。そうすれば、このシステムが一般のビジネスパーソンにとって説得力を持ち、しかもとっつきやすいと考えたのである。

モラルの羅針盤としてのNPS

だが、このような位置づけは不必要に範囲を狭めただけだったことが、その後明らかになった。ウォルト・ベッティンガーやラナム・ネピアがネット・プロモーターを高く評価していたのは、企業が顧客の生活を豊かにするという第一のパーパスに集中し続けるための指標として役立つだけでなく、従業員にとっての実践的なモラルの羅針盤にもなるからだ。もし、私がもっと大胆な行動を取っていれば、すなわち財務的な価値もさることながら、より根本的に重要な目標である人間的な価値を築くことを重視していれば、おそらく、この顧客中心主義的な動きはもっと速く発展していたのではないだろうか。

マーティン・ルーサー・キング・ジュニアの言葉を思い出してほしい。「誰もが偉大になれるのは、誰もが奉仕できるからだ」。この基準に従うなら、偉大さと私たちの究極の目標を測るための真の尺度とは他の人々に有益なサービスを提供しているかどうか、となるだろう。しかし、「他の人々への有益なサービス」を測定するのは、昔からおそろしく難しかった。だから、私たちは偉大さを測るために、財務指標に頼るという安易な方法を採ることが多かったのだ。

これは、個人レベルでも企業レベルでも真実である。まずは個人レベルから説明しよう。『フォーブス』誌が毎年発表している億万長者リストは、その歴史の長さから、社会における成功者の見本として機能してきた。しかし、この裕福な大物たちは、私たちにとって本当に価値のあるロールモデルと言えるだろうか。私は、違うと思う。むしろ、金融資産は個人の偉大さを測る指標としてはまったく信用できないといってもいい。エイブラハム・リンカーン、クララ・バートン（訳注：アメリカ赤十字社の設立者）、マハトマ・ガンジー、ネルソン・マンデラ、マザー・テレサ、マーティン・ルーサー・キング・ジュニア、ジョナス・ソーク（訳注：アメリカの医学者で、ポリオワクチンを開発した）、アルバート・アインシュタインといった歴史上の人物について考えてみてほしい。彼らは、膨大な金融資産を獲得しながら、とてつもない人的資産も生み出しているではないか。

悲しいことに、これとは逆に顧客や従業員、パートナーを虐待して、経済的に圧倒的な財力を築いた人もあまりにも多い。私が思いつくだけでも〝チェーンソー〟アルバート・ダンラップ（訳注：企業再建屋として有名）、ジェフリー・エプスタイン（訳注：ヘッジファンドで大成功するも、後に児童買春の罪で有罪判決）、ハーヴェイ・ワインスタイン（訳注：セクハラや性的暴行で逮捕されたアメリカの元大物映画プロデューサー）、エリザベス・ホームズ（訳注：医療ベンチャーのセラノス〔Theranos〕を創業してビリオネアになった後、詐欺罪で告発）、サックラー・ファミリー（同家が経営するパーデュー・ファーマ〔Purdue Pharma〕は、医療用鎮痛剤「オピオイド」による中毒や過剰摂取による死亡を恥知らずにも助長していた）等々、こうした類いの悪漢や詐欺師はいくらでもいる。彼らは皆、価値の創造ではなく、「価値の抜き取り」にかけては黒帯の達人である。これは重要なポイントだ。

これらの人々が示すように、利益を偉大さの基準とすることは誤解を招きやすい。というのも、利益とは顧客や従業員のために創造した価値ではなく、彼らから抜き取った価値を数量化するものだからだ。私たちの主な目標が顧客の中に推奨者をつくり出すことであるなら、利益は私たちの北極星、すなわち、ゆるがない目指すべき方向性とはならない。

金銭的な成功を企業の究極的な目標として追求してしまうと、偉大さではなく、顧客と従業員の尊厳と幸福度を損なう不正行為を招きやすくなる。ここでは、利益を最大のパーパスとする伝統的な金融資本主義企業の、合法的だが道徳的に問題のある行為について考えてみよう。その気になれば、あなたも自分なりのリストをつくれる。たとえば、過度な延滞料を課すレンタカー会社、経済的な不安を抱えている人々を餌食にする給料担保金融業者《ペイデイレンダー》、退職者に複雑で危険な投資物件を押しつけるブローカー、保険未加入患者に三倍の治療費を請求する病院、利用しないことがわかっている顧客に解約の難しい会費システムを売りつける多くのスポーツクラブ等々。

偉大さを再定義する

「卓越さ」あるいは「偉大さ」に関するビジネス書の大半は、金融資産を唯一の真の目標、つまり資本主義のアルファであり、オメガと捉えている。現代企業の偉大さを分析した最も有名な書籍はジム・コリンズの『ビジョナリー・カンパニー2――飛躍の法則』(2)だ。同書は五〇〇万部以上売れ、現在も経営者の本棚に不可欠の一冊となっている。コリンズは、財務的な基準だけで「偉大な」企業の存在を確認した。偉大な企業に飛躍を遂げた企業としてコリンズが紹介した一一社（図表1）は、各社の第一のパーパスや生み出された人的資産ではなく、単純に金融資本主義のレンズで選ばれた。どの会社も、平均的な成績を上げた数期間後に優れた株主リターンを生み出したからだ。

ところが、同書を刊行してから数年後の業績を調べてみると、各社ともかつての栄光からほど遠い位置にいた。どうして、これほど劇的な運命の転換が起きたのだろう。答えは複雑で、事情も会社によって異なる。コリンズは自分で調査し、次の書籍でその結果を発表した。それによると、問題は各社の傲慢《ごうまん》と、何が何でも成長を買うというメンタリティにあったと酷評している。(3)

だが私は、原因が他にもあると考えている。これらの企業は（今日における大半の企業と同じく）金融資本主義、つまり主に利益を物差しに成功の度合いを測っていた。だが、利益が企業のパーパス

図表1◉取り上げられた企業

『ビジョナリー・カンパニー2』

●アボット
●サーキット・シティー
●ファニー・メイ
（訳注：連邦住宅抵当公庫）
●ジレット
●キンバリークラーク
●クローガー
●ニューコア
●フィリップモリス
●ピツニーボウズ
●ウォルグリーン
●ウェルズ・ファーゴ

『ネット・プロモーター経営』
―NPSリーダー企業

●アマゾン
●アメリカン・エキスプレス
●アップル
●チックフィレイ＊
●コストコ
●フェイスブック
（訳注：2021年10月に社名をMetaに変更）
●グーグル
●ジェットブルー航空
●カイザーパーマネンテ＊
●メトロPCS（現T-モバイル）
●サウスウエスト航空
●ステートファーム保険（生命保険）＊
●シマンテック（現ノートン）
●トレーダー・ジョーズ＊
●USAA（損害保険）＊
●バンガード＊
●ベライゾン（インターネット）

＊非上場会社

になると、規模が大きく力のある企業ほど顧客や従業員を切り捨てて財務パフォーマンスを上げることが容易になる。これは、「価値の創造」とは似ても似つかぬ「価値の抜き取り」だ。重要なことは、価値の抜き取りが監査済みの財務諸表には現れないということだ。だから、この種の不正は何カ月、いや何年にもわたって投資家たちに気づかれずにすんでいるのである。

場合によっては時間がかかるかもしれないが、「価値の抜き取り」は顧客と従業員も気づくものだ。たとえば、ある業者からの請求を銀行の自動引き落としにしていると、事実上その業者が自分の生活に組み入れられていることになるので、「価値の抜き取り」に気づきにくくなる。一方、一つの企業に長年勤めた従業員は、転職には大変なコストがかかると思うものだ。利益優先主義の経営者にとっては、これもまた搾取可能な出口障壁に見えるだろう。

実のところ、私はジム・コリンズの大ファンで、『ビジョナリー・カンパニー2』に書かれていることの大半に同意している。にもかかわらず、同書で取り上げられた会社は逆境への適応力に欠け、称賛されてから間もなく衰退し始めたことも純然たる事実である。

そこで、ベインのチームは同書刊行後一〇年間の各社の総株主利益率（TSR）を調べてみた。その際、比較対象には簡単に手に入るベンチマークであるS&P500種株価指数は採用しなかった。この指数は銘柄をたびたび入れ替えているし、配当も無視しているからだ。その代わりに、正確な基準値とするために、アメリカの全上場企業について株価変動と配当金額のデータを集めることにした。(4) 次に、『ネット・プロモーター経営』のNPSリーダー企業についても、同書の刊行後一〇年間について同様の分析を行った。図表1に、それぞれの本で取り上げた会社のリストを示す。

図表2は、『ビジョナリー・カンパニー2』で示された企業と『ネット・プロモーター経営』のNPSリーダー企業についてTSRを比較したものである。どちらの企業群についても、それぞれが刊行されてから一〇年間の株式市場（中央値）に対するTSRを算出している。

結果から明らかなように、『ビジョナリー・カンパニー2』が市場パフォーマンス（中央値）のわずか四〇％しか達成していないのに対して、『ネット・プロモーター経営』のNPSリーダー企業は五一〇％を達成している。これは、金融資本主義のレンズで偉大に見えた企業は、一〇年後には投資家を非常に失望させたということを示している。それに対し、顧客資本主義のレンズで偉大に見えた企業は、NPSで優れていることが明らかになってから一〇年経っても投資家を喜ばせていた。

一方、非上場企業や大会社の子会社、相互会社、そして私たちが株式市場を基準にできないNPSリーダー企業が六社あることも忘れてはならない。こうした企業は同じぐらい（もしかするともっと素晴らしい）見事なパフォーマンスを上げているという信号を発している。たとえば、ファストフードのチックフィレイは現在二五〇〇店舗を展開する全米第三位のレストランチェーンに発展しているし、バンガード（Vanguard）の管理資産額は七兆ドルに膨れ上がっている。食品スーパーのトレーダー・ジョーズ（Trader Joe's）の人気ぶりはすさまじく、少なくとも私の地元にある店舗では、駐車場に入るのに自動車が列をなしているのが日常となっている。つまり、NPSリーダーの中には冴えない結果となった企業は一社もないのだ。

二つのグループに属する個別企業のパフォーマンスからも明らかなように、『ビジョナリー・カンパニー2』の一一社のうち市場の中央値を辛うじて上回ったのは三社にすぎない（図表3）。私が市場の

図表 2◉アメリカ市場リターン（中央値）に対する総株主利益率（TSR）

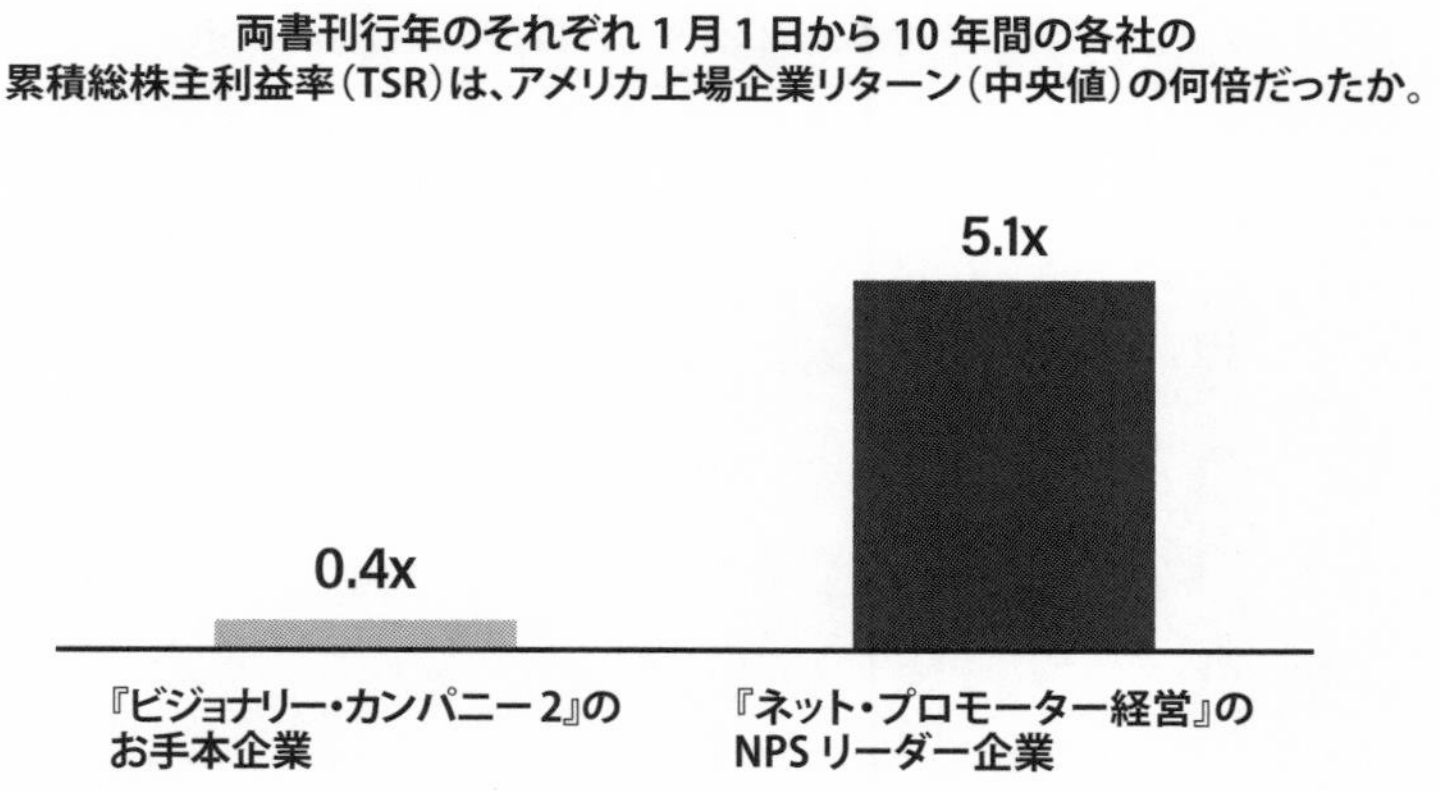
両書刊行年のそれぞれ 1 月 1 日から 10 年間の各社の
累積総株主利益率（TSR）は、アメリカ上場企業リターン（中央値）の何倍だったか。
0.4x
5.1x
『ビジョナリー・カンパニー 2』の
お手本企業
『ネット・プロモーター経営』の
NPS リーダー企業

注：

・累積 TSR は、『ビジョナリー・カンパニー 2』の対象企業については 2001 年 1 月 1 日に投資してからの 10 年間（2010 年 12 月 31 日まで）、NPS リーダー企業については 2011 年 1 月 1 日に投資してからの 10 年間のトータルリターンを計算した。

・アルトリアとフィリップモリス：2008 年 4 月 28 日に 2 社に分離したため、分離時の比率に従って再投資したと想定。

・ジレット：2005 年に P&G がジレットを 570 億ドルで買収したため、新会社である P&G に再投資したと想定して TSR を算出。2019 年に P&G はジレットによる 80 億ドルの評価損を計上した。

・フェイスブック（訳注：2021 年 10 月に社名を Meta に変更）：IPO 後の期間（2012 年 5 月 18 日～ 2020 年 12 月 31 日）で TSR を算出。

・メトロ PCS：2013 年 4 月 30 日に T- モバイルがメトロ PCS を合併し、上場してからの 2013 年 5 月 1 日～ 2020 年 12 月 31 日までの T- モバイルの TSR を算出。

・アメリカの上場企業は、それぞれのリターン算出期間の開始時点において売上高が 5 億ドル超のアメリカの上場企業（『ビジョナリー・カンパニー 2 』がおよそ 1,400 社、『ネット・プロモーター経営』がおよそ 1,600 社）について算出した。

出所：Capital IQ

図表 3◉『ビジョナリー・カンパニー 2』で紹介した 11 社のうち 8 社のパフォーマンスがアメリカ市場の中央値を下回った(2001/1/1 ～ 2010/12/31)

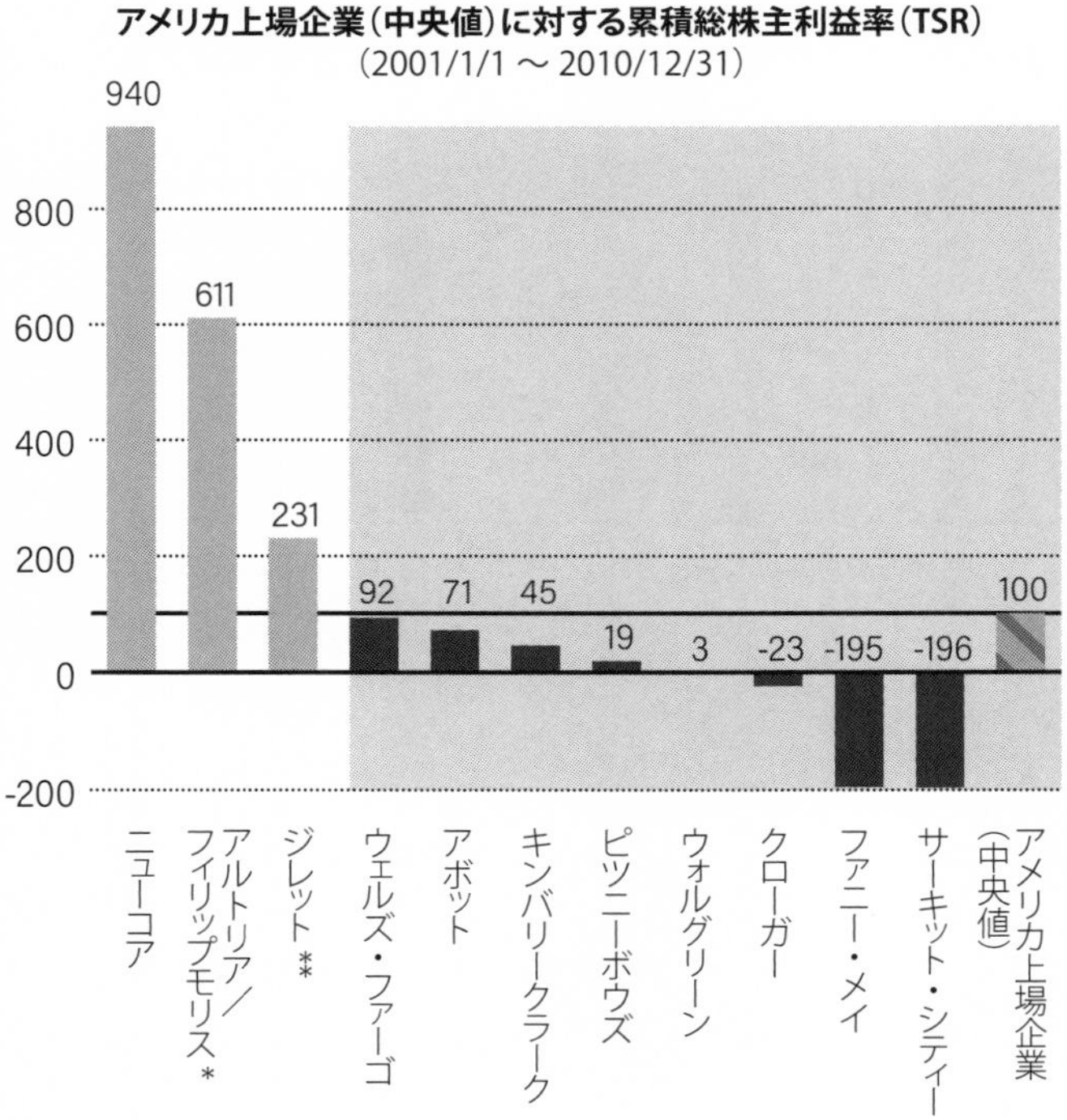

注:累積 TSR は、2001 年 1 月 1 日～ 2010 年 12 月 31 日まで投資したと想定したときのトータルリターンを示す。アメリカ全企業とは、2001/1/1 時点で時価総額が 5 億ドルを上回る上場企業全社(1,407 社)のこと。

* アルトリアとフィリップモリス:2008 年 4 月 28 日に 2 社に分離したため、分離時の比率に従って再投資したと想定。

** ジレット:2005 年に P&G がジレットを 570 億ドルで買収したため、新会社である P&G に再投資したと想定して TSR を算出。2019 年に P&G はジレットによる 80 億ドルの評価損を計上した。

出所:Capital IQ

図表 4◉ NPS リーダーは全社のパフォーマンスがアメリカ市場の中央値を上回った（2011/01/01 ～ 2020/12/31）

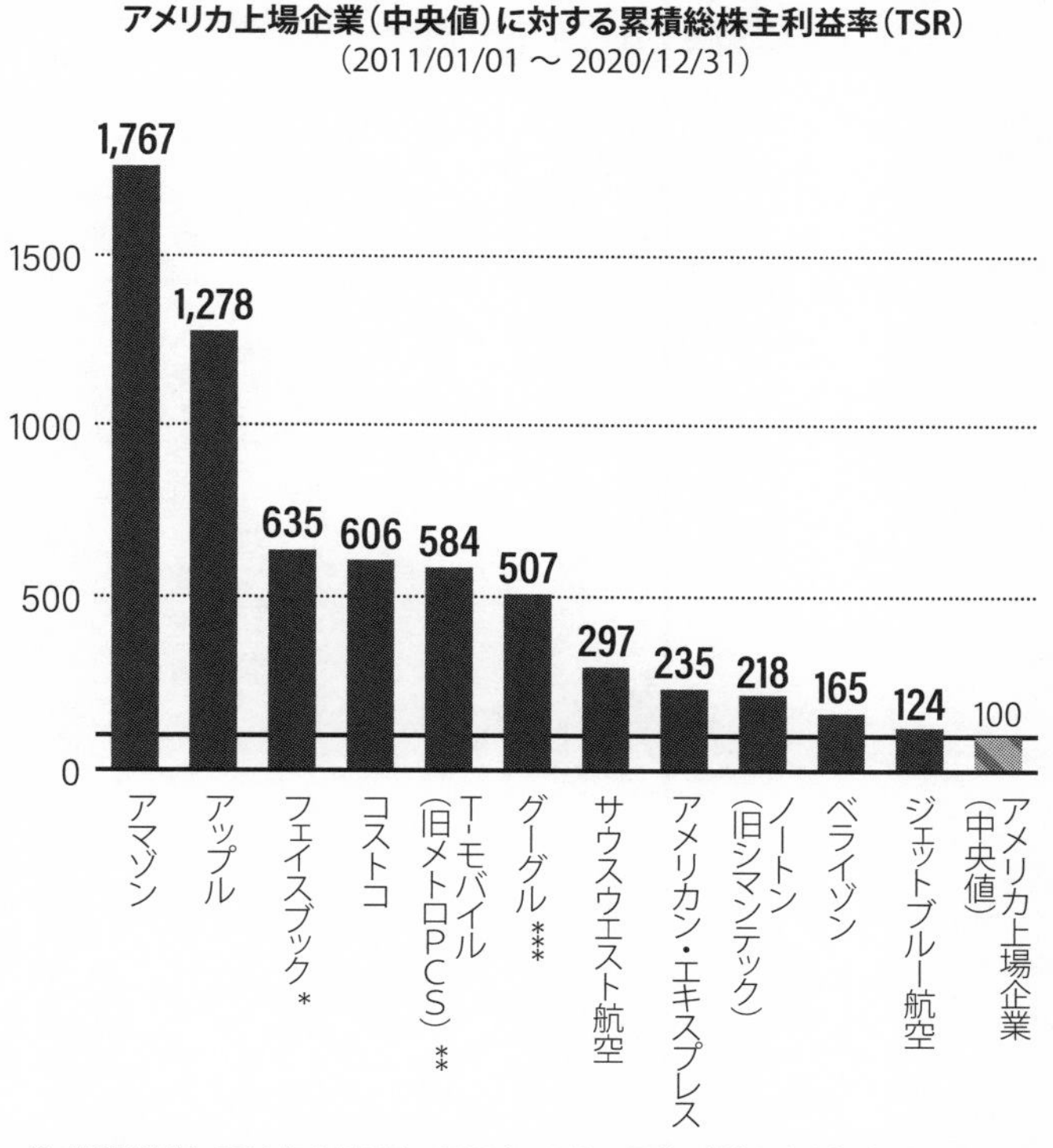

注：累積 TSR は、2011 年 1 月 1 日～ 2020 年 12 月 31 日まで投資したと想定したときのトータルリターンを示す。アメリカ全企業とは、2011 年 1 月 1 日時点で時価総額が 5 億ドルを上回る上場企業全社（1,594 社）のこと。

* フェイスブック：IPO 後の期間（2012 年 5 月 18 日～ 2020 年 12 月 31 日）で TSR を算出。

** メトロ PCS：2013 年 4 月 30 日に T- モバイルがメトロ PCS を合併し、上場してからの 2013 年 5 月 1 日～ 2020 年 12 月 31 日までの T- モバイルの TSR を算出。

*** グーグルの親会社アルファベットのパフォーマンス。

出所：Capital IQ、T- モバイルの年次報告書

中央値をベンチマークとして選んだのは、サーキット・シティー（Circuit City：破産）とファニー・メイ（Fannie Mae：事実上経営破綻し、政府の管理下に入った）の悲惨なパフォーマンスを強調しすぎるのを避けたかったからである。(5) また、『ビジョナリー・カンパニー2』の規範となる企業が、顧客を不当に扱ったとして政府から莫大な罰金を科された例もある。そのうちの二、三社は確かに素晴らしい企業だが、全体として見た場合、この集団は称賛され、逆境への適応力のある企業の集まりだと言えるだろうか？　もちろん、私は自分が何を言っているのかを正しく理解している。

『ネット・プロモーター経営』で紹介したNPSリーダーのパフォーマンスと比べてみよう。非上場を除く一一社はすべて、書籍刊行からの一〇年で市場の中央値を上回っている（図表4）。もちろん、こうした結果は今から振り返ればすべてわかっていることだが、私たちがNPSリーダー企業を選んだ二〇一〇年には予測できなかった。わかっていたのはただ、これらの企業が顧客を非常に愛していたので、顧客がロイヤルティの高い推奨者となり、優れたネット・プロモーター・スコアを支えたということだ。NPSというたった一つの指標が、各社の将来のパフォーマンスを正確に予期していたのである。

教訓

繰り返しになるが、『ビジョナリー・カンパニー2』には多くのヒントがあふれている。ジム・コリンズはその類いまれなる才能によって、やがて偉大な会社としての地位を失うことになる企業群からも有益な教訓を引き出すことに成功した。その多くは、今日の一般的なビジネス常識やMBAのカリキュラムに当然しっかりと刷り込まれている。正しい人々を正しいバスに乗せ、世界で自分が最も得意な分野に注力し、「弾み車」(後述)を回す戦略を実行し、「社運を賭けた大胆な目標(BHAG)」を追求し、「第五レベルのリーダー」になれ、という素晴らしいアイデアだ。しかし、コリンズの洞察力に富む分析と鮮明な描写をもってしても、そこで選ばれた企業はこの成功を長くは持続できなかった。これらの公式はもろく、逆境のときに適応力を発揮することもなかったのである。

私の結論は、読者の皆さんにはもうおわかりだろう。どんな企業も、偉大なパーパスを持たなければ偉大にはなれない。これに尽きる。ネット・プロモーター・フレームワークは『ビジョナリー・カンパニー2』からの教訓を補完し、そしておそらくはいくつかの弱点を埋めている、と私は考えている。

『ビジョナリー・カンパニー2』は金融資本主義のマインドセットを採用し、偉大さを金銭的な結果で定義した。だが、私は「勝利のパーパス」という基準で偉大さを測ることを薦めたい。また、コリンズは、リーダーは自分が情熱を持てる分野に集中すべきだと強調したが、ネット・プロモーターは情熱を傾けるに足る第一のパーパス——そして常に勝ち続けるパーパス——は顧客の生活を豊かにすること以外にない、と断言する。

『ビジョナリー・カンパニー2』が見落としていた重要な視点は、コリンズの有名な「弾み車」（訳注：弾み車は押し続けることで少しずつ回転が早くなり、やがて回転がスムーズになって企業は飛躍的に成長できる、という主張）は、顧客ロイヤルティによって得られるはずの経済面での好循環、すなわちロイヤルティの経済性という動力がないと回転しないということだ。読者は本書の随所で、この観点を裏付ける証拠を目にするだろう。

私が二〇一〇年に確認したNPSリーダーの中には、その高みを維持できない会社も出てくるだろう。悲しいことだが、それは間違いない。競合他社が顧客を豊かにする、もっと優れた解決策を生み出し、彼らを出し抜くからだ。しかし私たちは、そして彼らも、相対的なNPSスコアが悪化することでこの推移を改めて認識することになる。偉大さに関するこの基準に注目し、相対的な「推奨者の正味比率（ネット・プロモーター・スコア：NPS）」に基づいて成功度合いを測ることで、手遅れになる前に自社の衰退傾向を反転させられる会社も現れる、私はそう見ている。

NPSをモニタリングするほどの賢明な投資家であれば、各社の衰退を予測し、行動を起こすこともできるだろう。たとえば、アマゾンはあらゆる分野で競合他社とのNPS比較を定期的に行っており、しかも常に新規参入企業を比較対象に含めている。創業者兼会長のジェフ・ベゾスは、規模が小さく、一見取るに足らない企業を絶対に無視するなと、自分のチームに常に言い聞かせている。なぜか？　バーンズ・アンド・ノーブル（Barnes & Noble）はかつてアマゾンを小さな、取るに足らない企業として無視していたからだ。その後、同社はどうなったか。これが答えの一端かもしれない。

顧客資本主義：企業にとっての新しい理論

偉大な企業を正しく見出すときに、利益やTSRといった財務指標が信頼できないのならば、私たちはどう対応すべきだろうか。もしかしたら、企業の役割とか、企業のどのような種類の成果が「偉大さ」を象徴するのか、という基本的な考え方を見直すべき時期が来ているのかもしれない。

私は、顧客資本主義を実践している企業、つまり顧客の利益を第一に考える企業が、持続的な偉大さを達成する可能性が最も高いと考えている。顧客の生活を豊かにする(そして自分のチームメンバーが同じことをするのを助ける）ことが、自分個人の幸せと充実感を持続させるための最も確かな方法だと従業員が理解している――これが今日の世界で通用する企業のあり方だ。これは机上の空論ではなく、周囲を見渡せばたくさんの証拠を確認できる。顧客に「自分は愛されている」と感じさせる企業が競合他社を凌駕し、大きく成長しているからだ。

図表1の右側のNPSリーダーのリストをもう一度見てほしい。ほぼ一社の例外もなく、かつての

ニッチプレーヤーの成長した姿だ。どのようにして、またなぜそうなったのだろうか。ジャーナリストやアナリストは、こうした企業の成功を古い金融資本主義のレンズで解釈することがあまりにも多いように思える。たとえば、アップルの時価総額がちょうど一兆ドルを超えた直後に、アップルの成功は財務構造とサプライチェーン管理のたまものだと説明する論評が『ウォール・ストリート・ジャーナル』紙に掲載されたが、そこには数百万人もの推奨者を獲得した、同社が世界に誇る顧客中心主義の成長エンジンについてはまったく、文字通り一言も触れられていなかった。二〇二〇年夏に時価総額が二兆ドルを超えたときも、同紙の金融面はアップルの自社株買いといった財務面での説明で埋め尽くされた。しかし、顧客データの保護や現場の従業員たちを尊厳と敬意の念をもって取り扱っている事実については一言もなかった。

私からすれば、この記事は頑固なまでに見て見ぬ振りをしていた、としか言いようがない。二〇一九年三月末に行われたライブ配信による新サービス発表の席で、アップルのＣＥＯ、ティム・クックは、オプラ・ウィンフリー（訳注：アメリカの俳優、テレビ番組の司会者兼プロデューサー。慈善家としても知られる）を抱きしめた後、聴衆に向かって、アップルを本当の意味で特別な存在にしているのは端末の美しさでも、デザインの華やかさでもないと指摘したうえでこう語った。「アップルでは、今も、そしてこれからもずっと、お客様が私たちの行うすべてのことの中心にいます」

その翌日、『ウォール・ストリート・ジャーナル』紙は、「アップルは、クレジットカード、ニュース、ＴＶプラスに加えて価値観をも売り込もうとしている。だが、人々はそれを買うだろうか」というタイトルで、アップルの新サービスに関する記事を掲載した。皮肉なタイトルで、企業価値が本当の価値を生み出すという考え方に疑問を投げかけ、「社会的責任の見本となることは、ｉＰｈｏｎｅをつくるという資本主義の模範にどう役立つのか」と問いかけたのだ。アップルの飽くなきイノベーション、消費者プライバシーの熱心な保護、インクルージョン、平等、環境保護主義への本格的取り組み、そして常に顧客を第一に考える姿勢が、将来の経済価値にとっての強固な基盤になり得るという考えを軽んじているのである。明らかに、財務や必需品調達といった実体のある成果を伴うものでなければならない、そうだろう？　というわけだ。[6]

ばかばかしい。私たちは今こそ目を覚まし、金融資本主義から顧客資本主義の新時代が到来していることを認めるべきだ。顧客の生活を豊かにすることが企業のパーパスとなり、従業員がそれを実現し、その結果、素晴らしい生活を送れるように支援することがリーダーの主な責務となる、そういう時代が到来したのだ。

ここで、もう一度強調しておこう。顧客資本主義では、長期投資家も大勝利を収める。私は、このことを事実として知っている。なぜなら、私は一〇年以上にわたって顧客第一主義の会社に投資を続けてきたからだ。そして後述するように、その成果はどのような基準から見ても圧倒的なのである。

F・R・E・Dに基づく、パーパスに適った投資理論

最高の成長エンジンの燃料は顧客ロイヤルティである。この考えに基づいて、私は長年にわたってNPSリーダーに投資し続けてきた。これらの企業はF・R・E・D（Foster Recommendation, Eliminate Detraction：推奨される企業を選び、非難される企業を排除する）という信条に従って成長している。この投資戦略の結果を示すため、私はFRED株式指数（FREDSI）を策定することにした。この指標は各産業セクターで最高のNPSを達成している、いわば顧客を愛するチャンピオン企業で構成されたポートフォリオのTSRを追跡したものである。私は『ネット・プロモーター経営』執筆の調査で確認し、図表1にリストアップした一一社のNPSリーダーでこの指数を立ち上げた。(7)

ベインの調査で他業界でも明白なNPSリーダーが何社か見つかったので、翌年の一月一日に指数に加えた。テキサス・ロードハウス（Texas Roadhouse〔訳注：ステーキハウス〕）は、二〇一〇年に指数の仲間入りをし、ディスカバー・ファイナンシャル・サービシズ（Discover Financial Services）とファーストサービスは二〇一五年に加わった。二〇一九年に、自動車産業全体をつぶさにベインが調査したところ、テスラ（Tesla）が二位のスバルを一〇ポイント近く引き離してトップに立っていることがわかった。ペット関連製品では、チューイーが競合他社を二八ポイントほど上回っていた。そこ

で、二〇二〇年一月に両社を指数に加えた。私は、各社のNPSが二位に落ちてトップから引き離されたら指数から外すつもりだが、今のところそうした事態にはなっていない。

毎年一月に各社の比重が等金額になるようにポートフォリオを見直すので、指数はアマゾンやアップルのような急速な上昇の影響を受けすぎない。図表5を見れば、私がなぜ顧客第一主義が投資家を犠牲にしていない、と自信をもって断言できるかを理解できるだろう。

FRED株式指数は、株式市場(バンガード・トータル・ストック・マーケット・インデックス〔VTI〕をベンチマークに使っている)を一貫して上回り続けている。[8] リターンは年率二六%を上回り、資産額ではこの一〇年で株式市場の三倍近くになった。FRED株式指数のパフォーマンスがいかに圧倒的かを見るために、次の比較を紹介しよう。

モーニングスターが追跡しているミューチュアル・ファンドと上場株式ファンド(ETF)全体の中でのトップのリターンは辛うじて一九%と、FRED株式指数よりも七ポイントも低い。私は、シカゴ大学ビジネススクール教授で、プライベート・エクイティ研究の第一人者であるスティーブン・カプランに、FRED株式指数とこのセクターの他のファンドとを比較した感想について尋ねた。すると彼は、NPSリーダーの年率二六%というリターンはこの一〇年間のプライベート・エクイティ・ファンドの大半を上回り、しかも、こうしたファンドにつきものの高い負債比率と低い流動性(いずれも高リスク要因だ)を回避していると明言してくれた。[9]

忘れてはならないのは、私たちはTSRがすでに明らかになった後で、つまり過去に遡ってポートフォリオを構築したわけではない、ということだ。あくまでも業界レベルのNPSに基づいて、顧客

図表 5◉FRED 株式指数は株式市場を上回る

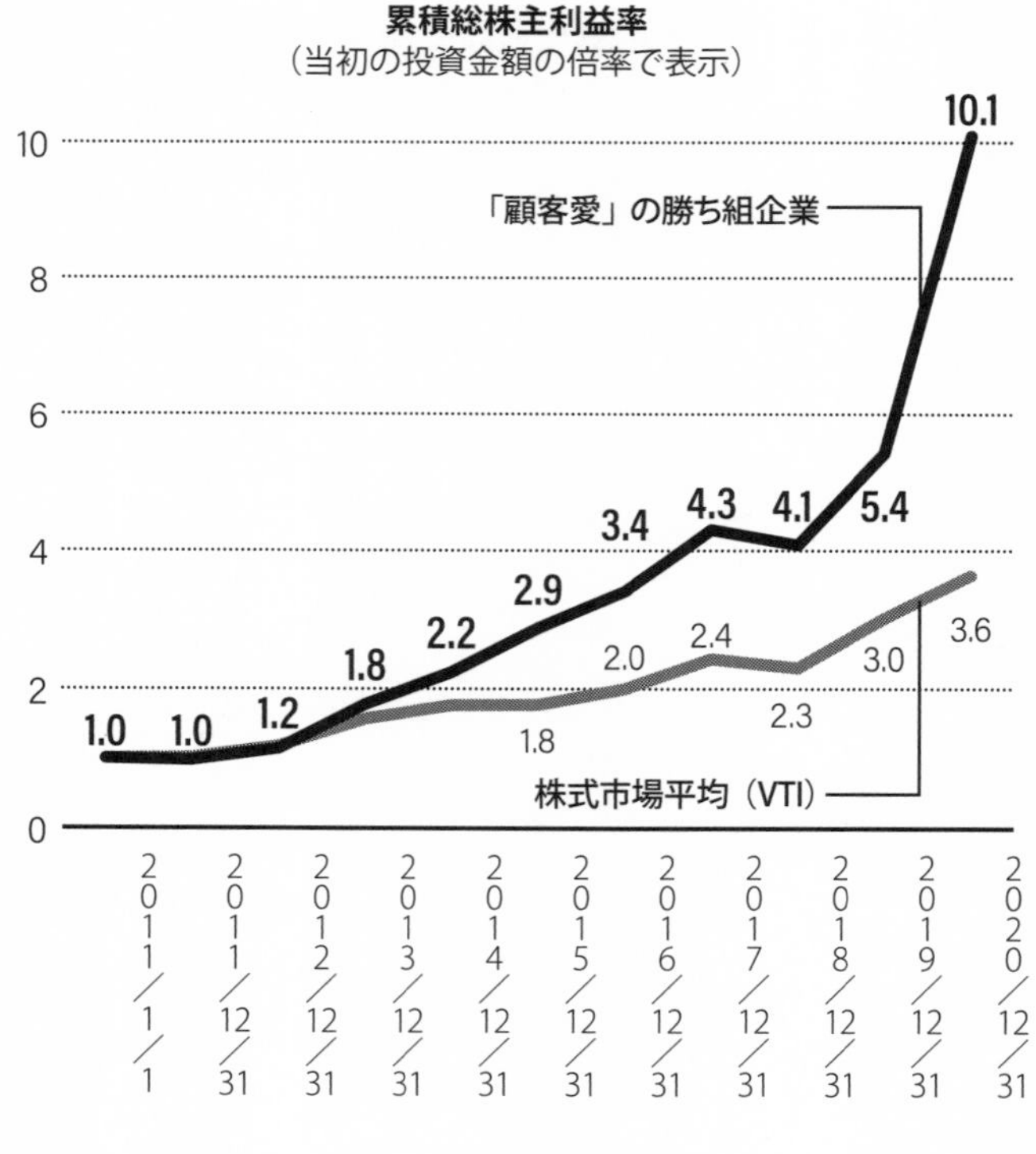

注：FRED 株式指数は NPS リーダー企業全社を対象に 2011 年 1 月 1 日〜 2020 年 12 月 31 日までのパフォーマンスを表示している。これに加えて、テキサス・ロードハウス(2011 年 1 月 1 日〜 2020 年 12 月 31 日)、ディスカバーとファーストサービス(2015 年 1 月 1 日〜 2020 年 12 月 31 日)、およびテスラとチューイー(2020 年 1 月 1 日〜 2020 年 12 月 31 日)も加えてある。FRED 株式指数は、毎年の等金額加重平均による累積リターンで計算されている。

出所：Capital IQ

を愛する勝者を前もって選んだ結果なのである。FRED株式指数の圧倒的なパフォーマンスは、投資家が顧客資本主義を歓迎すべきだということを示している。本書の第5章でさらに多くの証拠を示そう。

再びアップルストアの話：偉大なリーダーシップを定義する

それでは、金融投資の世界から個人の世界へと話を戻そう。顧客との対話をテーマにした第3章に移る前に、もう一つの物語を紹介する。そこで、ボストンのアップルストアの地下でアリスにインタビューをした直後にまで話を戻す。私は売り場まで上がると、そこではトレーニング用ビデオ制作のためにチームメンバーのインタビューが録画されていた。インタビューを受けていた女性（「ジャニーン」と呼ぶことにする）は、アップルで働いていてどんなときに幸せになるのかを説明してほしいという質問を受けていた。

「『テクノロジー製品で顧客の生活を豊かにする』というと、かなりダサく聞こえることはわかっています。でもそれが、私たちがここでしていることです」と、ジャニーンは答えた。そうして、彼女がオンラインショップのつくり方を教えたある年配の顧客について話してくれた。その顧客はオンラインショップに自分の作品を並べて、地元の展覧会で売買したいと考えていた。ところが、彼女はジャニーンたち若者には当たり前と思えるような新しい技術に混乱し、明らかに圧倒されていた。そこで、彼女はアップルストアでジャニーンの講習を受け始めた。彼ら（ジャニーンとその芸術家）はあきらめなかった。しかも、講習会が終わって数カ月も経つと、顧客は自分の作品で生活できることがわかっただけでなく、芸術家仲間の間では頼りになる専門家になっていた。自分たちの作品をオンラインで販売するときに助かる、と若者からも年配からも引っ張りだこになっていたのだ。そしてアップルストアに戻ってきて、その経緯を教えてくれた――これがジャニーンの物語だ。

私はビデオカメラの後ろでボストン店の店長の隣に立っていた。ジャニーンの感動的な話が終わると、店長は私に顔を近づけてこうささやいた。「私がこの仕事について最も好きなのはこういうところです。私のチームメンバーがお客様の生活を豊かにして感謝されると、私は自問します。私は自分のチームにこれ以上の贈り物をできるだろうか。リーダーとしてこれ以上のやりがいがあるだろうか、と」

この話は、本章の啓示と本書の主眼を見事に要約している。「リーダーと組織はチームメンバーが偉大な生活を送る手伝いをすることで、偉大な存在になる」。これが、組織の誰も彼もを元気づける目的〈パーパス〉なのだ。

Winning on Purpose

Love Your Customers

3

顧客を愛する

顧客資本主義の本質

私は自分のガン治療が終わりに近づいた頃、退院受付近くにある会計窓口のところにアメリカン・エキスプレス（American Express）のポスターが貼ってあるのに気がついた。そこには「私たちはお客様を愛しています」と書いてあった。

「愛しています」だって？　本当に？　これは、企業が自社の顧客について感じるべきことなのだろうか。

最初、私はどこかの広告会社のコピーライターの頭が少しおかしくなったのではないかと思った。だが、よくよく考えた後で、「いや、そうだ。これこそ企業が顧客について抱くべき気持ちだ」と考えるようになった。競争が最も激しく利益率の低い業界で、最も厳しい事業環境にさらされている企業でも、顧客を愛することが求められている。なぜなら、現在のような顧客資本主義の時代には、愛情が最も力強い勝利の戦略になるからだ。

「愛」は実に儚く、抽象的で、あやふやなもののように響くかもしれない。そのことは喜んで認めよう。たとえば、人は愛という同じ言葉を使って、好みのアイスクリーム、自分の国、ダックスフント、母親、配偶者に対して感じていることを表現する。そこで、本書ではこの言葉を次のように定義することにしよう。愛とは、ある人のことを心から大切に思うあまり、その人を心身ともにより幸福にできることが、自分自身の幸せな気持ちにつながる状態。

愛するという知恵は、「己の如く、汝の隣人を愛せよ」という黄金律を支えるもので、すべての良き人間関係と良き社会の基盤となるものだ。愛はまた、良きビジネスをも支えていると私は思う。顧客の人生を豊かにすることを第一に考えていると、顧客は「（あなたが）本当に自分のことを思って行動してくれている」と心から思うようになる。すると、自分のニーズや悩みを率直に話してくれるようになる。顧客が正直なフィードバックをくれれば、あなたは顧客にとって最高の経験は何かをよく考えて提供できるようになる。こうして提供される製品やサービスを顧客は自分の日常生活に取り込み、その結果としてあなたのサービスを継続的に利用し、あなたのビジネスに貢献し続けるようになる、というわけだ。

さらには、あなたの会社の従業員にも尊厳と敬意をもって接してくれる。こういった要素がロイヤルティという成長エンジンに強力な推進力を与え、これまでに発明された中で最も効率的で持続性の高い燃料となり、競合他社を一気に抜き去るほどの勢いを与える。そう、満足した顧客が再びあなたの会社を訪れ、友人に薦めてくれるようになるからだ。

アメリカン・エキスプレスの場合、これが厳然たる事実として実証されてきた。長年にわたって素晴らしいネット・プロモーター・スコアを獲得し続けてきたのも、同社の愛情を顧客が感じ取ったからに他ならない。一人の顧客としての私の個人的な経験も良いことずくめだった。海外旅行にかかる費用を十二分にカバーするクレジット・ラインを提供してくれたことはもちろん、悪しき利益を飽くことなく追求していたレンタカー会社から私を守り（アメリカン・エキスプレスは保険の差額を負担するので、高額な保険に入る必要がない）、加盟店との紛争でも私の側に立ち、そして超人気レストランでのディナーの予約まで手伝ってくれた。同社がしてくれた素晴らしいことのすべてを考えると、アメリカン・エキスプレスは私の生活を豊かにしてくれたと断言できる。

少しもはばかることなく「愛」を公言する航空会社もある。サウスウエスト航空(Southwest Airlines)

はすべての機体にハートマークのロゴを描き、ニューヨーク証券取引所のティッカーシンボルとしてLUVを採用した。もっとも、これにはちょっとした言葉遊びの部分もある。同社はテキサス州ダラスのラブ・フィールドに設立されたからだ。だが、サウスウエスト航空のコリーン・バレット社長(当時)がある日の昼食時に説明してくれたように、彼女が平然と「愛」と呼ぶものへのこだわりは、マーケティングのための仕掛けではなかった。実のところ、それは「黄金律に基づいて生きる」という同社の基本理念を反映するものだった。その点を強調しようと、コリーンは私たちのNPSロイヤルティ・フォーラムの前で、おばあちゃんが孫にするようなキスを私にしてくれた。(1)そして、すべての乗客にもその意思をはっきり示そうと、サウスウエスト航空は手荷物料金やフライト変更手数料など、愛の足りない競合他社が考え出したあらゆる搾取の手口を排除したのである。

第2章で紹介したアップルストアが体現している愛が感じられる信条について考えてみよう。アップルストアの創設者、ロン・ジョンソンが驚くほど成功した小売店舗をデザインしたとき、彼はイエス・キリストの「己の如く、汝の隣人を愛せよ」という聖句にインスピレーションを得たという。ジョンソンはこの聖句を聖書の本質的なメッセージと捉え、「愛に基づいた店舗デザインを目指した」と説明している。ジョンソンは従業員全員のIDカードに次の言葉を印刷して、そのパーパスを宣言した。「従業員の生活を豊かにすることで、お客様の生活を豊かにする」。そうして、売ることよりもサービスと教育を重視する業務体系を構築した。顧客が愛されていると実感してもらえるように、彼は顧客フィードバックをリアルタイムで確認できるシステムに投資をし、家電小売業にありがちな歩合制の報酬体系の採用を見送った。

ホテル大手のマリオット・インターナショナル（Marriott International）は、「自分自身がしてもらいたいように人に接するのが、私たちの行動指針です」というテレビ広告を何年も前から流している。経営幹部の何人かに本気で取り組んでいる証拠を見せてほしいと頼んだところ、彼らは黄金律を実践しているいくつかの事例を紹介してくれた。たとえば、9・11米国同時多発テロを受けてマリオットの施設の多くでビジネスが大打撃を受けたときには、多くの従業員が健康保険の適用を受けるために必要な労働時間を確保できていなかった。そこで、彼らにも保険適用を拡大するという経営判断を下した。従業員は家族同然であり、家族が自分の努力ではどうにもならないことで健康保険を失わせるわけにはいかない、というのがその理由である。二〇一七年に壊滅的な被害をもたらした二つのハリケーン、「イルマ」と「マリア」がプエルトリコを襲ったときにも同じ判断をした。現地従業員の災害救済基金はすぐに底を突いてしまったので、会社が不足分を補填することにしたのだ。

黄金律と顧客への愛は、単に災害に見舞われたときにだけ発揮されるわけではない。マリオットは、新聞の見出しになったり、世間の注目を浴びたりすることとはほとんど無縁の、たとえば従業員向け教育プログラムの設計にも黄金律の考え方を適用している。たとえば、プールで子どもたちが暴れて他のお客様に迷惑をかけているといった、さまざまな困難な状況を現場の従業員がロールプレイングで体験できるようにしているのだ。トレーナーが「あなたがもし、このようなストレスで疲れ切った保護者の立場になったらどう感じますか」とチームメンバーに尋ねる。子どもたちの騒ぎをやめさせてほしいと要求するか、場合によっては家族全員でプールエリアから立ち退いてほしいと要請するか。それ以外に何ができるか、疑問を投げかけるのである。従業員たちみんなで、どうすれば親も子どもも気持ちよくその問題を解決できるだろうとブレインストーミングする。支持を集めた提案の中には、退屈している子どもに塗り絵帳とクレヨン一箱を提供するというもの、赤ん坊を抱っこすることを申し出て母親が年上の子どもたちの面倒を見られるようにする、というのもあった。

だが、一貫して黄金律を守り続けることは容易ではない。特に上場企業は四半期ごとの業績発表を迫られるサイクルに絶え間なく追われているので、どうしても数字を優先しがちになる。マリオットも例外ではない。本稿を書いている今、同社は他のホテルブランドとともに複数州の司法長官と係争中である。その中の一つは、ホテル業界が課しているリゾート料金やデスティネーション料金が不正な慣行だというものだ。連邦政府レベルでは、これを違法とする立法措置がすでに講じられている。この種の有害な手数料は広くはびこっており、ネブラスカ州のような明らかにリゾート地でないホテルでも徴収されている。

私はこの煩わしい（そして私に言わせればまやかしの）料金に出くわしたことがある。カリブ海で家族の休暇を過ごそうと、マリオット系列のホテルの一つでオンライン予約をしたときのことだ。ウェブサイトには当初、一週間の宿泊料金が一五〇〇ドルと表示されていた。ところが、部屋を確保した際には、追加料金によって二三〇〇ドルに膨らんでいた。そのときは、自分が愛されているとはこれっぽっちも感じられなかった。

マリオットの経営幹部の一人は、リンクトインのインタビューで、これは本当に頭の痛い問題だと話していた。「消費者の立場として申し上げれば、誰もこんなことを好きな人はおりません。……（ところが）この料金がなくなるとは思わないのです」

さて、実際のところ、こうした手数料はなくせるはずだし、実際になくした事例も存在する。ファーストサービスの取締役をしている私たちの仲間、エリン・ワラスは、かつてオーランドにあるディズニー・ワールド（Disney World）でオペレーションを担当していた。私はエリンに、ディズニーはこのような忌まわしいリゾート料金を請求するのかと尋ねた。少なくとも、ディズニー・ワールドはリゾートを名乗るにふさわしい場所だ、そう思ったからだ。「いいえ、オーランドのオペレーションではそのような手数料は徴収していません」と彼女は答えた。さらに、カリフォルニア州にあるディズニーランド・リゾート・ホテル（Disneyland Resort Hotels）は長年にわたってリゾート料金を課していたが、経営陣が変わるとそれを撤廃したことも教えてくれた。これをエリンは大いに喜んだという。リゾート料金のせいでディズニーのブランドと評判に傷がついている、と考えていたからだ。

さてここで、私が不愉快な思いをして得た教訓を述べておこう。マリオットやディズニーといった傑出した会社ですら、この種の罠（利益を優先するあまり顧客をないがしろにする策略）に陥らないように苦労しているのだから、ごく一般的な企業が黄金律の基準に則って自社の顧客を一貫して愛することは不可能に違いない、と。結局、ほとんどの企業は科学的に収益を最大化する価格決定アルゴリズムを利用しており、良き利益と悪しき利益とを区別することは決してない。問題は、価格を計算するこうした人工知能（ＡＩ）モデルが、人為的なものであろうとなかろうと、愛を十分に理解できないということだ。顧客が「自分は愛されていない」と感じたときに、企業への信頼とロイヤルティをなくすことによる長期的なコストを、ＡＩは決して考慮しない。同時に、そうした愛のない方針を強制されることで意気消沈した従業員に、どのような影響が長期的に及ぶかも考慮されていない。もし、顧客接点のデジタル化への加速度的な移行が、もはや愛が意味をなさない「デジタルの冬」という暗い時代を予言しているとしたら、これは実に憂慮すべきことだろう。

デジタル時代における「愛」

幸いなことに、オートメーションが世界を席巻している現在も、黄金律と顧客への愛が極めて重要であることに変わりはない（この点については後述する）。だが、顧客とのやりとりをデジタル化し、コストのかかる従業員を効率的なボットで置き換えようと躍起になるあまり、殺伐とした、魂の抜けたようなデジタル化された顧客ジャーニーに追いやっている企業も存在する。

利益を追求するドローン、ボット、アルゴリズム、予測モデルによって運営される暗黒な世界を思い描いてほしい。現場サービスが人からデジタルに置き換わったときに、経営者はどうやって顧客が「自分は愛されている」と感じていることを担保できるのだろう。ベインの「NPSプリズム」のデータによると、今日のアメリカの銀行取引の八〇％は自動化またはデジタル化されており、その結果、銀行の経営幹部は顧客からますます引き離されている。ビッグデータによる分析ツールを使えば、経営者は自社の顧客を理解できるはずだ。そして実際、ある顧客がなぜ推奨者、中立者、または批判者のように振る舞っているのかを予測するうえで、この種のデータやツールは非常に役立っている。

だが、ここに厳しい現実がある。このデータが顧客の声と現場の従業員の声とを効果的に結びつけて初めて、顧客を愛するリーダーは勝利の解決策を構築することができるのである。そうなると、次の問題は、NPSフィードバックをビッグデータとどう組み合わせれば、経営者が顧客ニーズや懸念を常に把握できるようになるか、ということになる。私たちは、デジタルの最も優れた要素を人間の温かみ、共感力、個人一人ひとりに合わせた対応との組み合わせに成功した優れたロールモデルとして、D2C眼鏡ブランド「ワービー・パーカー」、ペット用品EC「チューイー」、オンラインフィットネス「ペロトン」、バケーションレンタル「エアビーアンドビー（Airbnb）」といった企業から多くを学ぶことができる。各社とも、最先端のテクノロジーを駆使しながら、顧客への愛と黄金律を指針として現在も意思決定がなされる、人間味あふれるコミュニティを育んでいるからだ。

カスタム眼鏡のデジタル販売を手掛けるワービー・パーカーは、顧客のデジタル体験の向上を目指して一二〇以上の店舗を展開しており、対ステークホルダーでの優先事項のトップに黄金律を掲げている。「私たちは、自分がそうしてほしいと思うやり方で――温かく、親切に、共感し、そしてこれ以上ないサービスで――お客様に接しています」。私は共同CEO（兼共同創業者）のデイヴ・ギルボアに、このような高い目標への進捗をどのように測っているのかを聞いてみた。ギルボアは、「パーパスに活力を与えるには、それに対する進捗度を測れなければならない」という私の考え方に同意したうえで、ワービー・パーカーでどう実践しているかを説明してくれた。「私たちは、ネット・プロモーター・スコアを測定しています。お客様に愛されるブランドを構築したいと考えており、このスコアは私たちのブランド、ひいては当社の長期的な健全性を理解するのに大いに役立っています」

眼鏡を必要とする人に無償提供することも愛情戦略の一貫だ。同社では、顧客が眼鏡を一本購入するごとに、新品の眼鏡を一本無料で寄付している。これまでに八〇〇万本以上の眼鏡が提供されて、経済的に恵まれない子どもたちが教科書や学校の黒板をよく見えるようになり、視力に悩む労働者が仕事をしやすくなった。この「愛と慈善」戦略（後の章で再び触れるが）によって、デジタル時代における圧倒的な成功物語が生まれた。創業以来わずか一〇年で、投資家はこの非公開企業にいまや三〇億ドルの価値があると評価している。

他にも、実際に人間的なつながりが感じられるサービスを通して顧客関係を構築し、パーパスを実践しているデジタル企業を紹介しよう。ペット用品のオンライン販売を手掛けるチューイーは、「私たちはペットとペットの保護者を愛しています。ペットを家族として捉え、ペットの保護者のあらゆるニーズに応え、あらゆるやりとりを通じてご期待を上回るサービスを提供することにこだわっています」と宣言する。

店舗を持たず、顧客と直接触れ合うことのないチューイーではさまざまな工夫を凝らしている。チューイーのウェブサイトには、かつて「あなたのペットに最適なものを見つけ出してください」と書かれた検索バーがあり、そこから情緒的な結びつきが始まる。「あなたのペットに最適なもの」を迅速に届けられるよう、チューイーは全米に八カ所の発送センターを建てて在庫を確保した。また、同社では、電話やウェブでの顧客とのやりとりを削減すべきコストではなく、顧客に感動を与える機会と捉えている。そのため、この八カ所の発送センターには、三六五日二四時間、ペットが大好きな担当者が常駐している。さらには、社内に大規模な「感動」チームをつくり、驚くほど配慮の行き届いた親切な解決策を考え、実行している。格好の事例を一つだけ紹介すると、このチームはペットが亡くなった際に、遺族となったオーナーに花を贈ることもある。

　この「顧客愛」戦略は秘密でも何でもない。実際、チューイーは新規株式公開に向けた証券取引委員会（SEC）提出書類で公表した。[2]「私たちはお客様と接するたびに卓越したサービスを提供するよう努めています」と、書類には書いてある。「当社の高度な訓練を受けた情熱的なカスタマーサービス担当者（CSR）は、通常はご近所の最高級のペットショップでしか体験できないような、お客様一人ひとりのニーズに合った豊富な知識に基づくサービスとガイダンスを提供しています。この高品質のサービスと顧客満足度は、当社のネット・プロモーター・スコアによって示されています。私たちの計算では、二〇一八年度のスコアは八六％でした」[3]。優れたNPSスコアは、顧客が愛を感じていた証拠であり、それは、時価総額が今や三〇〇億ドルを超える急成長を遂げたことによっても示されている。

　ペロトンは、デジタルプラットフォームがいかに顧客の愛を得ることができるかを示す、もう一つの輝かしい事例だ。ペロトンのミッションは、テクノロジーとデザインを駆使して「フィットネスで世界をつなぎ、人々がいつでもどこでも最高の自分になれるように力を与える」ことだ。そう、これだけでも十分私には愛おしく思える。同社の本質的価値観《コア・バリュー》のリストの筆頭にあるのは、メンバーを最優先に考える。これほどまでに多くの、ロイヤルティの高いファンをどうしてあんなに早く集められたのかを説明してほしいと『ニューヨーク・タイムズ』紙に尋ねられると、CEO兼共同創業者のジョン・フォーリーはこう答えた。「私たちは、人々がただ深く愛する経験をつくり出しただけです」[4]

『ニューヨーク・タイムズ』紙は次のように分析している。「ペロトンは、単にハードウエアを売っているのではない。数千万ドルをかけて、ブランドの顔となるような有名人と高級な小売店舗を完備して、非常に魅力的な体験をつくり出している」[5]。ペロトンのコミュニティメンバーからは、ペロトンの体験によって、自分の人生が豊かになっただけではなく、人生が変わったという声を、私は驚くほど多くの人から聞いた。ところで、同社は安全上の理由からトレッドミル製品をリコールして、財務的にかなり高額な課題を抱え込んだにもかかわらず、時価総額は現在二五〇億ドルを超えている。

最後に、エアビーアンドビーを紹介しよう。同社は考え抜かれてデザインされたデジタルプラットフォームがゲスト（宿泊客）とホスト（宿泊施設の提供者）の世界的なコミュニティにいかに力を与えるかを示す、もう一つの説得力ある事例だ。愛と黄金律がすべての出発点であることを強調するため、創業者たちは「愛」というテーマをハート型のロゴに織り込んだ。二〇〇八年にブライアン・チェスキー、ネイサン・ブレチャージク、ジョー・ゲビアによって設立されたこのオンラインプラットフォームは、旅行業界を一変させた（エアビーアンドビーのアメリカにおける登録室数は現在、宿泊業界全体のおよそ二〇%を占めている）。確かにエアビーアンドビーは、ボットやアルゴリズムを利用している。だが、それらは愛情をもってゲストをもてなすホストのコミュニティづくりにも貢献している。新型コロナウイルス感染症の流行前であれば、同社は地元のホストの集まりを主催し、ゲストに喜んでもらうためのヒントの共有を支援していた。たとえば、焼きたてのチョコレートチップクッキーの香りをかぐと、多くのゲストが温かく迎えられていると感じる、といった類のことだ。

このプラットフォームは、現在四〇〇万以上のホストと一億五〇〇〇万人のユーザーを抱えている[6]。

投資家はこの愛情に感銘を受けてきた。新型コロナの危機で旅行業者数が壊滅的に減少したにもかかわらず、時価総額は九〇〇億ドルを超えている。

コストコ流の「愛」

次に、私が目を見開かされたもう一つの企業を紹介しよう。コストコ・ホールセール・コーポレーションはワシントンに拠点を構え、大成功を収めた会員制倉庫型店舗チェーンだ。

MITスローン・スクール・オブ・マネジメントのゼイネップ・トン教授の親切な計らいで、私たちは同社の共同創業者で長年CEOを務めてきたジム・シネガルと、トン教授のオフィスで会い、トン教授の授業に参加する機会を得た。その日は、マサチューセッツ州にあるコストコのワルトハイム店の店長と精肉部門マネジャーも加わり、ジムとの討論会が行われた。授業が終わると、学生たちに同行してワルトハイム店に出向き、彼の案内で見学させてもらった。

私は、ジムとの面談に備えて、以前ファイルしておいたコストコ関連の株式アナリストの古いレポートをいくつか読み込んでいた。レポートは、もともとはコストコが小売部門で最高のNPSスコアを獲得したときに発見したものである。アナリストたちは、コストコが現場の従業員の給与が高すぎるのと、商品価格が安すぎる点を厳しく批判していた。そこで、これらの批判についてどう思うのか、またウォール街が利益にあまりにもこだわっていることについてどう感じているかを尋ねてみたところ、次のような答えが返ってきた。「フレッド、ウォール街の助言に従ってビジネスをしようとすると、長くは持たないと思いますよ」

そう前置きして、彼は詳しく語り始めた。「私たちの第一の責任は法律を守ることです。次の責任はお客様に対するものです。そして、従業員を大切にし、サプライヤーを尊重します」。ここまで話しても、株主についての言及はなかった。「ということは、株主は最後尾ということですか」。私は、少し眉をひそめて聞いた。「そうです」。ジムはためらうことなく答えた。「しかし、忘れていただきたくないのは、当社が一九八五年に上場して以来の総株主利益率（TSR）はS&P500種株価指数をはるかに上回っているということです。[7] 私たちの文化は、私たちの最も重要な財産です。正しいことをする。メンバーの立場になって考える。そして、公平であること。これが当社の文化の基盤です」

コストコは、正しいことをしながら繁栄するという偉業をどう実現させているのだろう。その答えの一部は、同社の会員制モデルにある。基本的には、毎年初めに支払われる年会費によって、会社に必要な利益が確定する。この基盤があれば、その後のすべての判断は、顧客への愛を最大化することを念頭に下すことができる。コストコの隣のワシントン州を拠点とするアマゾンは、コストコの会員制を模倣して、その輝かしい歴史の中で最大の成功例の一つであるAmazonプライムを始めた、とジムは指摘する。

ここで、トン教授の授業中にジムが話してくれた物語の一つを紹介しよう。この話は前半と後半に分かれている。まず、コストコのバイヤー（仕入れ係）がカルバン・クラインのジーンズをかなり安く購入できるよう交渉した。コストコは、買値に一四%上乗せした価格で販売するという方針を長年採用してきた。例外はプライベートブランドのカークランドで、これは一五%となっている。この方針は店舗運営上の複雑さを最小化するとともに、顧客からの信頼も獲得している。顧客はコストコがハイ・ロー・プライシング（訳注：価格政策の一つ。特売などの期間を設け、商品価格を日ごとに上げ下げする販売戦略）やさまざまな販売促進策、駆け引きを行わないことをわかっている。さて、コストコが勝ち取ったカルバン・クラインからの仕入れ値があまりにも安かったので、標準的な一四%の利幅を乗せても小売価格は二九・九九ドルになった。大手小売店では同じ製品に五九・九九ドルの値がついていたので、コストコのジーンズは飛ぶように売れて、すぐに完売した。

すると、さらに一〇〇万本のジーンズが手に入ることがわかった。外国のバイヤーの信用状が不渡りとなり、カルバン・クラインは別の買い手を探さなければならなくなったのだ。今回は、コストコのバイヤーはさらに安い価格を交渉で勝ち取れたため、一四%の利幅を乗せても二二・九九ドルの販売価格が実現した。しかし、この事実を聞きつけたウォール街の賢者たちは、「コストコの経営陣は無責任だ」と文句を言い始めた。コストコの店舗はすでに商品を二九・九九ドルで売り切っている。ならば、新しい仕入れ分には少なくとも二九・九九ドルの値をつけて、差額の七ドルを利益にすればよいではないか、と。一四%の利幅をという自動的な方針によって、コストコは少なくとも得られたはずの七〇〇万ドルをみすみす逃したと指摘したのだ。

このとき、ジムは自分の信念を貫いた。後にＭＩＴの教室で、彼は次のように説明している。「会員の皆様は、節約した分をすべて還元してくれると信じています。この方針に例外をつくるということは、そうですね、それはヘロインを吸うようなものです。一度始めたら、やめられなくなります。そして、会社全体の性格を変えてしまうことになります」

すると、トン教授がジムにこう尋ねた。「それならどうして、その七〇〇万ドルを使って従業員の報酬を増やさなかったのですか」（ちなみに彼女が著書 *The Good Jobs Strategy*（『良い仕事戦略』未邦訳）で述べていることは、私の考えとピタリと一致している[8]）。

彼女の質問にジムはこう答えた。「当社従業員の平均時給はおよそ二四ドルと、すでに業界内でトップクラスを実現しています[9]」。さらに、もし従業員が自分の働く会社がこの一四％利幅ルールを無視しているのを目撃したら、会社は本当に社員のためにいつもベストを尽くそうと真剣に努力していないと思うだろう、と続けた。投資情報会社のモトリーフール（Motley Fool）は、かつてジムに「競争優位」の定義とコストコの最大の競争優位を教えてほしいと質問したことがある。ジムの答えはこうだった。「そうですね。競争優位とは、自分を信じてくれるロイヤルティの高い顧客を持っていることです[10]」。そして、その延長線上に、顧客中心という会社のミッションを心から信じている従業員がいることだ、と。

私の家族は皆コストコでの買い物が大好きだ。店舗で掘り出し物を見つけることは実に楽しい。加えて、コストコの返品ポリシーはとてつもなく手厚い。以前、娘が二本セットの電動歯ブラシを買ったが、一つがうまく動かなかったことがあった。娘は店に返品しに行ったが、領収書を捨ててしまったので、お金は返ってこないだろうと思っていた。だが、サービスカウンターの女性は「心配いりませんよ」と言ったという。コストコは会員一人ひとりについて、デジタル購入記録を維持しているからだ。担当者はコンピュータでその取引を見つけ出し、購入金額を全額返金してくれたうえで、「もし二本目の歯ブラシがちゃんと動いているのであれば、どうぞそのままお持ちください」と言ったそうだ。

コストコが私たちのロイヤルティを高めるためにしてくれることは他にもいろいろある。コロナ禍の冬の間に屋外でパーティーをしようと、バーベキュー用テーブルをコストコ・ドットコムで購入した。翌月に価格が一五〇ドル値下がりしたことに気づいたので、オンラインで一五〇ドルの返金要請をしたところ、数日後に手続きをしてくれた。私たちが旅行するときにコストコのトラベルサービスを使うのは、最安値を保証してくれるだけでなく、レンタカーの追加運転手料金といった面倒な料金を支払わなくて済むからだ。娘はコストコを利用してボラボラ島に新婚旅行に行った。最後に、私たちは何年も前にコストコ株にも投資したが、あれは非常に素晴らしい判断だったと思っている。

ジム・シネガルは二〇一二年にCEOを退任した。彼が去った後の現在も、コストコが同じ道徳哲学を実践しているのか。これは、聞いて然るべき質問である。最近の年次報告書では、次のように報告されている。「私たちは『正しい行いをする』という揺るぎない信念で、今年も素晴らしい実績を上げることができました」。この表現にはまったく驚かない。小売部門のNPSリーダー企業であるコストコとアマゾンでの家族の買い物をすべて足し合わせると、小売業界（残念ながら、愛を見つけるのが非常に難しい業界である）に費やした予算の大半になってしまう。

ディスカバー流の「愛」を発見する

ディスカバー・ファイナンシャル・サービシズが、突然私の注意を引いたのは、クレジットカード業界のNPSリーダー企業としてアメリカン・エキスプレスを上回ったときだった。しかも、それは一度だけではなく、その後何年も続いた。

なぜ、これが驚きだったのか。実は、私はそのときまで四〇年以上にわたってアメリカン・エキスプレスの顧客だった。アメリカン・エキスプレスは、顧客ロイヤルティの獲得ではどこにも引けを取らない、素晴らしい実績のある非常に強靭な企業だ。そんな名門企業がどうして、ほんの数ポイントとはいえ、この比較的新参のディスカバーに後れを取ったのだろうか。

私は顧客としてディスカバーのカードを保有したことはなかったが、テレビコマーシャルで見たことはあった。そのスポット広告は、電話サービス担当者と顧客とのやりとりを、とてもよく似た二人の俳優を使ってユーモアたっぷりに描いていた。キャッチフレーズ「あなたの身になって、誠心誠意対応させていただきます」は、黄金律を最新の言葉で言い換えたものだ。私は、この（私にとっては）比較的新しいNPSスーパースター企業を調べ始め、数年分の年次報告書を遡って読んでみた。次に紹介するのは、二〇一一年のCEOの挨拶だ。

ディスカバーでは、すべての行動がお客様に注目することから始まります……

カスタマーサービスに関する私たちのアプローチは、サービスを主に経費と見なす企業とはまったく異なります。対照的に、お客様との対話を、人間関係を深め、特典・還元を強化し、利用を促し、ロイヤルティを高めていただく機会と捉えています。

優れたカスタマーサービスは、正しい従業員を雇い、教育し、育成したうえで、お客様と有意義な会話をすることから始まります。カード会員様向けのカスタマーサービスは、全員がアメリカの拠点にいるディスカバーの従業員であり、私たちは、それを競争優位の一つと見なしています。また、カード会員様にこの業界で最高のオンライン体験をしていただくための投資も行っています。私たちの目標は、お客様がいつでも、どこでも、どのような方法でも私たちと対話したいと思うようなサービスをお客様に提供することです。

私は文末に見覚えのある名前があることに気がついた。デイビッド・ネルムスは、ベインの初期のチームメンバーだった。もう何年も前に、私たちがやっていた最初の顧客ロイヤルティ調査プロジェクトのいくつかに貢献してくれた非常に優秀な人物だ。私はデイビッドがディスカバーのＣＥＯを一四年務めて退任する直前に、久しぶりに連絡をした。話しているうちに、「あなたの身になって、誠心誠意対応させていただきます」という表現には、単なる宣伝文句を超える深い意味があり、ディスカバーの多くの意思決定や優先事項の根幹をなすものであることがはっきりした。

私はデイビッドに、ディスカバーではどのようにして顧客の利益を最優先させるのか、具体例をいくつか教えてほしいと頼んだ。具体的には、ディスカバーが顧客を愛するあまり、クレジットカード業界にまん延しているさまざまな不正行為を最小限に抑え、根絶しているのかどうかを知りたかったのである。すると、デイビッドは次の一連の事実を教えてくれた。

●ディスカバーは、大手カード会社の中で初めて、すべてのカードの年会費を完全に廃止した。もし利益がビジネスを行う唯一の動機であれば、年会費は理に適っている。だが、パーパスが顧客を正しく扱うことであれば、そのような会費は逆効果だ。

●クレジットカードの「ブレイキッジ」を廃止して、顧客のポイントが無駄にならないようにした。「ブレイキッジ」とは、カード会員が獲得した特典やキャッシュバックのうち、有効期限内に使われなかった部分を意味する業界用語だ。多くのロイヤルティプログラムは、実際に使われるポイントは最大でも半分という前提で設計されている。もしそうであれば、マーケティング担当者は見かけの価値の二倍の報酬で顧客を誘い込めるということだ。ディスカバーは、この卑劣で、顧客の利益に反する操作を禁止したのだ。

●デイビッド・ネルムスが年次報告書の挨拶文で強調したように、ディスカバーのカスタマーサービスはすべてアメリカ国内の従業員が担当している。その頃、競合他社の多くがカスタマーサービスを外部業者に委託するか、インドやフィリピンといった低賃金の国に海外委託していた。ディスカバーも、オフショア（海外委託）でのサービスを試験的に行ったことがある。確かにコストは下がったが、顧客が経験したサービス体験の質も低下することがわかった。ディスカバーの顧客の大半はアメリカに住んでいるので、アメリカ在住の従業員に文化的な親近感を抱き、その言語スキルを好んでいたのである。

●ディスカバーは莫大な投資を行って効果的なデジタルシステムを構築したので、顧客とのやりとりがスムーズになって電話の件数が減り、優れたサポートシステムと研修を受けた従業員たちには時間の余裕が生まれ、残りの複雑な状況にも丁寧なサービスを提供できるようになった。

●会社にとって利益が高いものよりも、カード会員が自分にとって最適のソリューションを選べるよう、サービス担当者はあらゆるオプションを明確に説明するよう教育されている。(11)

●三六五日二四時間、有人のカスタマーサービスに簡単につながる。必要な電話番号は、ディスカバーのウェブページにも印刷物にも目立つように提示されている。競合他社の中には、コスト削減を狙ってこの電話番号を隠して低コストのデジタル対応に導こうとするところもある。ディスカバーはどちらを利用するかを顧客に選ばせるが、デジタルサービスも継続的にアップグレードすることで、簡単なやりとりはデジタルのほうが顧客に好まれるようになっている。

●ディスカバーは、顧客が支払日をうっかり忘れないように、遅延手数料が発生する前日に顧客に電子メールを送っている。(12) デイビッドによると、そんなことをすれば延滞収入が年間二億ドル減るとCFOは反対したが、利益優先の考え方だとして、その意見を却下したという。

●新規顧客の場合、最初の遅延手数料は自動的に免除される。

●ディスカバーは、紛失または盗難にあったカードへの不正請求を防ぐため、(電話、オンライン、または電話アプリを通じた)「カード利用の凍結サービス」を無料で提供した最初の会社だ。カード会員の個人情報を保護するためのアラート機能も無料で提供している。

●ディスカバーは、ダークウェブ（訳注：匿名性の高い特殊なネットワーク。犯罪の温床になりやすい）を監視して顧客の社会保障番号が不正利用されていないかをチェックし、顧客名義で新しいアカウントが開設されると顧客に警告するサービスを無料で提供している。

●FICOクレジット・スコア（個人の信用力格付）は無料で（その人のクレジット・スコアに影響を及ぼすことはなく）、顧客利用明細書、オンライン、スマホのアプリ上に提供され、クリックすると販売促進用の仕掛けに導かれるような面倒な仕組みは一切ない。

●個人のクレジット・スコアを向上させる要因についての情報は、無料で提供されている。

●ディスカバーは不良債権が完全に処理された後、回収業者に売って顧客から取り立てするようなことはしない。デイビッドが「家族にそんなことはしないでしょう」と大げさに言った通りである。

この辺でやめておこう。読者にも、もうおわかりだろう。ディスカバーがクレジットカード業界で最高のネット・プロモーター・スコアを得ていることに何の不思議もない。最近、最高マーケティング責任者に昇進したケイト・マンフレッドは、金融サービス担当役員として、次の見方を披露する。

「当社の文化は本当にユニークです。私たちは利益目標ではなく、お客様発、つまりお客様のニーズを解決することからすべてを始めます。私は利益獲得こそが究極の目的という取締役会にはいくつも参加してきましたが、ここではお客様の幸福を願うことが最終目的です」

ケイトは、ディスカバーの年次計画立案会議に初めて参加したときの驚きを次のように振り返る。彼女の説明によると、たいていの企業では、社員がアイデアや企画を提案し、それがどの程度利益を生むかを評価する。しかし、ディスカバーの評価システムはまったく違うという。「当社のチームは、『いくら儲かるか』ではなく、『お客様に最も喜んでいただけること』『お客様が一番困っていることの解決』を優先します。その後に、その投資をどうすれば手頃な価格で実現できるかを考えるのです」

現在のCEO、ロジャー・ホックシールドはこの考えを強調し、ディスカバーの経営陣が最近、ライフロック（LifeLock）と呼ばれる企業のサービスに興味を持ったことを指摘した。ライフロックは高い手数料を取って、個人情報の盗難や詐欺の脅威の拡大から顧客を守る。「けれども、私たちはお客様の不安を煽って、こうしたサービスを高く売ろうとはしません。お客様に無料で提供できる機能をいくつ用意できるかを考えています」

この段階で、私は反対方向に走っている二つの群衆を思い描いた。一つは本書の読者たちで、おそらく大急ぎでディスカバーへの申込書に必要事項を書いているだろう（アメリカの全世帯のおよそ二〇％がすでに持っているのだから、彼らだけではないだろう）。もう一方の群衆は、近くの出口に走る投資家候補たちだ。これだけ顧客に愛情を注いでいるなら株主に十分な価値を残せるわけがない、という疑問が聞こえるからだ。

さて、ここでロイヤルティの経済が従来の金融の考え方を圧倒するもう一つの例を紹介しよう。デイビッドが、あるときこう言って、私に思い出させてくれたことがある。「フレッド、ロイヤルティの高い顧客は、FICOスコアをはるかに凌駕することを、君も僕もよく知っているじゃないか」[13]。これは、つまりロイヤルティの高い顧客は、製品やサービスを購入する企業にとって、標準的なリスクモデルが示すよりも収益性がはるかに高いということだ。

この点をもっと掘り下げてみよう。クレジットカード事業で収益を生み出す資産は、他のビジネス同様、顧客である。顧客が自分のクレジットカードを財布の一番上に置いてそれを使えば使うほど、この資産の価値は高まる。それに加えて、顧客維持率が高く（つまり、高額の販売促進や顧客獲得キャンペーンといったマーケティング努力で補充しなければならないような顧客の流出がない）、しかも信用損失がFICOスコアの期待値よりも低ければ、ウォール街の予測よりもはるかに優れた財務結果を得ることになる。ディスカバーは、二〇一一年から二〇二一年まで業界最高の総株主利益率（TSR）を記録し、バンガード・トータル・ストック・マーケット・インデックス（VTI）を八五％も上回っていた。

図表6は、アメリカのクレジットカード会社のトップ企業をTSRでランク付けし、バンガードのVTIのTSRと比較したものだ。クレジットカードからの売上高は、ディスカバーとアメリカン・エキスプレスの事業構成の大部分を占めているが、他の企業では低い。また、株価パフォーマンスは各社の事業ポートフォリオ全体の結果だ。ところで、ここにも本書を通じてさまざまな業界で見られたのと同じパターンが見て取れる。それは、各業界の主要なNPSリーダー企業は、株主に最も高いリターンをもたらすのが通例だということだ。優れたネット・プロモーター・スコアを上げている一握りの企業だけが、VTIで示された株式市場平均を上回るのだ。

図表 6◉NPS リーダー企業だけが株式市場平均（VTI）を上回る

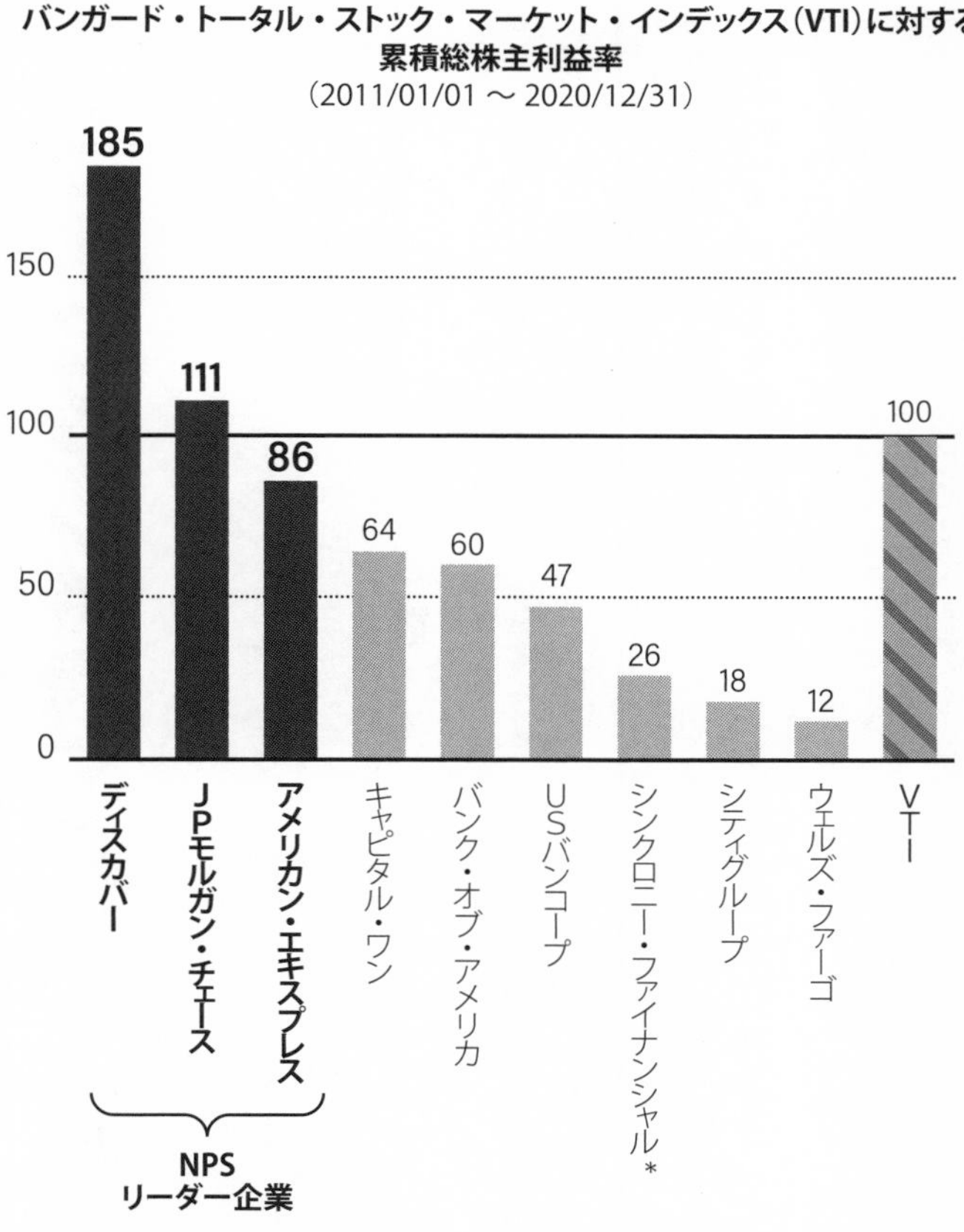

注：VTI はバンガード・トータル・ストック・マーケット・インデックス ETF（ARCA:VTI）
＊シンクロニー・ファイナンシャル：
IPO 以来（2014 年 1 月 8 日～2020 年 12 月 31 日）の TSR

出所：Capital IQ

スマートフォン時代における「愛」

「ホテルのリゾート料金」のような卑劣で悪意に満ちた請求が横行している業界の代表格と言えば、携帯電話会社を忘れてはいけない。

この業界の悪慣行の多くはすでに認識され是正されたが、顧客は長年にわたって、毎月の料金明細書を開くたびにとてつもなく不愉快な思いをしてきた。たとえば、通常の月額契約料に加え、ローミング手数料（訳注：ローミングとは、契約している通信事業者のサービスを、その事業者のサービス圏外、たとえば海外でも、提携している他の事業者の設備を利用して受けられるようにすること）が何百ドルもかかる場合がある。

私が利用しているプロバイダは、ついにローミング防衛プランとも言うべきサービスを提供するようになった。このサービスは、私がアメリカ国外に行くときに、一日当たり「たったの」一〇ドルの追加料金を払えば済むという内容のものだ。確かに、これは私が以前に経験したことのある「ぼったくり」と言えるほどの料金よりはましだったが、それでもかなり高め、いや不当な値段と言えるほど高い。標準的なかけ放題プランの料金は月額四五ドル、一日一・五ドルなので、一日一〇ドルということは六六七％の割増しということになる！　三〇日の長期海外出張に出ると、月の電話料金が四五ドルではなく、三四五ドルになってしまうのだ。これでは、私は愛されていると感じることなどできない。

図表7◉ジョン・レジャーの「顧客愛」戦略がT-モバイルの成長に火をつけた

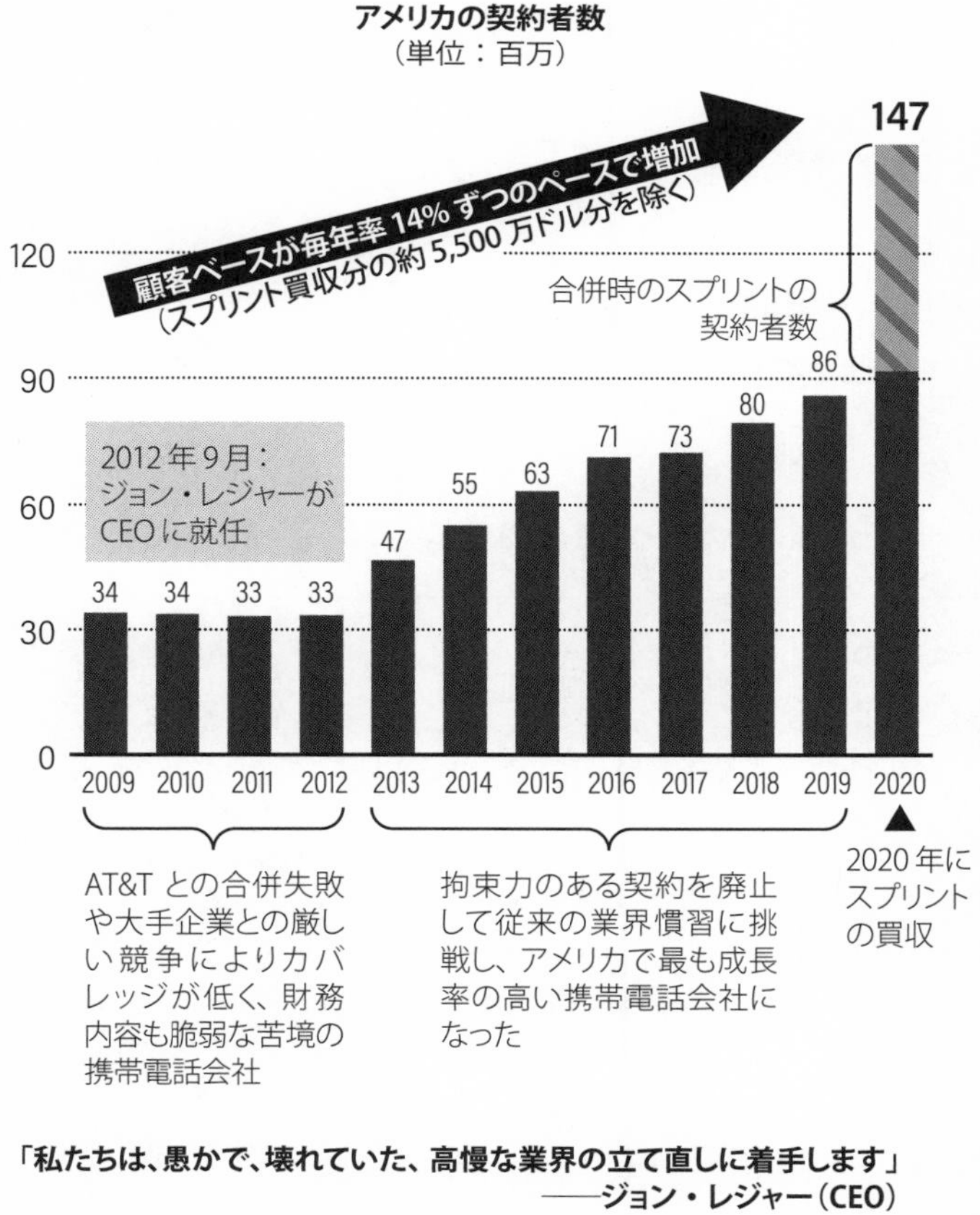
アメリカの契約者数
（単位：百万）
顧客ベースが毎年率14%ずつのペースで増加
（スプリント買収分の約5,500万ドル分を除く）
147
120
90
60
30
0
合併時のスプリントの
契約者数
86
80
71
73
55
63
47
34
34
33
33
2012年9月：
ジョン・レジャーが
CEOに就任
2009
2010
2011
2012
2013
2014
2015
2016
2017
2018
2019
2020
AT&Tとの合併失敗や大手企業との厳しい競争によりカバレッジが低く、財務内容も脆弱な苦境の携帯電話会社
拘束力のある契約を廃止して従来の業界慣習に挑戦し、アメリカで最も成長率の高い携帯電話会社になった
2020年にスプリントの買収

「私たちは、愚かで、壊れていた、高慢な業界の立て直しに着手します」
――ジョン・レジャー（CEO）

注：2020年に、T-モバイルがスプリントを買収し、契約者総数は1億4,650万人になった。

出所：Moffett Nathanson March 2020 Wireless Model

図表8◉T-モバイルのNPSはどん底からトップへ

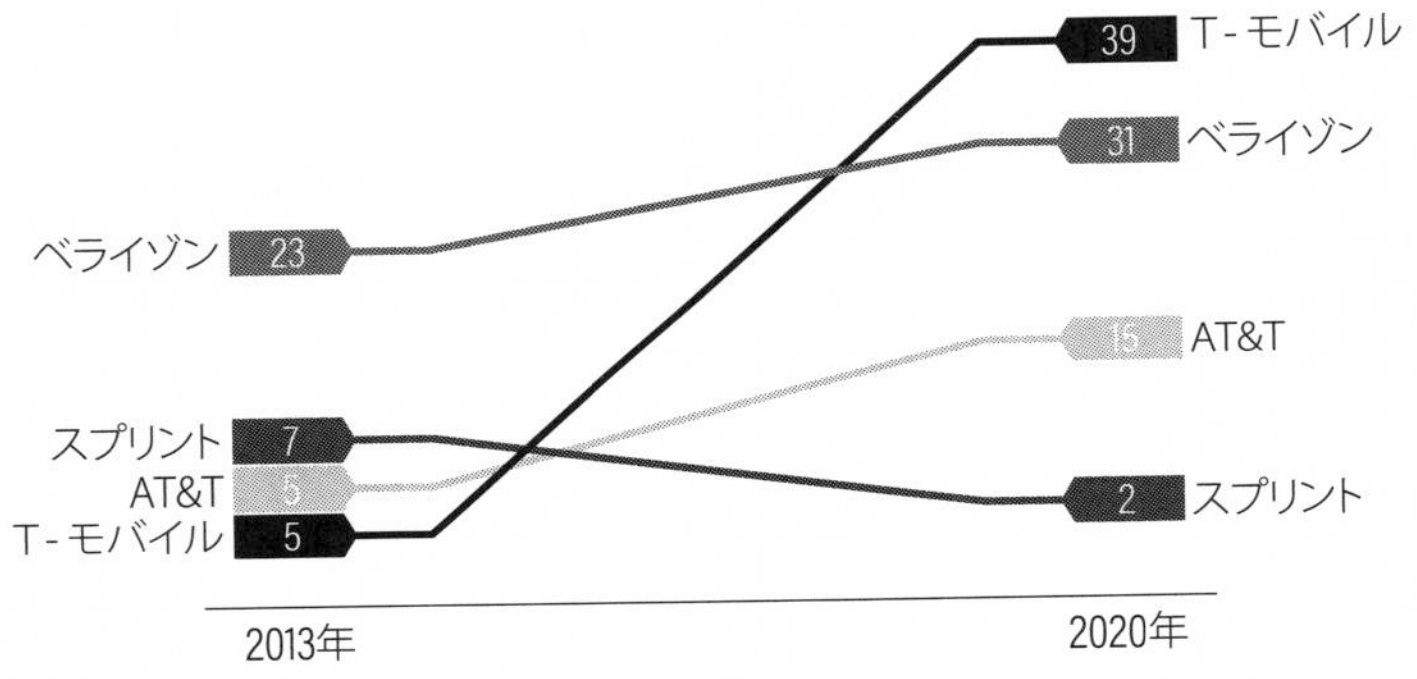

出所：Bain/Dynata US Wireless Service Provider Quarterly Benchmarking Survey, Q1 2013–Q1 2020（n>17,000）

幸いなことに、そこにT－モバイルが登場する。まず、二〇一三年にメトロPCS（MetroPCS）を買収した。その後、この合併会社はネットワークの拡充に資金を投じて、業界標準となっていた顧客の利益に反する方針を次々と修正・廃止した。そうすることで、T－モバイルは「愛されるとはどう感じることか」を顧客に示し、市場はそれに反応した。その後の同社の目覚ましい成長は、図表7に示した通りである。

前CEO、ジョン・レジャーによる顧客中心主義戦略の成功を測るもう一つの方法は、同社のNPSが競合他社に比べてどれだけ改善しているかを見ることだろう。T－モバイルのネット・プロモーター・スコアは、二〇一三年には他社の後塵を拝していたが、二〇二〇年には業界トップにのし上がるほどの驚異的な上昇を示した（図表8）。

この劇的な改善（七年間でNPSが三四ポイン

トアップ）と業界トップへの上昇は、文字通りの快挙である。私は、T－モバイルでのキャリアが一六年のベテランで、現在は副社長兼最高顧客体験責任者であるカーリー・フィールドに、この快挙をどうやって成し遂げたのかを尋ねた。彼女の説明によると、「ジョン・レジャーが来たときには、当社のポジションは不安定でした。ネットワークは弱く、テクノロジーは他社に出遅れ、顧客解約率も最悪でした。そこで、誰よりもお客様を愛することにしました。私たちには他に選択肢がなかったのです」。レジャーは全米を回り、店舗やカスタマーサービスセンターで第一線に立つ従業員たちを訪問し、T－モバイルが顧客を幸せにするために何ができるか、担当者が素晴らしい顧客体験を提供するために会社にできることは何かを尋ねた。そして良いアイデアを持ち帰って、最高マーケティング責任者のマイク・シーバート（レジャーの後任として最近CEOに昇格した）とカーリーに伝えた。二人は、カーリーが「アンキャリア（訳注：携帯電話会社らしくない）革命」と表現した方針を一緒に設計した。こうして、顧客を愛する改善案がめじろ押しとなった。

- まず、料金プランを劇的に単純化した。すべての機種を利用無制限プランとし、法人顧客へも簡素化したプランを提供した。
- 顧客をキャリアに縛り付ける契約を廃止した。
- アップグレードを簡単にして、契約不要のファミリープランを提供した。
- すべての国際ローミング費用を廃止した（まさに感動ものである）。
- ネットワーク性能の向上を図るため、高品質の周波数帯をオークションで落札し、従来の周波数帯と交換した。

●無料のiPhoneや無料の音楽ストリーミング、無料機内電話、ゴーゴー（訳注：航空会社向けインターネットサービスプロバイダ）による機内通話とテキストサービスなど、魅力的な無料サービスを多数提供し始めた。

●未使用データ通信量の自動繰り越しサービスを導入し、「ブレイキッジ（訳注：有効期限内に使われないと権利がなくなる特典）ゼロ」原則に基づく単純なポイント還元サービスを開始した。

●「四〇ドルで使い放題」と宣伝しながら、毎月の明細書には隠れた税や手数料の形で請求額が五〇ドルに膨れ上がる、ホテルのリゾート料金のようなイカサマじみた仕組みも撤廃した。要するに、T－モバイルが宣伝している価格にはあらゆる税金と手数料が含まれているので、顧客のほうから何らかの変更を要望しない限り、請求書に記載される額は宣伝されている額と同じになる。

●T－モバイルは、特定の顧客層へ対応を強化するため、サービスセンターを専門チームに再編し、顧客からの電話には常に同じチームが対応し、継続性とサービスの質を高める体制にした。

●最後に、現場対応チームは顧客との間でクローズド・ループ（訳注：顧客からのフィードバックに真剣に向き合い、改善のために行動を起こし、顧客に働きかけるサイクル）をつくるため、批判者一人ひとりに連絡して、何が悪かったのか、問題をどうすれば解決できるかを学び始めた。

T－モバイルは、賢明にも自らを「アンキャリア」と呼び始めた。このような大胆な行動の数々は、同社がこのニックネームにふさわしいことを示唆している。簡単に言うと、T－モバイルは携帯電話

図表9◉ T-モバイルへの投資家が勝利（業界のトップTSR）

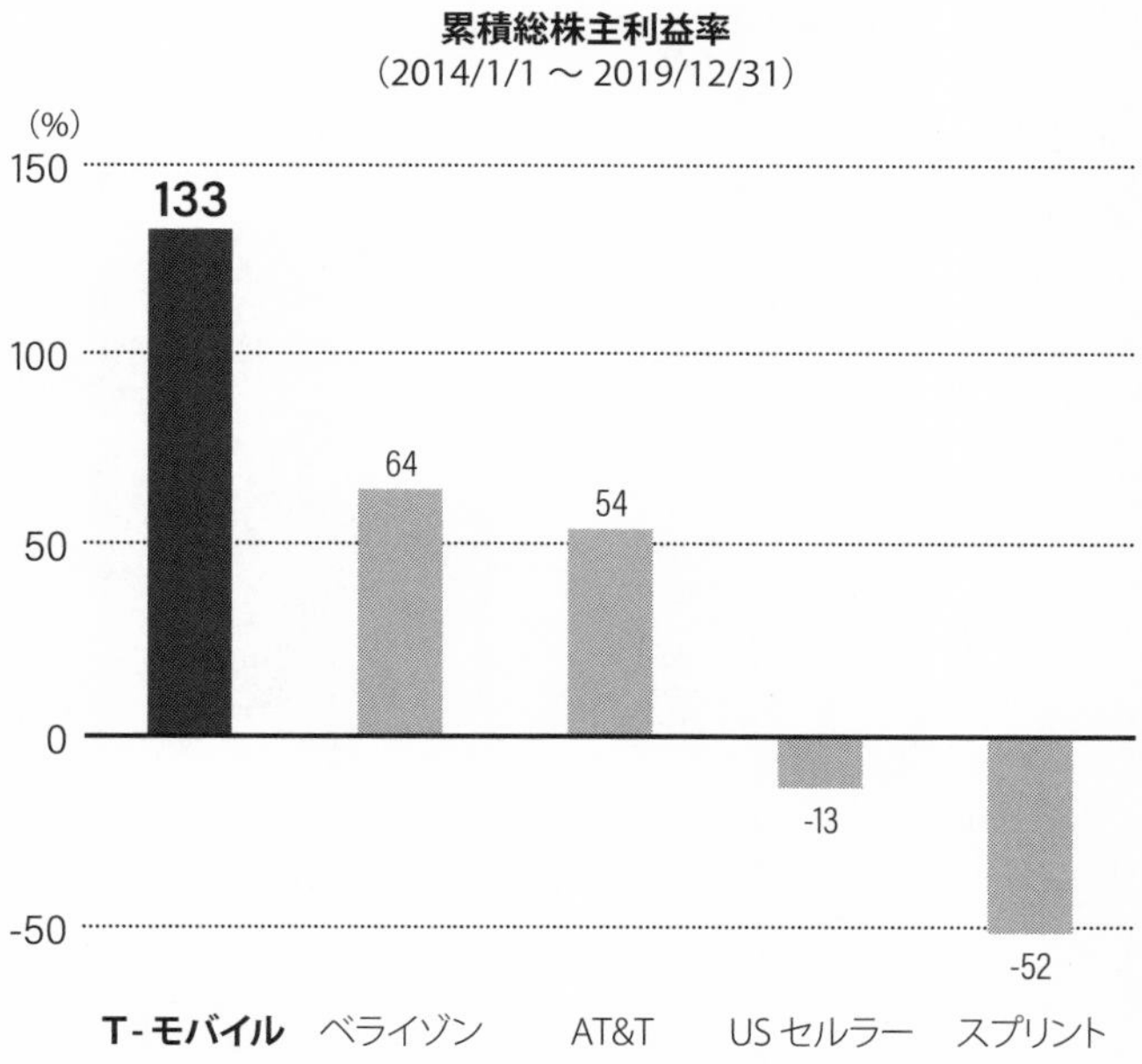

注：累積TSRは2014年1月1日～2019年12月31日まで投資したと想定したときのトータルリターンを示す。2020年にスプリントを買収したため、2019年を最終年としている。

出所：Capital IQ

業界がそれまでに生み出したあらゆる悪慣行を文字通り捨て去ったのである。こうした劇的な変更は顧客にとって良かっただけではなく、従業員が一段と幸せになるお膳立てともなった(14)。

読者はこのセクションの最後の段落を予想できるかもしれない。簡素化、無料化、景品という長いリストは、T－モバイルの投資家へのリターンを悪化させたに違いない。そう言いたいのではないだろうか。残念ながら、まったく違う。ロイヤルティという隠れた経済力は、時代遅れの金融資本主義パラダイムに根ざした従来の財務分析を完全に圧倒したのである。図表9を見れば、二〇一三年末から二〇一九年末までの間に、T－モバイルのTSRが一三三％と、業界で圧倒的なトップであったことがわかるだろう。

愛は純粋〈ピュア〉

ある日の午後、ある保険業界の会合で基調講演を行った後に聴衆の一人から声をかけられ、私のロイヤルティの原則を忠実に守っている比較的新しい会社、「ピュア保険（PURE Insurance）」について知っているかと尋ねられた。いぶかしく思ったので証券会社に連絡すると、「ピュア」は非常に特別な会社だと言う。そして、知れば知るほど実に私好みの会社であることがわかったので、全部の保険をピュア保険に乗り換え、さらには友人たちにも薦めた。

ここにはどんな物語があったのだろう。ピュア保険の創業者たちは、住宅保険、自動車保険、アンブレラ保険（訳注：自動車保険などで損害賠償額が限度額を超えてしまった場合に、超過額を補填する保険）等々さまざまな補償範囲を必要としながら、既存の業者からは過大な保険料を課せられ、十分なサービスも受けられない、リスク回避的で比較的裕福な顧客セグメントが相当大きいことに着目した。CEOのロス・ブーフミューラーは、保険契約者にとっての価値を最大化する仕組みを構築した（ピュア保険はコストコと同じく、顧客／保険契約者を「メンバー」と呼んでいる）。保険料には余剰拠出金（訳注：保険料の一定割合の少額の手数料で、請求時のバッファーとして機能するもの）が含まれている。これが資本プールとなって、保険会社は外部投資家への依存度が低下する。これは、バンガードやUSAAなど相互会社に似た仕組みだ。その結果、ピュア保険は真に優れた経験を提供することに専念できた。

次に、保険契約者（メンバー）が自分自身と財産を守るために取るべき手順を指導した。たとえば、非常用発電機や止水装置、防犯警報機の設置などである。私の場合、ピュア保険のおかげでマサチューセッツ州ケープコッドにある自宅用の発電機（台風の季節になるとよく停電になる）の調達先として最適の業者を見つけることができた。同社は値段交渉の助言までしてくれ、さらに発電機が設置されると、私の保険料を大幅に下げてくれた。発電機が設置されて私のリスクが下がり、保険料も安くなって、顧客である私は愛されていると感じることができた。

ピュア保険のメンバーはこのアプローチを愛している。だから、同社の保有契約の年間保険料総額は伸び続け、とうとう一〇億ドルを超えた。そして、新規メンバーの大半は既存顧客からの紹介だ（ここでも、口コミが多いということは広告宣伝費が少なくて済むということであり、さらに紹介された顧客の解約率は低い)。ピュア保険の保険契約者の定着率は、何と九六%だ。保険業界の専門家であれば、この数値がいかに驚くべき実績かを理解するだろう。多数の新規顧客(一般的には解約率が最も高い層である)を抱えながら、ここまでの維持率を実現している高成長企業はほとんど見られないからだ。

NPSに真剣に取り組んでいる企業であっても、年次報告書と自己申告のスコアでは、企業がNPSをどれだけ深く理解しているかを十分に把握できないのが一般的だ。多くの企業は、会長の挨拶のどこかでNPSについて触れるものの、情報の収集方法やスコアの算出方法、あるいはスコアをどう改善するつもりかについて明かすことがほとんどない。ところが、ピュア保険は毎年、年次報告書の二ページをフルに使って顧客NPSを発表している。スコアはここ数年着実に上昇し、現在は七一%という素晴らしい水準に達している。単に過去のNPSの推移をグラフ化するのではなく、顧客になってからの期間や顧客セグメント別、加入者による保険金請求の有無、保険証券や請求書の電子交付の有無、商品ライン等々によるNPSスコアも報告している。また、NPSフィードバックをどう収集しているのか、その方法をどう変更したか(たとえば、二〇一九年には年に一度の集中的な調査から、四半期ごとに二五%の顧客を交代で調査する方法に移行した)についても説明する。さらには、NPS調査からのフィードバックに基づいて導入されたイノベーションの詳細も報告している。たとえば、アンブレラ保険の高額補償の価格設定の根拠、サイバー詐欺もカバーする新しいタイプの詐欺保険、住宅総合保険の基本保険ではカバーされていない宝石類に対する高額保障、といった具合だ。

私は昨年、ネット・プロモーター調査に記入した際に小さな苦情を申し入れた。ピュア保険を愛しているけれども、自動車保険の保険料が前の保険会社よりも少し高いのが不満だと書いたのである。同社からは次のメッセージが届いた。

差出人：メリー・ロイヤル・スプリングス
送信日：2019年5月1日午前10時29分
宛先：フレッド・ライクヘルド〈Fred.Reichheld@Bain.com〉
件名：ピュア保険NPSコメント 4836807439l9

おはようございます。ライクヘルド様。

今週初め、毎年恒例のNPSアンケートにご協力いただき、誠にありがとうございました。この調査から得られるフィードバックは、私たちが何をうまくできているか、そしてそれ以上に、どこを改善すればよいかを理解するのに役立ちます。

あなた様は、当社が提供している自動車保険の価格についてコメントをくださいました。お客様の代理店にご連絡のうえ、加入されている保険一式の価格再見積もりをお取りいただけますでしょうか。これを私どもにお任せいただければ、あなた様の住宅保険に付随する割引を受けることができます。当社のシステムで簡単な見積もりをしたところ、年間で八〇〇ドル近くお安くなることがわかりました。仮に私どもの自動車保険の保険料ではご満足いただけなかったとしても、住宅保険で節約できれば、保険を一つの会社にまとめることができる利便性とも相まって、移行する価値があると思います。

ピュアに関して何か私にお手伝いできること、あるいはご質問にお答えできることがあれば、どうぞご連絡ください。

いつも弊社をご利用いただきありがとうございます。変わらぬご愛顧に心から感謝申し上げます。

敬具

メリー・ロイヤル・スプリングス　バイス・プレジデント、メンバー・エクスペリエンス

サウスカロライナ州、チャールストン、スイート312、イーストベイ通り701イースト

決まり切った文面の手紙でも、一斉配信メールでも、録音済みのメッセージでもなく、人が書いた手紙が届いたのだ！　非常に感銘を受けた私は、手紙に書いてあった電話番号からメリー・ロイヤル・スプリングスに直接電話をかけた。[15]そして、ピュア保険の年次報告書で見たいくつかのNPSのデータを調べてくれないかと依頼した。すると、顧客がピュア保険に加入して五年以上の継続契約になると、NPSのスコアが非常に大きく改善していることが明らかになった。[16]なぜか。その理由の一つは、ピュア保険はロイヤルティの最も高いメンバーを優遇しているからだ。たとえば、長く契約している顧客には保険料を割り引くなどの好条件を提供している。私の場合、それが一〇%の割引、金額にして約八〇〇ドルだったが、ピュア保険の一般的な顧客の場合はおよそ八五〇ドルの減額になる。

メリー・ロイヤルが折り返しの電話をくれたとき（これもまた驚きだろうか）の説明によると、長期間契約を継続しているロイヤルティの高い顧客は、保険料が安くなっているにもかかわらず、平均的な顧客よりも利益率が高いという。[17]それだけではない。一〇年以上継続契約しているメンバーには

毎年分配金を支給し、保険料を安くするというロイヤルティ報酬も開発したと教えてくれた。

そして、メリー・ロイヤルが誇らしげに明かしてくれたところによると、ピュア保険は顧客のロイヤルティに報いることへのこだわりが強いため、アクチュアリーが将来これらの方針を簡単に覆し、典型的な業界慣行に後戻りできないように、価格設定の原則に関する論文を発表済みなのだという。この価格設定原則を示したウェブページへのリンクも教えてくれた。私がそのページを訪ねて確認した原則をかいつまんで紹介しよう。

- 私たちは、利益を最大化するのではなく、長期の持続可能性を達成するために価格を設定します。
- 低価格の条件に合う人には、その価格が提供されます。
- 新規加入者の価格が、同じリスク特性を持つ既存の継続加入者よりも低くなることはありません。
- 万が一、保険料の大幅な値上げを余儀なくされた場合には、新規メンバーにはただちに適用する一方、既存メンバーには時間をかけた段階的な値上げを認めるよう、規制当局に要請します。
- ピュアでは、お客様のロイヤルティは必ず報われることをお約束します……新規メンバーに、既存メンバーよりも低価格を提供することは業界では人気ですが、私どもはそうした特別なインセンティブを用いておりません。
- 保険料の変更に関しては、メンバーの皆様に隠し事を一切いたしません。

保険会社は顧客を愛せるか。その答えはもちろん「イエス」だ。ピュア保険は私の生活を豊かにしてくれた。上場企業ではないので、総株主利益率（TSR）を使ってその成長エンジンの経済的優位性を証明はできないが、業界関係者が同社から感銘を受けたことを示す明白な兆候はある。二〇二〇年に、業界最大手の東京海上ホールディングスに買収されたのだ。同社の小宮暁グループCEOは、ピュアの二〇二〇年の利益予測の三三倍という一見高額な価格について次のように説明する。「私たちは、ピュアの大きな成長可能性に投資しているのです[18]」

そして、私はその成長可能性を二語で説明したいと思う。それは「顧客への愛（customer love）」だ。

自分は愛されていると感じているか

本書に登場する企業は、もっぱら良き利益を稼いでいる。ここで言う「良き利益」とは、推奨者《プロモーター》、つまり愛を感じている顧客から獲得した利益のことだ。これらの企業は顧客資本主義者であり、顧客を愛し、適切な収益性を持続可能性の要件と捉えている。彼らの成長エンジンは、愛という燃料を得ると、円滑に、正常に、効率的に回る。愛は高い顧客維持率と再購入比率を生み、シェア・オブ・ウォレット（訳注：顧客の同商品カテゴリーへの支出総額に占める自社のシェア）を拡大し、紹介を通じて新規顧客を獲得し、そして苦情や解決すべき問題の少ない幸福な顧客によるコスト削減を実現する。

一方、違うグループに属する企業もある。旧来の金融資本主義的な考え方を捨てられない企業群だ。

たとえて言えば、お金のかかる新規顧客獲得を燃料とする非効率な成長エンジンを回しながら、汚染をまき散らしているようなものだ。不満を抱いた顧客が離れ、仕事にうんざりした従業員が離職するか、辞める準備をしながら憂さを晴らしているのである。こうした企業は成長や利益を買わざるを得ない。新規顧客を獲得するために過剰な金を使いながらも（または安値をつけ）、ロイヤルティの高い顧客には十分な投資をしないのだ（あるいは不当に高い値段を請求して十分に愛さない）。その結果、効率性の敵である顧客離れと従業員の離職が頻繁に起こり、相当数の企業が持続的で利益ある成長を達成するのに四苦八苦することになる。こうした企業は、「顧客への愛がないと持続可能な成長が実現しない」ことがまったく理解できない。それどころか、会計上の収益をかさ上げするために、彼らはいわゆる「悪しき利益」におぼれてしまうのである。

こうした悪しき慣習についてはこれまでの本でも非難してきたが、実際には悪しき利益は依然として至るところに存在する。実際、あまりにも多くの企業が顧客を欺こうと、次々に新たな創造的な形態を編み出し続けている。どう見てもリゾート地ではない土地にあるホテルが、いわゆるリゾート料金を課している例はすでに指摘した通りだ[19]。では、本書のイントロダクションで紹介したエンタープライズ・レンタカーのビジネスモデルの話で触れたレンタカー会社はどうだろうか。すべての会社がエンタープライズに追随しているわけではないから、車を返すのが三〇分遅れれば目の玉が飛び出るほどの罰金を科せられるかもしれない。奥さんと運転を交代でしようと考えているって？　追加の運転手数料を支払う準備をしておきたまえ。有料道路に乗ったときには、自動通行料金機の利用にとんでもない手数料を支払う覚悟をしておくべきだ。一週間車を借りて、一日に一度料金所を通るとすると、レンタカーを利用している七日間は毎日最高七ドルもの機器使用料が課せられる。

さらに、レンタカー会社は店側が勝つようなプランを巧みに用意している。顧客は燃料タンクに満タン分の金額を支払いながら、レンタル期間の終了時には残った燃料分の恩恵を一切受け取れない。あるいは車の返却時に満タンの状態にするというプランを選んだにもかかわらず、そのことを忘れてしまったり、帰り道で道路が混雑してガソリンスタンドに立ち寄る暇がなかったりすると、レンタカー会社はガソリンタンクを満タンにする料金として相場の三倍の値段を課したりする。要するに、ガソリン給油で常に顧客に不利になるルーレットゲームをしているようなものだ。

他には何があるだろう。

私が以前に取引していた銀行は、悪しき利益におぼれていた。たとえば、三〇年以上付き合いのある支店で小切手帳を注文したところ、以前は無料だった手数料が、ある日一二〇ドルへと跳ね上がっていた。その日の夕方に末の息子に文句を言ってみたところ、コストコはどの銀行の小切手帳も扱っていると言われた。そこで、私はすぐに銀行支店での注文をウェブサイトからキャンセルし、コストコのウェブサイトでまったく同じ小切手帳を注文した。かかったコストは締めて一四ドルだった。偶然だが、コストコは私の銀行と同じ小切手印刷会社を使って注文を受け付けていた。

私はすぐに別の銀行に切り替えた。私が取引をやめた銀行（一二〇ドルを請求してきたところ）は、私が離れたことに気づきさえしなかったろう。契約上、私はまだこの銀行の顧客だが、多数の「隠れた離反者」の一人になったのである。今は、過去の支出や請求書の支払い記録にアクセスして、古い取引内容を確認するために、口座維持手数料がかからない程度の金額を口座に残してあるのみだ。この銀行に何が起きているかを見極めるために探偵を雇う必要はない。この旧口座での私の取引件数は急減し、今や給与も振り込まれなくなり、この銀行のATMも使っていない。だが、この銀行はうんともすんとも言ってこない。現在は大々的な広告キャンペーンを展開し、巨額の金を投じて顧客ロイヤルティと信頼を獲得することに力を入れていると強調しているのに、だ。「頑張ってください！」としか言いようがない。

イントロダクションで触れたファースト・リパブリック・バンクについては、後の章でこの銀行の優れたNPSスコアを紹介したいと思う。ただ、ファースト・リパブリックの支店がわが家の近所にあると知ったときに取引先をそこに変え、それ以来、私の人生は非常に快適になったとだけ言っておこう。私が支店窓口で接している女性は、何が最も私の利益になるかを本当に気にかけてくれる。たとえば、自動給与振込がうまくいかないと、「資金不足で手数料がかかります」という電子メールの警告が届くといった具合だ。しかも、二四時間以内に証券会社から電子送金される手続きをしてくれたので、私はその分の出費をしなくて済んだ。

想像してみてほしい。あなたのために、手数料がかからないように見守ってくれるような銀行だ。不当な手数料を課しておいて、顧客からクレームがくるとそれを免除するよりも、よほどましである。実際、ほとんどの顧客は最後には電話することをあきらめる（銀行への電話なんて、面倒くさいことになるに決まっているからだ）。それでも、不当に扱われた顧客は、こうした手数料に腹を立てている。その怒りはどんどん蓄積され、ある日ATMが動かないといった不都合が起きると、ついに関係は破綻してしまう。こうして、不満を抱いた顧客は去っていく。銀行側はそれに気づくかもしれないし、気づかないかもしれない。だが、おそらくは気づかない。

はっきり言おう。顧客がそんなひどいサービスを今日受けている一つの理由は、それを容認しているからだ。もちろん、悪しき利益について不平を述べ立てるのは気が引けるし、業者を変えるのに時間と労力がかかることもある。しかし、あなたが抵抗を示さない限り、そうした悪しき慣行を助長することになる。これは、あなたの次の顧客が同じような扱いを受けたとき、あなたにもその責任の一端があるということにならないだろうか。

私は銀行を変えるのに、あれほど長く辛抱した自分を信じられない。今となっては、あまりに怠惰だった自分を責めている。自分たちを愛してくれず、これからも愛してくれない企業と和解して取引を続けているなんて、恥ずかしいにもほどがある。自分たちの貴重な時間を完全にドブに捨てているのも同然だ。友人や家族から熱狂的な支持を得ている業者を探し出しさえすれば、もっと良いものを手に入れることができるのだから。

そして、私からビジネスリーダーたちへのアドバイスはこうだ。そのような種類の会社をつくってほしい。

Winning on Purpose

Inspire Your Teams

4

チームにやる気を起こさせろ

意義と奉仕の人生を送るために

「時間の無駄遣いはやめようよ、ロムニー。ベイン・コンサルティングが破産を免れる確率は限りなくゼロに近いんだから」

これは三〇年前、破綻の瀬戸際にあった我々のコンサルティング会社を救おうと、ミット・ロムニーが主導して交渉にあたってくれている最中に、ゴールドマン・サックスのアドバイザーが放った言葉である。当時、ミットはベイン・アンド・カンパニーのコンサルティングパートナーを経てベイン・キャピタル（ベインから分離独立したプライベート・エクイティ・ファンド）を設立し、大成功を収めていたが、古巣の危機に一肌脱ごうとしてくれていた。

危機の数年前、ベインはある金融グループから創業者中心の従業員持株会に対して、高額な評価額に基づいた融資を受けていた。このとき、創業者たちは会社から一億ドル以上を引き出すことに成功したが、それが今や底が抜けようとしていた。私たちがこの悲痛な知らせをミットから聞かされたのは土曜日の朝、ボストンのバック・ベイにあるベイン本社の役員会議室で開かれた緊急役員会議の席上だった。

ゴールドマンの担当者の言い方は実際にはもっと乱暴だったのではないかと思うが、ミットは敬虔なモルモン教徒なので、トーンダウンして伝えてくれたのだろう。それに、ミットはタオルを投げろとアドバイスされるとかえって闘志を燃やして、不可能と思えることほど挑戦したくなるタイプだ。たとえば、モルモン教の伝道のために、フランス人にワインをやめるように説得するというミッションを勇敢にも引き受けたことがあるほどだ（幸いなことに、これは成功しなかった）。そんなミットの性格を、あの銀行マンはわかっていなかったのかもしれない。

後に、ミットはソルトレークシティ・オリンピックの救世主となり、マサチューセッツ州知事を務め、大統領候補となってユタ州選出の米上院議員として名を成した。だが、当時の彼はまだ若く、名もないマネジャーとして窮地に立たされていた。

私たち十数人のベインの役員は、この不可能と思われる状況を打開するために、ミットが一肌脱ぐと言えば、皆で会社を救おうという気概で団結した。(1) 私たち全員が、今後一、二年を彼と一緒にやっていくとの誓約書に署名し、ミットもまたベインの再生に向けて全力投球することを約束してくれた。私が署名したのは、それまで頑張ってきた会社を大切に思っていたからだ。また、当社のビジネスの内情を知り尽くしたミットであれば、創業者、銀行、私たち従業員など互いに反目し合っていた利害関係者全員の信頼を勝ち得ることができると思えたというのもある。

ベインのコンサルティング事業の再生は、ミットがそれまでにリーダーとして直面した数々の挑戦の中でも最大のものだろう。そして、私にとっても、人生で最も目を見開かされた時期の一つだったことは間違いない。

＊＊＊

本章は自分のチームメイト、つまり同僚や従業員を称賛することの大切さに焦点を当てている。読み進めると、私が関係者の「階層」にこだわっていることに気づくだろう。コストコのジム・シネガルは、かつて私に次のように説明してくれた。第一に、私たちは皆、どんなときでも、陽の当たる道を正々堂々と歩み続けなければならない、と。自分の地域社会や環境を故意に傷つけてはいけない、という言い方をしてもいい。そのうえで、顧客を（第3章を読み返してほしい）、次に従業員を（本章がそうだ）、そして株主（第5章）を、この順番で大切にしていく、と。

本章では、私がベイン・アンド・カンパニーで過ごした四〇年の経験を中心に述べようと思う。なぜなら、ベインはずっと顧客中心主義を貫いてきたからだ。実際、この方針を何よりも重視してきたと言っても過言ではない。初期の時代、ベインは、私がコンサルタントとして何度も見てきたスタートアップのパターンをたどった。つまり、創業者世代が顧客を喜ばす強力な公式を発見したことで会社が本格的に始動し、成長が成長を生むかのような大躍進を遂げたということだ。しかしながら、この段階では、リーダーが従業員を大切にしようと全力を尽くすとは限らない。ある意味、リーダーに人を動かす力がさほどなくても、急成長がもたらす爽快感のおかげで、事業が拡大を続けられるということもあり得るからだ。ベインの初期には、その傾向が特に強かった。不況のような外部要因に加え、深刻な危機に陥った最大の理由はまさにその点にある。

だが、こうした深刻な困難を乗り越えた後に起きたことがあったからこそ、私は本章でベインのことを取り上げることにした。当社は瀕死の状態を乗り越えただけでなく、コンサルティング業界の中でトップに返り咲くことができた。二〇二二年八月現在、四〇カ国に六五のオフィスを構え、一万三〇〇〇人以上の従業員を擁し、全世界の売上高合計は五〇億ドルに迫る勢いである。ここで、私たちのパーパスにとって最も重要な点を指摘しておきたい。それは、ベインは今では働きがいのある会社としてほぼ世界中から認められ、世界最高の職場だという声さえあるという事実である。[2] たとえば、企業レビューサイト「グラスドア」の「最も働きやすい職場」ランキングによると、ベインは同ランキングが始まって以来、常に上位四社以内にランクインしている唯一の企業であり、過去一〇年のうち五年（二〇二一年時点も含む）も第一位を獲得している。(3)

こうして、自分たちのキャリアの初期に会社が潰れかけるという経験をした新リーダーたちは、「クライアントを持続的に喜ばせる唯一の方法は、クライアント自身が大きな成果を達成できるよう支援するという崇高なパーパスを完全に受け入れるチームをつくり、鼓舞することだ」ということを学んだ。もっと単刀直入に言えば、そのパーパスを共有する刺激的で献身的なチームをつくらなければ、顧客をいつまでも愛することなどできないということだ。

一九九〇年代の前半まで、ベインは非常に働きにくい職場だった。そのベインが、四半世紀を経ていかにして最も働きやすい職場の一つになれたのか。新世代のリーダーたちは、自分たちのチームを大切にしなければ、どんな企業も顧客を愛し続けられないことを苦難の道のりを経て学んだ。本章では、さらなる視点を提示するために、ベインに加えてT-モバイル、ファストフードフランチャイズのチックフィレイ、ディスカバーの最近の歴史も振り返り、各社がそれぞれのチームを大切にすることで、いかに発展してきたかを解明したいと思う。

古き良き「悪しき時代」――ベイン

ビル・ベインが、ボストン・コンサルティング・グループ時代の同僚数人とともにベイン・アンド・カンパニーを設立したのは一九七三年のことだ。最初の十数年は、ベインは年平均五〇％という急速な成長を遂げた。けん引力となったのはCEOコミュニティでの口コミで、特に戦略と収益改善の分野で優れたコンサルティング能力が評価された。

一九七七年に私がベインのコンサルティング職に応募したとき、ハーバード大学の同級生で申し込んだのは私一人だったかもしれない。(4) 設立四年目の伸び盛りの会社への入社は決して安全な選択ではなかったが、「ここならすぐに多くのことを学べそうだ」とも感じていた。その点では、私は正しかった。他のコンサルティング会社では、クライアントに指定される狭い範囲のプロジェクト（だが、明確に定義されているとは限らない）に従事することが多いが、ベインはクライアントが全社として利益ある成長を実現するにはどうすればよいかに焦点を当てており、CEOやその他の経営幹部との強い人間関係を築く必要があった。若手のコンサルタントからすると、大手企業に多大な影響を与えながら多くを学べ、しかも高い報酬を得ることができる、またとない機会を与えられたことになる。

では、当時のベインは何をしていたのだろうか。当時は謙虚だった私の目には、ベインのリーダーたちはクライアントのために偉大なことを成し遂げることのできる、優れたチームのコミュニティを築くことを第一の任務と考えているように見えた。私たちの最も輝かしかった時代、リーダーたちはチームが有意義な影響を与えること、つまりクライアントが優れた成果を生み出せるように手助けをすることに注力し、効果を上げていたのである。

ベインは設立当初から、クライアントに価値を提供することの重要性を理解し、顧客ロイヤルティこそ、会社が成長できる唯一の道だと考えていた。また、当時の私たちはマーケティングを一切行わないことを誇りに思っていた。実際、何年も名刺すら持っていなかった。むしろ、営業やマーケティングの費用は、企業が顧客に目覚ましい成果を実現できなかった際に支払わなければならない税金だと考えてさえいた。私たちは小さなスタートアップで、そのような税金を支払う余裕がないことをよくわかっていた。だからこそ、ベインのクライアントが目覚ましい成果を上げるための支援に全力を注いでいた。文字通り全精力を捧げていたのだ。当時のベインには、新規顧客の開拓に時間を費やす営業専任のシニアパートナーも、ビジネスカンファレンスでスピーチをする者もなく、業界の会合で雑談することもなかった。ベインがあれだけ急成長できたのは、クライアントが私たちの成果を心から愛してくれ、毎年私たちに多くの相談をもちかけ、友人や同僚に紹介してくれたからだ。

だから、顧客ロイヤルティ獲得へのこだわりは、長年まったく揺れ動くことはなかった。だが、それとは別の何かが揺らぎ始めていた。ベインの創業者たちは早くから「成果《インパクト》、楽しさ《ファン》、利益《プロフィット》」という教義を唱えていた。私が今も自宅の地下室に所蔵している、当時何かの記念でもらったシャンパンのボトルにも、成果《インパクト》、楽しさ《ファン》、利益《プロフィット》の三語が互いに補強し合う三角形の形に印刷された特注のラベルが貼られている。どの言葉も、私にとっては納得できるものだ。クライアントの成功に大きな成果《インパクト》を与えるようなサービスを提供できれば、それが楽しい《ファン》職務体験の土台となり、会社の利益《プロフィット》にもつながる。その結果、すべてのプロセスがいつまでも続くことになる。誰もがそう信じていたのである。

だが、この初期のやり方は、従業員を一貫して大切にするという点で不十分だった。私は、退職する社員が「負け犬」、あるいは「裏切り者」として扱われることがあまりに多いことに気づいていた。創業者たちは、従業員の仕事はベインを偉大にすることであり、去って行く者たちはその使命を果たせなかったと考えていた。その数年間で私が学んだのは、真に偉大なリーダーとは従業員が素晴らしい人生を送れるように力を尽くすものであるということだが、その一方で、会社が厳しい状況に陥ると、この二つの哲学の溝が明らかになるということだった。

ベインで起きたのはまさにこれだった。リーダーたちは「チームの素晴らしいコミュニティ」が極めて重要だと口では偉そうなことを言っていたが、ビジネスが下向き始めると解雇に踏み切った。創業者たちのボーナス資金を維持するために、入社したばかりのコンサルタントもベテランのパートナーも遠慮なく首を切られた。私や他のジュニアパートナーたちは、リーダーたちが「楽しさ《ファン》」と「成果《インパクト》」を捨て、「利益《プロフィット》」を優先しているように感じ始めていた。チームメンバーの幸せを大切にし、優れたチームのコミュニティをつくることは、もはや重要な優先事項ではなくなっていたのである。

創業者たちの第一の目的《パーパス》は、実は自分たちの個人的な利益を最大化することであることが、間もなく明らかになった。この問題が顕在化したのは一九八四年のことだった。ビル・ベインとその側近たちがコンサルティング会社の持株を売却して新たなスピンオフ企業であるベイン・キャピタルと、ベイン・ホールディングス設立の資金に充てることを決めたときだ。会社におよそ二億ドルの借金を背負わせ、本章の冒頭に紹介した従業員持株会に資金を融通したことで、その重荷が会社を徐々に追い詰めていったのである。このプロセスは、ほとんど秘密裏に進められた。だから、ベインではトップとその側近以外には、誰もこの取引も、その意味するところも理解していなかった。

当然ながら、取引自体は完全に合法的なものだ。ベインは結束の固い少数の創業者グループが株式を保有する非公開会社で、創業者たちは秘密を重んじ、会社の売上高や利益に関するデータを（我々ジュニアパートナーにさえ）開示することを断固拒否していた。株式価値の最大化を金科玉条とするのは当然であり、その対象がたまたま自分たちの株式であったとして、何の問題があるだろう――そう考えていたはずである。だが、組織のリーダーが自分の金銭的利益のためにそれを行ったとなると、法的責任はともかく、道義的な問題が発生する。自分の会社が高い意識のパーパスによって導かれていると思えなくなってしまえば、チームはもはや、クライアントを豊かにするために素晴らしいことをしようという気をなくしてしまう。

ベイン・キャピタルとベイン・ホールディングスへの野心を膨らませていたビル・ベインと側近たちは、「クライアントが大きな成果を上げるのを支援する」というチームの中核的なミッションに集中できなくなっていた。彼らはクライアント別、担当業界別、オフィス別の収支も秘密にしていたので、私たちはビジネスのために賢明な判断を下すことはもちろん、問題がどれほど深刻なのかも理解できていなかった。こうして創業者たちと若い世代との信頼関係が崩れ、最前線で毎日クライアントと仕事をしていた優秀な同僚が何人も退職する事態となった。これに、一九八九年の大不況が追い打ちをかけた。

一九九〇年にミット・ロムニーがベインの救済に立ち上がったとき、会社は給料を支払うのがやっとの状態だった。

洞察力とイノベーション

私たちは、あの深い穴から長い長い道のりを経て何とか脱出した。ゴールドマン・サックスから「成功確率は〇％」という絶望的な評価を受けたにもかかわらず、会社を蘇らせて自分たちの原点である「成果《インパクト》、楽しさ《ファン》、利益《プロフィット》」に立ち返ることができた。会社の再生に大きな役割を果たしてくれたのはもちろんミット・ロムニーで、彼がすぐに会社の収益性データを社内で共有してくれたおかげで、世界中のどのオフィスも戦術や優先事項を見直すことができた。ミットは、パートナー会議も土曜日の午前中に設定したので、私たちは平日を自由にクライアント向けの仕事に専念できた（このスケジュール設定には、社内の問題への対処で本来のクライアント向けの仕事が邪魔されるべきではないとの象徴的な意味があることを、私たちは常に念頭に置いている）。

今振り返ると、ミットは私がこれまで会った中で最も優れたリーダーの一人だ。だが、彼だけでなく、私たちチーム全員が重要な役割を果たした。全員が物事を見抜く力を磨き、数多くのイノベーションを成し遂げ、クライアントとの良い関係を構築して、ベインを本当の意味で働きがいのある会社に蘇らせた。その結果、有能な人材を再び惹きつけ、引きとめることができるようになったのである。

ここでどうやって再生できたのかを省察しよう。以下は必ずしも時系列ではない。働きがいのある会社になるための歩みをなるべくわかりやすくするために、相対的に重要性の高い順番で紹介する。

ベインは長年にわたって、いわゆる従業員エンゲージメント調査を年に一度実施していた。会社を再建していく過程において、この恒例行事は私たちの最大の課題を発見するのに有効だった。しかし、私たちの内部では、チームの判断力を高め、進捗状況を毎日、毎週のペースで把握するには、調査の回数を増やしてリアルタイムのフィードバックで補強する必要があるという意見が大半を占めるようになった。

ただ、課題が一つあった。とにかく良いものにしたいと改良を重ねているうちに、質問数が一〇〇項目以上に膨れ上がったのである。そこで、人事部門のあるクリエイティブなリーダーが、アンケートのエッセンスを抽出する仕事を引き受けた。統計的な分析を繰り返した末に、彼はチームメンバーの幸福度の八〇％以上が、ある一つの文章にどれだけ同意するかで説明できることを発見した。「私は、自分に価値があり、やる気満々で、常に刺激を受けていると実感しています」

その後何年もかけて、私はこの言葉に磨きをかけ、「私は、クライアントとともに勝利するチームにとって、自分が欠かせないメンバーであると感じています」にまで改良した。一時期は「勝利するチームにとって、自分が欠かせないメンバーであると感じています」で十分と考えていたが、今は「お客様が幸せなときこそ本当の勝利が得られる」ことを皆が忘れないことが大事なのだと考えている。このミッションを常に実現するチームで大切な役割を果たし、適切に評価されて報酬を得る。これが人々のモチベーションを高めるのである。

そこで、ベインを元の軌道に乗せるために、私たちは小さな（多くは三〜五名の）チームに分かれて、メンバー全員がお互いに依存する体制とし、当社の本質的価値観《コア・バリュー》を体現する傑出したチームリーダーを育成することに力を注いだ。そして、チームの成長を評価するために、実践的なフィードバックと学習プロセスのリズムを開発した。

さらに組織の中心、つまり本社は主に現場に奉仕するために存在しているのだという考えを受け入れることにした（大半の組織は逆になっている）。それ以降、当社の経営幹部の主な責務は、現場のチームがクライアントに最高の成果をもたらすための支援をすることになった。そこでの本質的な課題の一つは、最も優秀で成果を上げた人々を現場に残し、クライアントと直接仕事をするチームの仕事を指揮することだった。誰もがこのことを理解していたが、大半の企業では最も優秀で野心のある人々が昇進し、本社に異動し、役員室までの出世階段を昇る。そうして本社で機能ごとに分断された権限をもって仕事を任せられているうちに、クライアントから離れてしまうのである。だが、クライアントに対する日々のサービス提供から離れてしまうと、どのような判断や方針が優れた顧客価値の提供を阻むのか、あるいはチームが最大の成果を出すためにどう手助けするのがよいのかを知ることが非常に難しくなる。

最終的に、ベインは三年ごとにマネージングパートナーを選出することで、本社そのものを廃止し、この問題を解決した。マネージングパートナーは一人が最大三期まで任期を務められるが、まだそういう例はない。また、マネージングパートナーになっても自分の元のオフィスで働くので、正式な本社機能がなくても業務を回していける。

同じ考えから、採用や教育といった重要な機能は、普段からクライアントと接しているリーダーたちにお願いしている。オフィス代表や担当業界リーダー、あるいは報酬・昇進委員会のメンバー（典型的なプロフェッショナル企業では、権力の頂点を意味することが多い）といった管理機能の大半については、少なくとも自分の時間の半分をクライアントへの直接対応に費やしながら、パートナーが順番に務めることになった。そうすることで、ベインはサーバント・リーダーとしての性格を強めているというわけだ。

私たちの報酬体系も同じ哲学に基づいている。一言で言えば、クライアント対応業務のほうが管理業務よりも報酬が高くなる。もちろん、この原則もトップから適用される。ミットが会社のリーダーシップを次世代に引き継ぐ準備をする際も、「サーバント・リーダーであるマネージングパートナーが社内で最も高い報酬を受けるべきではない」という点で、私たちの意見は一致した。マネージングパートナーの仕事は、パートナーがクライアントのために素晴らしい結果を出せるよう支援することであり、偉そうにして彼らのために重要な意思決定をすることではない。ここで、この点を再度強調しておきたい。これこそが最も重要な考え方だからだ。経営幹部の第一の義務は、現場のチームが彼らのクライアントのために成功するよう支援することなのだ。

ハドルを正しく行うことで得られる力

私たちは、プロジェクトの進捗状況を把握し、問題を早期に発見して必要に応じて優先順位を見直せるよう、チームが定期的に作戦会議《ハドル》をするプロセスを開発した。もちろん、多くの企業が打ち合わせを行っている。だが私の経験から言えば、ベインのハドルは他の多くの企業の打ち合わせとはまったく違う。アジャイルやスクラムのように、ハドルは素早く、毎週あるいは二週に一度開かれる短い打ち合わせで、チームが自分たちの問題や機会を確認し、優先順位をつけ、解決するにはどうすればよいかを話し合うというものだ。当社のロンドンオフィスが先駆けとなってハドルの仕組みを考えて実施した。というのも、その頃、ロンドンではチームの不満や離職率の高さに頭を悩ませていたからだ。結局のところ、ハドルが非常にうまくいったので、世界中の他のオフィスにリーダーたちが異動する際に持ち込み、実践するという形で有機的に広がった。最終的に、ハドルは世界中のベインのオフィスで標準的な慣行となったのである。

ハドルでは、売上目標や業務上の優先事項（これらは誰もがすでに十分気にしている課題である）ではなく、仕事を充実させ、私たちの生活を豊かにするにはどうすればよいか、という問題を集中的に取り上げる。たとえば、面倒なクライアントにどう対処するか、チームメンバーが燃え尽きないようにするにはどうするか、私たちの本質的価値観《コア・バリュー》を尊重するにはどのような変化が必要か、といった問題だ。各チームメンバーは、前日に電子メールで送られてくる簡単なアンケートに答えてからハドルに臨む。誰がどういう回答をしたかは伏せられるが、集計結果はハドルの前にチーム全体で共有されることになっている。このような準備をしておけば、ハドルではベースとなる基礎情報が共有された状態になるだろう。そうすれば、次のレベルの原因分析と求められるアクションに迅速に移行できる。[5]

時間が経つとともに、非常に有効なプロセス改善が実現し、それを自発的に採用するチームが増えていった。たとえば、多くのチームは「ハドルキャプテン」（代理人《オンブズパーソン》）を任命し、正式なチームリーダーが部屋（あるいはズーム上）にいなくても、ハドルを進められるようにしている。こうすることで、根本的な原因や解決策を探るためのフォローアップの会話が促され、秘密も保たれるというわけだ。

他のいくつかの利点についても後の章で触れるつもりだが、本章では、ハドルの最も重要な側面を指摘しておこう。それは会話を導く一握りの質問だ。毎回のアンケートは次の質問から始まる。「このチームで働くことを興味のある同僚にあなたが薦める可能性はどれくらいありますか」（〇～一〇点）。この質問を読むと、チームメンバーは自分のチームの文化や価値観、リーダーシップの質、勝つ能力について考えるようになる。

次は、クライアントへの成果についての評価だ。「私たちのチームの仕事は、クライアントに大きな価値をもたらしています」という文章に、同意できる程度に応じて一～五点をつける。その次に、チームメンバーには仕事量の持続性、学習と成長の機会、そして自分が尊重され、仲間に入っていると感じられるかどうかを評価してもらう。最後に、チームの成功のために期待以上のことをやり遂げているチームメンバーへの感謝の言葉を促す。

また、危機的状況などの変革期には、進捗状況を把握する質問を加える。たとえば、新型コロナウイルス感染症の危機が勃発したときには、次のような関連性の高い質問を加えた。「当社のプロジェクトチームは、在宅勤務のあり方について積極的に話し合い、利用可能な資源やツールを適切に活用しています」（同意の程度に応じて一〜五点）。チームリーダーは、この調査ツールを使うと、よくある問題の解決に役立つ質問一覧の中から、ドラッグ&ドロップで簡単に質問を追加できる。ただし、常にできるだけ短くという指針には従わなければならない。

当初は、どのチームも「サーベイモンキー」（訳注：アメリカで最も一般的なアンケート作成ツールの一つ）のようなツールを使って、別々にプロセスを進めていた。だが、今では回答者が安心して真実を語ることができるように、個々のスコアやコメントの匿名性が担保される専用のデジタル調査管理システムを使っている。チーム全体の集計されたスコアは透明性が維持されたうえで、どのチームも閲覧できるので、各チームは他のチームに比べて自分たちがどの程度の成果を上げているかを知ることもできる。だが、それ以上に重要なのは何らかの問題があればすぐにわかるという点だ。これは、各オフィスで月に一度開催されるパートナー会議で調査結果の要約が検討され、チームに順位がつけられるからである。問題があるのがわかれば、オフィスのリーダーは苦戦しているチームリーダーに手を差し伸べて、支援することができる。

ここが重要なポイントだ。私たちは、このプロセスが懲罰的なものではなく、改善に役立つものになるよう努力してきた。問題を抱えるチームリーダーがそこから脱却する方法の一つなのである。もちろん、私たちの採点システムは透明性が高いので、低スコアのチームにはどうしてもプレッシャーがかかる。なぜなら、コンサルタントは問題のあるチームを自然と避けようとするからだ。その一方で、すでに述べた通り、低スコアのチームには状況改善に役立ちそうなオフィスの経営資源《リソース》が最初に提供される。

私は、子どもの頃から知っているある新人（私の子どもたちの遊び友だちでもあった）のコンサルタントに、チームアンケートの結果について、スコアを意図的に水増しするようなプレッシャーをチームリーダーから感じたことがあるかどうかを尋ねたことがある。すると、「正直なところ、このプロセスがいかに効果的だったかに驚いています」という答えが返ってきた。彼はＭＢＡを取るまでは別のコンサルティング会社で働いており、競争の激しい文化におけるチーム評価の暗黒面を目の当たりにしていた。だが「他はともかく、今のオフィスでは、このプロセスは効果的に働いています」と断言した。

実際、ベインに入社して最初に配属されたチームは、オフィス全体の中で最低スコアを得ていたうちの一つだったという。「これはまずいな」と思ったことを覚えているそうだ。だからこそ、チームリーダーがこの結果を隠して言い逃れをするのではなく、自分のチームに追加の経営資源《リソース》を最初に配分してほしいとオフィスのリーダーに掛け合っているのを知って驚いたという。このときに提供された経営資源《リソース》は一揃いのワークステーションで、複数のオフィスから集まってきたチームの連携を保つために大いに役立ったそうだ。

現場のチームリーダーに集中する

偉大さに向けて努力するように、チームを奮い立たせるのに最も影響のある要素は何だろう。もちろん、このテーマについて書かれた本は数限りなくある。だがベインでは、現場のチームリーダーがチームの雰囲気をつくり、あるべき価値観を示し、優先順位を決め、個人のニーズとチームのニーズのバランスを取るということを、私たちは経験を通じて理解するようになった。この圧倒的な重要性を認識していたからこそ、私たちはリーダーの選定には細心の注意を払い、教育《トレーニング》と指導《コーチング》に非常に力を入れている。すでに述べたように、私たちはリーダーが自分のチームメンバー（部下）からもコーチングを受けられるようにハドルプロセスを開発した。ハドルのスコアは頻繁に届く。これは宿題を出すと返ってくる評点と同じで、その主な目的は、評価ではなくコーチングにある。

私たちがチームに対して行っている、リーダーを評価するシステムがもう一つある。それは六カ月ごとに行われる、チームメンバーの上司に対する信頼できる堅固な（上司への）アップワード・フィードバック・プロセスだ。このシステムのユニークさは、質問の内容、情報の使い方、そしてプロセスの信頼性を高めるための仕組みにある。ベインでは、チームが解散と再結成を何度も繰り返す。だから、あるコンサルタントが同じリーダーと何度も一緒に働くことも珍しくない。この点は、他社にはほとんど見られない特徴だ。この点を踏まえたうえで、チームメンバーは過去六カ月に一緒に働いたすべてのリーダーを、次の一つの質問に答えることで評価する。「あなたはどの程度、このリーダーとまた一緒に働きたいと思っていますか」[6]。調査にコーチング的な要素も加えるため、回答者にはリーダーが改善のために新たに始めてほしいこと、やめてほしいこと、続けてほしいことも挙げてもらうことにしている。

このプロセスをきちんと機能させるためには、関わる人全員が調査を信頼しなければならないが、これは言うほど簡単ではない。まず、リーダーは「正しい」人々が調査に答えていると信じなければならない。なぜなら、回答する社員は、実際にそのチームに少なくとも何日かは在籍したことがあるので、自分なりの意見を表明できるからである。さらに、リーダーは、「正しい」人全員がそれぞれ一票を持ち、表明された意見は正確にカウントされていると信じなければならない。同様に、調査に答える側の人は、自分の回答の匿名性が担保されていることから報復を恐れることなく率直な意見表明ができること、リーダーはその意見を適切に利用してくれることに確信が持てなければならない。最後に、リーダーは自分のチームのメンバーが考えに考えて建設的なフィードバックを提供してくれると信頼しなければならない。もちろんこの点も単純ではないが、必要不可欠な条件だ。

ベインでは、このプロセスを使って人々を最もやる気にさせるリーダーを見極め、彼らの成功を祝福し、そのベスト・プラクティスを共有している。同時に、評価の低いリーダーを成長させるために、問題点を改善する多くのコーチングを行っている。ミット・ロムニーが会社の権限をワールドワイド・マネージングディレクターであるトム・ティアニーに業務を引き継いだとき、私たちは全員でいくつかの重要な決定をした。[7] ベインを働きがいのある会社にするために、自分のチームから高く評価されているリーダーだけが昇進できるようにしたのもその一つだ。

トムは、最近、ベインの再生について私と思い出を語り合ったとき、彼はマネージングパートナーになりたての頃の仕事の一つがチームを鼓舞できない半分近くのパートナーに退職勧奨をしたことだ、と話してくれた。当社の人事ポリシーはその後も進化しているが、チームのアップワード・フィードバックで高評価を得たという事実は、昇進候補者の評定項目の中で、現在も非常に重要な位置を占めている。事実、チーム内の評価が低いことがネックとなって、その他の点では優秀な人材の昇進が見送られるケースも少なくない。

ここで誤解のないように、もう少し詳しく説明しておこう。それは、チームのフィードバックと上司へのフィードバックだけが昇進者を決めるわけではないということだ。実際のところ、人事評価にはチームメンバーが評価できない多くの観点がある。だが、まずアップワード・フィードバックというハードルをクリアしなければ、昇進の検討すらされない。なぜか。チームが最も確信をもって判断できるのは、自分たちのリーダーが組織の価値観をいかに体現し、その結果として信頼と尊敬に値する人物になっているかどうかという点だからだ。この大きな権限を従業員に委ねることで、ベインでは私たちの価値観を実践するリーダーだけが権限と権威を持つポジションへと昇進できるように、社内のあらゆるレベルで保証しているのである。

このやり方は過激だろうか。そうだとも、そうではないとも言える。組織の経営幹部《シニアリーダー》が権限を譲ることは決して容易なことではない。自分の個人的な資産が会社の資産と密接に結びついているときは、特にそうだ。しかし、私はここでこの質問の方向を変えようと思う。なぜこのようなプロセスが、働きがいのある会社になろうと真剣に考えているすべての企業に採用されるべきではないのだろうか、と。私は懐疑派の皆さんに、ぜひともこの点を説明してもらいたい。ベインは、このプロセスが働きがいのある会社をつくるうえで普遍的に正しいと深く信じている。だからこそ、これをクライアントに提案したときに、「人々のためのネット・プロモーター」と名づけたのである。(8)

結果に注力する

ベインはずっと、クライアントのために結果を出すことに注力してきた。それが当社の変わらぬミッションだ。初期の頃は、経済的結果に特化していた。実のところ、ミッション・ステートメントには、まさにこの言葉「経済的結果」が書かれていた。しかしその後、ベインのミッションには社会的インパクト、チームの経験、クライアントのケイパビリティなど、標準的な財務指標では測りにくい次元の結果も含むべきであると認識するようになった。二〇一九年には、この考え方の進化を公式に示すため、「経済的」という言葉を削除した。ミッションの意味合いをこのように広げたことで、ベインは本当の意味で働きがいのある会社になるための重要なイノベーションに乗り出せた、と私は考えている。

たとえば、私たちはチームにとって重要な活動に多額の投資を行い、チームのボランティア活動や社会正義の取り組みを支援している。その結果、アメリカの人権NGOであるヒューマン・ライツ・キャンペーン財団の「企業平等指数（Corporate Equality Index：CEI）」では、最高スコアの一〇〇点を一五年連続で獲得した。また、温室効果ガス排出ゼロの達成を目指す全社プランを策定し、社会的インパクトのさまざまな取り組みを支えるため、今後一〇年にわたって一〇億ドル相当を無償で提供するプロボノ活動も公約している。地域レベルでは、各オフィスの責任者であるパートナーが、現場ボランティアからなる草の根チームに大きな責任を委ね、オフィスのミーティングからリノベーション、研修、そして各チームがそれぞれのクライアントの成功にどれだけ圧倒的な影響を与えたかを競い表彰する社内イベント「リザルトチャレンジ」まで、ありとあらゆるイベントを企画・運営している。

ここで、リザルトチャレンジの仕組みについて説明しよう。これは、毎年、プロジェクトチームが自分たちのプロジェクトを審査対象として自己推薦し、「実現した真の成果」「クライアントとの永続的な関係」「クライアントの推奨者《プロモーター》の創出」「やる気にあふれたチーム」の四つの主要分野で自分たちの熟練度を示すというイベントだ。そして、最後にオフィスのリーダーがオフィス内コンペのファイナリストを選ぶことになっている。

演出、衣装、音楽で雰囲気を盛り上げた最終プレゼンテーションは、チームメンバーにとって華やかな舞台だ。若手やサポートチームのメンバーが率先してオフィス全体へのプレゼンテーションをすることが多く、年に一度のオフサイトミーティングがその典型的な場となる。彼らは、自分たちがそのプロジェクトからいかに刺激を受けたかを証明するために、重要なポイントを強調する。（財務上あるいは他の分野で）達成された成果、クライアントや主要ステークホルダーへの影響（ビデオによる証言や発言の引用であることが多い）、クライアントによるネット・プロモーター・フィードバック（スコアやコメント）などで推奨者《プロモーター》をつくる方法、ハドルのスコア、さらには個人の昇進や人生における大きなイベントといったマイルストーンなどだ。

オフィスの優勝者は、全社投票か選定委員会によって決まる。優勝チームには、賞金とエッチングしたクリスタルの盾が贈られ、地域大会への参加資格が与えられる。リザルトチャレンジでは、クライアントに素晴らしい成果をもたらすことがいかに重要であるかが強調されるとともに、会社の最も優れた仕事が社内中に広く告知される。その結果、ベインの優れた仕事がどのようなものか、多くの従業員が認識するようになるのである。

要するに、ずばぬけた現場のリーダーを採用し、育成することで、当社のチームを刺激するということだ。チームメンバーに力を与えて、それぞれのクライアントに圧倒的な価値を提供し、その結果として彼らが成功する支援をしているのである。さらに、メンバーが進むべき方向を知り、進捗度を測定して日々向上できるように（ハドル、アップワード・フィードバック、トレーニングなどの）ツールを提供している。私たちは、どのメンバーもクライアントとともに勝つチームで有益な役割を果たせるためのやる気が出せるように努めている。

なお、ベインの顧客NPSは、当社の報酬システムとは切り離されている点を強調しておこう。さもないと、チームメンバーは、改善策を見出すための率直なフィードバックを求めるよりも、自分たちのスコアを操作する誘惑にかられるという不名誉な立場に追いやられる可能性があるからだ。NPSスコアをボーナスに連動させると率直さが萎縮し、チームの行動と精神に悪影響を及ぼし、NPSの理念が損なわれかねない。

事業再生を実現するには、リーダーはチームを尊重せよ

ベインの再生はどのような点から見ても驚くべきものだったが、事業再生を見事に成し遂げた企業に一貫しているのは、メンバーを刺激し続けるチームが重要な役割を果たしているという点だ。たとえば、私が『ネット・プロモーター経営』で紹介したチャールズ・シュワブの見事な業績回復は、この重要な要素に支えられていた。同社では、顧客に請求する違約金や損害金が収入の二五%にまで膨れ上がっていた。こうした悪しき利益が顧客をいら立たせ、それを押し付けざるを得ない従業員に屈辱を与えていたのである。CEOのウォルト・ベッティンガーは、こうした悪しき利益の全廃に全力で取り組んだ。社員も会社も誇りをもって顧客に接するべきだ、と強く信じていたからだ。シュワブが再び業界リーダーの地位に復帰できたのは、ベッティンガーがその約束を果たしたことが大きい。

T－モバイルも同じような経緯をたどった。まず、業界全体が悪しき利益におぼれていた。こうした不名誉な戦術を着実につぶしていくことで、現場のチームは活気づき、誇りをもって顧客に対応し

ようという意欲が従業員の間に広がっていった。前章で触れたように、CEOのジョン・レジャーはシアトルの本社を飛び出し、全米にある店舗やカスタマーサービスを定期的に訪ねては現場のチームを鼓舞した。そして、彼らの提案にじっくり耳を傾けて、行動を起こした。カーリー・フィールドの提案を受け入れて顧客関連部門を抜本的に再編し、カスタマーサービスのコールセンター部門を一五〇チームに分割してそれぞれにリーダーを置き、損益もチームごとに算出するようにした。

また、これらチームのほとんどは地域ごとに特定の顧客グループを担当する。これは、顧客が電話で問い合わせると、言葉のアクセントやひいきのスポーツチーム、地元の知識（電話が途切れがちな高速道路の区間など）が自分と同じカスタマーサービス担当者が対応してくれるということだ。さらに、T-モバイルは顧客を喜ばすことの経済的価値を理解していたので、従業員体験の向上にも多大な投資を行った。

同時に、T-モバイルのトップは、チームの規模をコーチ・リーダー一人当たりカスタマーサービス担当者一〇名までに減らした(9)。これは生産性重視の、あたかも工場のような発想で運営されている多くのコールセンターに比べると、はるかに規模が小さい。このようにT-モバイルチームは少人数なので、コーチは同僚を支援するのに多くの時間を割ける。そして、リーダーたちは毎日二〇分をチームのオンラインでの打ち合わせとスキルアップに充てることができる。大半の(繰り返しになるが、工場的な発想の）コールセンターでは、こうした慣行で生産時間の短縮を考えることはなく、チームを大切にすることや顧客を愛することの重要性が理解されていない。こうした会社は、T-モバイルがコールセンターの監督者に数十万ドルの給与を払いながらも、損益計算書上では素晴らしい実績を上げていることをあまり理解できていない。もちろんそれが顧客が喜んで再来してくれたり、友人たちを連れてきたりしてくれた結果であるということも。

チームを鼓舞する――チックフィレイ

現場のリーダー（フランチャイジーの経営者）を圧倒的な報酬アップで刺激することは、チックフィレイでも驚くほどの成果を上げている。同社は非公開企業でありながら、店舗数や売上高といった実績に関する情報を共有している。それだけでなく、どの加盟店からでも各店舗の業績を容易に閲覧できる。経済面での透明性の維持は、チームに対する信頼と尊敬を示すものだ。

ここで、チックフィレイのストーリーのもう一つの重要な側面を紹介しよう。トゥレット・キャシーは金持ちになるために会社をつくったわけではないが、最終的には彼とその家族は数十億ドルもの財産を所有するまでになった。キャシーは自分の役割を会社のオーナーというよりも、経営資源《リソース》の管理者として顧客と顧客に奉仕する現場チームの双方に責任を負っていると考えていた。[10]

この基本思想を踏まえると、キャシーがフランチャイジー（店舗責任者《ストアオペレーター》と呼ばれている）に最大限のサービスとサポートを提供するように組織を設計したのも当然だと言える。それが、顧客に実現すると約束している役割だからだ。だからこそ、現場のリーダーに最高の人材を配置することを最優先と位置づけ、店舗責任者に能力の面でも人格の面でも最高の人材を確保することで、店舗チームを尊重している意思を示す――そのための努力を惜しまなかった。優れた人材が店舗を運営し、顧客に喜んでもらうための判断を現場で行うことが、会社の評判を高め、素晴らしい事業を構築するための最善の道であることを直感的に理解していたのである。

そこで、最も有能な店舗責任者を惹きつけ、定着させるための仕組みを考案した。まず、報酬面では前例がないほどの好条件を提示して、彼らが自分の資産目標を追い求めながら一店舗（特別な能力を示せれば二店舗になる場合もある）の経営に専念できる体制を整えた。店舗経営を二流のスタッフに任せることは一切なく、地域の統括業務や本社への出世競争もあり得ない体制とした。本社勤務と地域統括スタッフは、自分たちの仕事が店舗責任者のためにあることをよく理解している。さらには、この意味合いを深く理解し、現場との共感を得るために、毎年、すべての本社従業員が最低一日は店舗で働くことにしている。現場スタッフになるための準備として、レストランで働く人々のニーズを深く理解するために、候補者は数カ月にもわたって店舗で訓練を受けるのだ。

店舗責任者の選定は最も重要だ。私は、当時チックフィレイで最高マーケティング責任者を務めていたスティーブ・ロビンソンに、面接した候補者の良し悪しをどうやって判断するのかを尋ねたことがある。彼は「自分の十代の息子や娘がこの人の下で働き、この人に育てられると知ったら、自分が心からうれしいと思うだろうか、と自問するのだ」と答えてくれた。「私たちは、自分の家族の一員に（できればずっと）なってほしいと思える人を探しているのです」

トゥレット・キャシーは、新規出店数を意図的に抑えることで、店舗責任者の質を維持しようとしていた。私は、ケープコッドにある自宅の居間で、同社のために私が主催した戦略策定ワークショップのときに、キャシーと経営陣との意見が最も食い違ったときのことを今もはっきりと覚えている。その場にいた若手幹部たちは、新規店舗をどんどん増やすべきだと意気込んでいた。財務実績は絶好調だった。負債はゼロで、利益の相当部分を慈善事業に寄付した後でさえ、順調にキャッシュを積み上げていた。ところが、キャシーは信念を曲げず、加速度的な成長を求める声にかたくなに首を横に振り続けた。スティーブ・ロビンソンが最近出した本の中で回想しているように、キャシーは「人間関係を犠牲にして財務を優先することは決してなかった。それどころか、数値目標を嫌ってさえいた。財務を優先することは『しっぽが犬を振り回す』、つまり本末転倒なことだった。……規律ある成長を目指したからこそ、ビジネス哲学と顧客への愛を自分と共有する店舗責任者を選ぶことができたのである」(11)

言い換えると、キャシーは質に関する本当の制約条件は財務数値ではないと考えていた。むしろ、素晴らしい現場のリーダーをより多く惹きつけ、育成し、適切なインセンティブを与えることで、彼らを会社に根付かせ、成長しようというモチベーションを維持させられたからこそ、質の高い成長が実現できたのだ。マクドナルドのフランチャイズを買うには一〇〇万ドル以上必要であるが、チックフィレイのオーナーの場合は、一万ドルという最低限の現金を用意するだけでいい。その代わり、店舗責任者は事業資産を所有しないので、店舗を自分の子どもに売ったり与えたりすることはできない。会社が所有権と店舗の支配権を握り、初期投資のハードルを低くすることで、店舗責任者として活躍できる人材を大幅に増やしているのだ。

この方法はうまくいっているのだろうか。チックフィレイの店舗責任者の多くは、店舗を運営することで得る収入が本社で働く場合よりもはるかに多い。同社は年間約二万件のフランチャイズの申し込みを受けているが、年間約一〇〇店舗しか出店していない。わずか〇・五％だ。こんなに合格率の低い教育機関を読者はいくつ知っているだろうか。(12)

ベインは、ファストフード・レストランチェーンのNPSを測定しているが、チックフィレイは常時トップクラスに位置し、二〇一九年には六〇％という高スコアを獲得した。これは好循環だ。アントレプレナー・ドットコムのマシュー・マクリーリーは次のように指摘する。「チックフィレイは、日曜日に休業していても、一店舗当たりの収益はマクドナルド、サブウェイ、スターバックスの合計よりも高い」(13)

チームを刺激する――ディスカバー

ここで（第3章で取り上げた）ディスカバー・ファイナンシャル・サービシズの物語に戻ろう。同社はNPSリーダー企業としてアメリカン・エキスプレスを上回ったことで、私の目にとまった。この突然の成功の要因としては、前述したように顧客の窓口となるコールセンターの担当者が優れたサービスを提供できるように、システムとトレーニングに投資したからだ。

この点をもっと掘り下げてみよう。ディスカバーには、コールセンターの最前線チームが高く評価され、感謝されていることを実感できる証拠が豊富にある。当時のCEO、デイビッド・ネルムスは私に語った。「彼らはコストセンターではなく、プロフィットセンターと見なされています。当社の顔《ブランドアンバサダー》なのですから。入社時に非常に高い給与を支払い、彼らがお客様と素晴らしい仕事をできるよう、研修とテクノロジーに多額の投資をしています」

もう一歩踏み込むと、ディスカバーはこれらの仕事を今もアメリカ国内で行っている。ネルムスの話によると、カスタマーサービスをコストセンター的に捉える発想が競合他社の多くに広がった結果、多くのクレジットカード会社がカスタマーサービス業務を低賃金の国にアウトソーシングするか、自動化されたソリューションを導入して顧客対応にあたるようになったという。しかし、ネルムスとディスカバーの仲間たちは、クレジットカードビジネスにまつわる複雑な問題を解決するには知識が豊富で、文化に精通し、面倒見のよい従業員が必要だと確信しており、外注やオフショアリング（海外への外注）、自動化では対応しきれないと考えていた。クレジットカードにハサミを入れようかと考えている、不満を抱える顧客を取り戻すには、優秀な従業員の介入しかないということだ。

現在CEOを務めるロジャー・ホックシールドによると、長年続けてきた従業員調査の結果、ディスカバーのコールセンターの従業員は、本社の職員よりもずっと幸福度が高いことが明らかになったそうだ。こんなことは滅多にないことである。ベインの調査によると、一般的に組織の指揮命令系統の下に行けば行くほど（つまり顧客に近づけば近づくほど）、従業員のNPSスコアは確実に低下する。しかし、以前、前著向けの調査で明らかにしたように、顧客ロイヤルティのスーパースター企業では、従業員の幸福度は組織全体で非常に安定している。[14] これは、サーバント・リーダーシップに徹している本社チームの力を如実に示すものだ。

　それでは、ディスカバーではどのようにして現場チームをここまで輝かせることができたのだろうか。まず、給与はすこぶる高く、福利厚生も圧倒的に充実している。特にディスカバーでは、大半の経営幹部とまったく同じ水準の健康保険オプションを現場チームに提供し、彼らのやる気を喚起している。また、学生時代の負債が多くの若者たちの生活を苦しめているこの時代に、ディスカバーは「ディスカバー・カレッジ・コミットメント」という驚くべき制度を提供している。これはフロリダ大学（UFオンライン経由）、ウィルミントン大学、ブランドマン大学のうちの一校で、特定のオンラインコースで学位を取得するための学費、手数料、書籍代、文房具代金を会社が負担するというプログラムだ。そのプログラムに、従業員は入社初日から参加できる。しかも、自分の学習目標と専門的な能力開発に最適なプログラムを見つけられるよう、会社の教育カウンセリングも受けられるのである。一般的な教育給付金制度では、学生がまず授業料を負担して、もし良い成績が取れれば支払った額が戻ってくるものだが、ディスカバーは無条件で授業料の一〇〇％を前払いしてくれる。これは企業においてはあまり見かけない信頼を意味する、非常に寛大なアプローチだ。

　経営者と直接会えるという環境も、従業員のやる気を促している。ほとんどの企業のコールセンターの担当者は、会社のＣＥＯが自分のオフィスにやって来ると聞けば、とてつもなく緊張するだろう。そして実際に現れると、何か悪いこと（最悪の場合は解雇）の準備が進んでいるに違いないとさえ思い込む。[15] しかし、ディスカバーでは、ＣＥＯのロジャー・ホックシールドが年に一度は各コールセンターを訪問し、一日四回のセッションで全シフトの従業員と交流する。(16)たいていは会社の現状とその時点での優先事項について現状報告をし、最後に活発な質疑応答が行われる。ここには、リーダーがチームの意見に耳を傾け、行動を起こすという明確な証拠がある。具体的な例を挙げよう。コールセンターの担当者たちは、日曜日にシフトが入った者が土曜日に働いている者よりも給与が高いのは公平ではないと感じていた。というのも、ほとんどの従業員が土曜勤務も日曜日と同程度に避けたいと考えていたからだ。そこで、経営サイドは土曜日と日曜日の給与を同額にするよう調整した。

コールセンターの従業員は、そもそも顧客を大切にしたいという欲求を持っている。彼らからしてみれば、お金をもらってそれを実践し、さらにその思いを強くしているというわけだ。だから、ディスカバーの報酬体系に歩合給はないし、昔ながらの販売スタイルも一切存在しない。ロジャーの説明によると、「助言を求めて電話をしてきたお客様に商品を販売する最善の方法は、優れたサービスを提供することです。そのうえで、ウェブサイトやアプリ、マーケティング活動を通じて当社の商品を簡単に知ってもらえばよいのです」

本社スタッフからの意見を確認するために、私はディスカバーのフェニックス・コールセンターを訪ねて、一般職員と一日中話をしてみた。同社を立ち去るときには、職員たちは自分が福利厚生面で十分な待遇を受けていると感じているだけでなく、ディスカバーが顧客を喜ばす後押しをしてくれることを強く心の支えとしている、と確信していた。

一八年勤続のベテランであるドナ・マシューは、たとえディスカバーの損益に不利であったとしても、顧客のために正しいことをするコーチングを定期的に受けていると熱っぽく語り、顧客から電話でキャッシングの依頼を受けたときのことを話してくれた。これは地元のATMで一〇〇ドルまで引き出せるローンのことで、手数料が一〇ドルかかるうえに、利息が年率二二〜二四％になるケースも多い。そこで、彼女はコンピュータ画面をチェックし、この顧客がATMの代わりに「購入時の現金引き出し」サービス（地元の小売店で商品購入時に、最大一二〇ドルの現金を引き出せ、月末のディスカバーの引き落とし時に支払えば、手数料も利息もかからない）を利用できるかを確認したという。[17] ドナは言う。「このような仕事をすることを誇りに思います。毎日仕事に来るのが楽しいのです」

ホックシールドと本社に常駐している経営幹部は、毎月二回、一時間をコールセンターでの顧客とのやりとりに耳を傾けているが、そのことをコールセンターの担当者も知っている。[18] 目的は、どのようなテクノロジーやビジネスプロセスの変更がより多くの顧客を喜ばすことにつながるかを発見することだ。経営幹部たちは、コールセンターの担当者と顧客との会話に耳を傾けながら何を学べるかを話し合い、それに基づいて改善のための優先順位を決めるのである。

このプロセスがあるからこそ、ディスカバーは従業員と顧客を支える圧倒的なデジタルツールを開発することができたのだ。これもまた、業界では極めて異例のアプローチである。なぜなら、ほとんどの金融サービス会社は、自社の電話番号を顧客から隠したり、安価なデジタルソリューションに誘導したりして、カスタマーサービスセンターにかかるコストをなくそうと努力しているからだ。一方、ここまで紹介してきたように、ディスカバーでは顧客が必要なときにはいつでも利用できるようにデジタルサービスを充実させてきた。同時に、問い合わせ電話番号もウェブサイトに目立つように示されているので、顧客が人と話したいときには三六五日二四時間、担当者に手軽に連絡することもできる。

これが、サービス担当者からどう見えるかについて考えてみよう。他の企業では、多くの顧客は担当者との生の会話を怒りでスタートする。何しろ、自動音声応答システムに悪戦苦闘し、ウェブ上ではいわゆる「よくある質問」のページに追いやられてきたからだ。いら立ちを募らせながらも我慢してきた顧客が、ついに、それまではずっと不愉快な技術上の壁の向こうに隠れていたかのような「人」と話せたのだから、怒りでスタートするのも無理ないだろう。

しかし、ディスカバーはこれに当てはまらない。なぜなら、顧客は難なくそこにたどり着くことができるからだ。やりとりもプレッシャーを受けることなく、自分のペースで進められるよう設計されている。だから、顧客は担当者が平均対応時間の目標を達成しなければならないといったプレッシャーにさらされていないことにすぐに気づき、問題解決に向けた控えめなやりとりが可能となる。その結果、顧客は喜びを得る可能性が非常に高まる。

チームリーダーは現場の経験者から昇進する。このような模範的なリーダーが、チームにとってのロールモデルやコーチとして活躍する。さらに、「アイマター（iMatter）」がある。これは、顧客からのフィードバックを用いてサービス内容を改善し続けるコーチングプランの作成システムのことだ。これを使うと、チームメンバーは自分たちが顧客の生活を本当に改善していることを実感できる。ただし、ベインと同じく、このフィードバックはメンバー間の過度な競争を最小限に抑えるために、ボーナスと連動させていない。

ディスカバーが従業員たちに刺激を与える最後のポイントは、担当者たちをチームに編成する方法である。コールセンターのチームは、一般的には一チーム当たり二五～三〇名で構成されるが、ディスカバーではわずか一六名。同社ではこのくらいの規模が好ましいと見ている。ところが、ディスカバーではフレックスタイム制を採っており、それぞれが個別コーチングのセッションのために多くの時間を割いている。そのため、実際に稼働しているのは一チーム当たり一二名に近い。たまたまだが、これは米陸軍特殊部隊の一般的な戦術《タクティカル》チームの規模に近いものがある。戦術チームがこの規模になるのは、それぞれの兵士に高レベルの独創力、自立心、成熟度、見識を示すことが期待されているからだ。さらに言えば、ディスカバーのコールセンターチームは、一般的な航空会社のチームよりもはるかに小規模なサウスウエスト航空の空港内のグランドスタッフチーム並みであり、すでに紹介したT－モバイルのカスタマーサービス担当者チームを彷彿させる。

両社に共通する要素は何か。少人数のチームの場合、一人ひとりの重要性が高まり、全員の役割がチームの成功に不可欠となることだ。それに対して、大きなチームが素晴らしいのは、純粋に会計的な観点から言えば、低賃金で働く多数の従業員たちが高賃金のリーダー一人を支えているからである。だが、ディスカバーの経験に裏打ちされたのは、小さなチームこそが従業員を刺激し、顧客を愛する最善の方法だということだ。

刺激を与えるリーダーになるための秘密

ビジネスの第一のパーパスが顧客の生活を豊かにすることであるなら、リーダーの最初の責任は、チームメンバーがこの刺激的なミッションを受け入れ、安全かつ確実に達成するよう後押しすることとなる。いつも顧客に喜んでもらうチームに貢献し、ミッションが達成されたときに適切な評価と報酬を得られれば、チームメンバーは大いに刺激を受けるだろう。

真に最高のリーダーは、チームメンバーが、顧客（とその仲間たち）から拍手喝采を浴びられる（一〇点満点を得る）ように全力を尽くすことである。愛と肯定の意思表示を経験することは、偉大なリーダーがチームにやる気を吹き込むために利用する秘密の成分であり、パーパスをもって勝つための不可欠な燃料になる。

Winning on Purpose

Respect Your Investors

5

投資家を尊敬する

勝つのは顧客のロイヤルティが高いときだけ

二〇一九年の夏、ある中国の起業家が、伝説の投資家ウォーレン・バフェットと昼食を摂るという特権を、何と四五七万ドルで落札した。[1] このニュースを聞いて、私は一九九六年に似たような機会（もしかするともっと素晴らしい機会）に恵まれた自分がいかに幸運だったかを思い出した。値段は間違いなく、そのときのほうが安かった。私は、ジャック・ボーグルのゴルフに招待されたのである。あのドけちで有名な（ジャックが設立した）バンガード・グループが、私のグリーン代とその日の夕食代を払ってくれたのだ。

ジャックは投資分野では真のスーパーヒーローであり、投資家に敬意を払って接することで広く称賛されていた。二〇一九年にビジネス情報サイト「マーケットウオッチ」が発表した死亡記事によると、「（ジャック・ボーグルは）最も影響力のある投資家としてウォーレン・バフェットさえも凌駕していた」と報じられた。[2] バフェット自身にも異論がなく、CNBCでのインタビューで「ジャックは私が知るどんな個人よりもアメリカの投資家全体のために多くのことを成し遂げたのです」と述べている。[3] 読者は、チェサピーク湾の東海岸にあるセント・マイケルズ・ハーバー・イン・リゾートのゴルフコースで、すでに伝説となっていたあのジャックと一緒に午後を過ごせることがどれほど素晴らしいか、想像いただけると思う。

ゴルフについては、その日のジャックはあまり調子がよくなかった（私は調子がよかったことはない）。私はジャックの目がしょぼしょぼしていることに気がついたので、「季節性アレルギーか何かで苦しんでおられるのですか」と思い切って尋ねた。「いやいや」と、彼は淡々と答えた。「新しい心臓を入れたので、私の身体がそれに慣れようともがいているんです」。そのとき、私は南アフリカで心臓移植手術が何度も実験的に行われているらしいという話を耳にしてはいたが、ジャックは冗談を言っているのだと思っていた。ところが、その日の夕食時に、ジャックは最近心臓移植手術を本当に受けており、すでにゴルフをできる程度にまで回復しているが、拒絶反応抑制剤を飲んでいるために涙目になっているという驚愕の話を聞かされた。

その後、数年間にわたって、私はジャックの活力と決意について多くのことを考えた。そうして得た結論は、あのような姿勢は「投資家に敬意をもって接する」という、ジャックの個人的なミッションと切り離すことができないということだった。ジャックは、投資家にとっての最善の利益を理解し、それを提供するための会社をつくり上げた。この問題についての私の考え方は、ジャックを手本にして固まった。「尊敬の念をもって投資家に接する」とはどういう意味なのか。それは、会社の第一のパーパスである「顧客を愛する」ことと矛盾するのだろうか。

＊＊＊

そもそも、私がどうしてその日にジャック・ボーグルとゴルフをプレイし、その後食事をすることになったのかについて説明しよう。バンガードの新CEOに就任したジャック・ブレナンが、私の最初の著書『顧客ロイヤルティのマネジメント――価値創造の成長サイクルを実現する』（山下浩昭監訳、伊藤良二訳、ダイヤモンド社、一九九八年）を読み、長期的な顧客関係から得られる莫大な経済的利益をどう数値化するのかに興味を持った。この哲学とその結果もたらされる経済的利益がバンガードの戦略の中心であったことから、ブレナンが私に電話をしてきて、一九九六年に開かれたバンガードの年次役員研修で講演するよう招待してくれた。私はすぐに自分のスケジュールを空けて、この申し出を受けた。というのも、投資家に敬意をもって接すればロイヤルティを獲得できるという私の考え方は、バンガードからの影響を強く受けていたからだ。

実は、私は大学卒業以来ずっとバンガードのインデックス・ファンドに資金を預けていた。当時のバンガードは規模がまだ比較的小さかったが、長期に持ち続け、市場を打ち負かすことに無駄なエネルギーを割かないというその逆張りの投資哲学を、私は信頼していた。投資については大学時代に研究を始め、ベインに勤務後もずっと続けてきたこともあり、ジャック・ボーグルの正しさを確信していたのである。そういうこともあり、ジャックと彼のチームと一日を過ごせるというのは、願ってもない体験だったのだ。夕食の席で、私は「バンガードがどこまで大きくなれると考えていますか」と尋ねてみた（当時の同社はまだニッチプレーヤーで、広告宣伝もほとんど行っていなかった）。彼は答えた。「フレッド、私たちの目標は成長ではありません。投資家のために素晴らしい価値を生むことです。大きく成長しようと必死になると、問題が起きると思いますよ」。トゥレット・キャシーの車に乗せてもらったとき、言い方は違っていたものの、彼もジャック・ボーグルと同じ明確な哲学を表明したことを、私は助手席で聞いた。トゥレットの夢はチックフィレイを大きくすることではなく、顧客と従業員にとって素晴らしい会社にすることだ、と言っていたのだ。

しかし、成長しようという野心的な目標は必要ないのだろうか。一言で言えば、「必要ない」だ。本稿執筆時点で、バンガード500インデックス・ファンド（大型株ファンド）とその姉妹商品であるバンガード・トータル・ストック・マーケット・インデックス・ファンド（一部に中型株を含んでいる同社第二のインデックス・ファンド）は、それぞれ世界第一位、第三位の資産額を誇るファンドだ。バンガード・グループ全体では、現在の運用資産は七兆ドルを超え、世界第二位のミューチュアル・ファンド会社になっている。営業とマーケティングに予算をほとんどかけていないにもかかわらず、この圧倒的な実績を成し遂げているのだ。

バンガードの目覚ましい成長は、ロイヤルティを燃料とする成長エンジンの効率的で持続的な力をよく示している。バンガードの株式は、顧客である投資家（ファンドの保有者）によって所有されており、「相互会社」のような形態となっている。したがって、同社の成長はすべて、内部で発生したキャッシュによって賄われている。バンガードは途方もない規模を誇り、投資の裾野も非常に広いので、どんな投資家でも簡単に個別企業のリスクを分散できる。バンガードのインデックス・ファンドに投資すると、市場の平均リターンを格安の価格で追跡できる。たとえば、私が保有するバンガード・トータル・ストック・マーケット・インデックス・ファンドの手数料は年率〇・〇四％だ。私が大学を卒業したときには、ミューチュアル・ファンドの手数料は年率二・〇％、つまり現在のバンガードの五〇倍だった。その結果、本当の意味での奇跡が起きている。愛情を注いでつくられた素晴らしい商品を格安で提供しているからだ。

私が本章をバンガードの物語で始めたのには、いくつかの理由がある。

●（ジャックやバンガードのチームのような）善良な人々と付き合うと人生が豊かになるという例

を提供してくれる。

●バンガードという会社は、成長には販売手数料や広告宣伝ではなく、顧客を愛するという無敵の戦略で獲得するのが最善の方法だ、ということを教えてくれる。

●同社の物語は、顧客を愛することと、長期投資家（バンガードへの投資家は顧客でもある）を喜ばすことの間には対立がないことを示している。

●バンガードの成功は、すべての企業が投資家に真の価値をもたらすために打ち勝たなければならない新しい基準をつくった。

●私は、バンガードの証券口座を使ってＦＲＥＤ株式指数（第2章参照）への投資実験を始めたが、私の「バンガード・トータル・ストック・マーケット・インデックス・ファンド」と比較すると、その優れたパフォーマンスを簡単に確認できた。

本章では、「敬意をもって投資家に接する」というジャック・ボーグルの対応の基準を紹介し、さらに顧客愛の勝者が投資家を最も幸福に導くという証拠を示したいと思う。そのうえで、信頼性の高いネット・プロモーター・スコアのデータの持つ意味と、ＮＰＳを深化させ補強する指標である、我々が新たに開発した「プロモーター獲得成長率《アーンド・グロース・レート》」の必要性を検討したい。

投資家を尊敬するための新しい基準

バンガードのインデックス・ファンドが驚くべき成長を遂げ、これに刺激されてフィデリティ・インベストメンツ（Fidelity Investments）やブラックロック（BlackRock）をはじめとする名だたる競合他社が多数追随したので、今やこの種の投資商品は誰でも簡単に買うことができる。こうした投資信託は、非常に効率的にリスクを分散するので、個別銘柄を保有する際のリスクに見合った、超えなければならない現実的なハードルレート（訳注：最低限必要とされる利回り）、いわばパフォーマンスで超えるべき基準になる。たとえば、私がアマゾンやアップル、ファーストサービス、コストコといった個別銘柄への投資に満足できるのは、私が保有するバンガードのインデックス・ファンド（これら個別銘柄が当然含まれている）のパフォーマンスを上回っているからに他ならない。理屈は簡単である。もし、個別銘柄のパフォーマンスがインデックス・ファンドを下回っていれば、ファンドに投資したほうがましだったことになる。それどころか、個別銘柄がインデックス・ファンド並みのパフォーマンスであれば、私は価値を失ったことになる。なぜなら、投資対象の広いインデックスは個別銘柄のリスクを分散してくれるからだ。つまり、個別銘柄への投資のリスクを負いながら、その見返りとして追加の価値をまったく得なかったことになるのだ。

したがって、バンガード・トータル・ストック・マーケット・インデックスは、私が本書で紹介している模範的な企業が、私や他の投資家に真の価値をもたらしているかどうかをチェックできる有益なハードルレートを提供してくれるのである。図表10は、二〇二〇年一二月三一日までの一〇年間で各銘柄が達成した累積リターンを示している。一番右側の波線の棒グラフは、バンガード・トータル・ストック・マーケット・インデックスで「VTI」と表示してある。グラフはNPSスーパースター企業のパフォーマンスがVTIをやすやすと上回り、それぞれの投資家に真の価値をもたらしていることを示している。これは企業が顧客第一主義をうまく成し遂げると、ロイヤルティによる成長エンジンが点火するという説得力のある証拠だ。顧客が再び来店して購入し、しかも友人たちを連れてくるので、長期投資家に素晴らしい結果をもたらすのである。これが、長期投資家が顧客資本主義を愛さねばならない理由である。

顧客を愛することが、投資家に勝利をもたらす無敵の戦略

FRED株式指数は、企業が顧客を愛すると投資家が勝利するという説得力の高い証拠を提供する。[4]そこで、投資家に優れた総株主利益率（TSR）をもたらす別の（株主を愛するのではない）道筋があるかどうかを調べるために、この部分を深く掘り下げ、いくつかの業界での事例を調べてみよう。

図表 10◉NPS 模範企業は株式市場平均（VTI）を凌駕し、投資家に真の価値をもたらしている

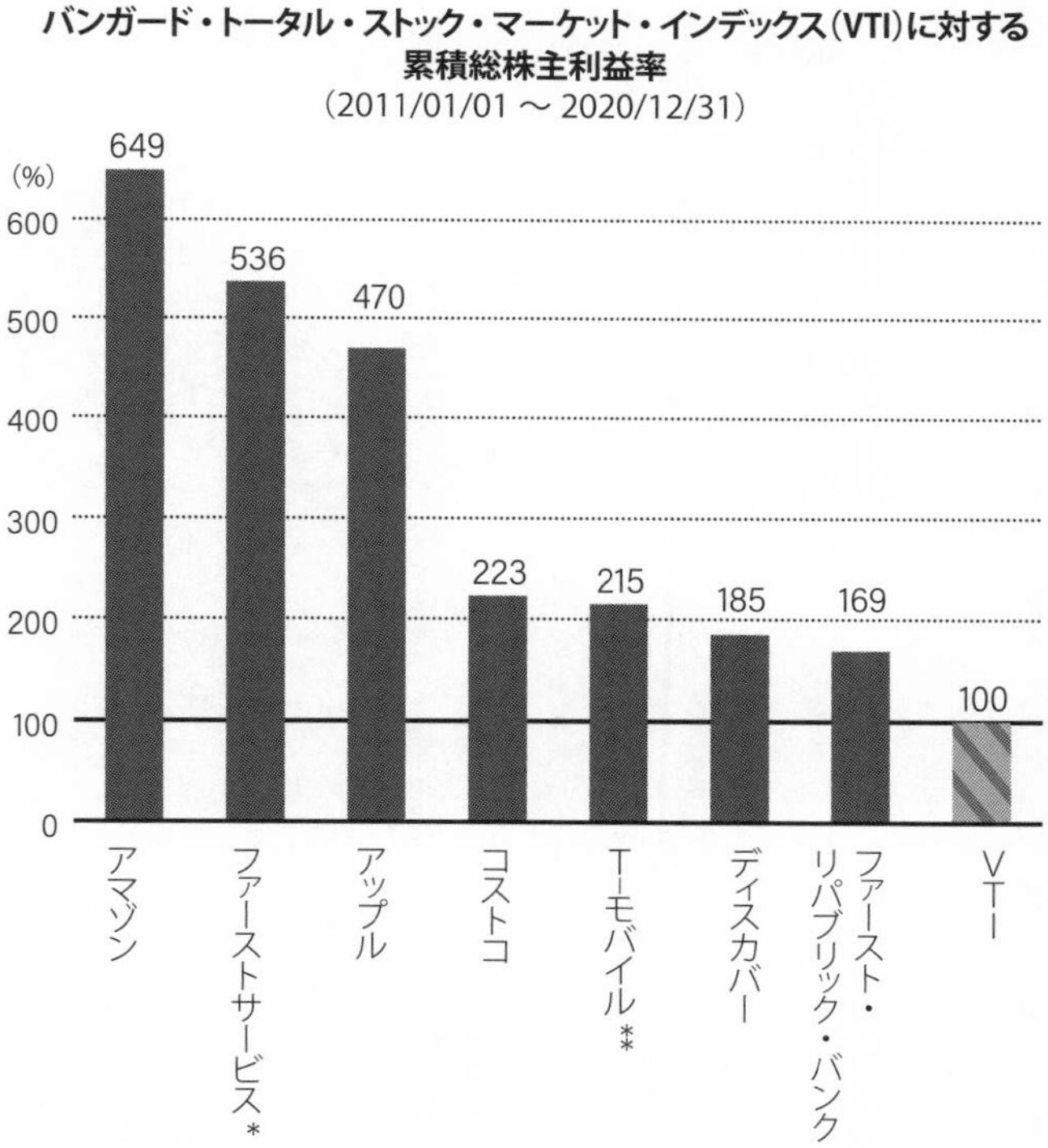

＊ファーストサービス：総株主利益率（TSR）の計算では、コリアーズ（CIGI）／ FSV の分離独立前の旧ファーストサービス（FSV）全株が FSV の新株に 2015 年に転換したと想定している。為替変動による調整はしていない（2010 年から 2015 年までのカナダドル／米ドルの通貨変動分を調整に加えた TSR は 725%）、投資家が当時の取引（FSV41.4%、CIGI58.6%）以降、一切の追加的な動きをしていなければ、総株主利益率は 619% になっていた。

＊＊T- モバイル：2013 年 4 月 30 日に T- モバイルがメトロ PCS を合併し、上場してからの 2013 年 5 月 1 日～ 2020 年 12 月 31 日までの T- モバイルの TSR を算出。

出所：Capital IQ、ファーストサービス、T- モバイルの年次報告書

第3章では、ジョン・レジャーがCEOに就任して、Tーモバイルをパーパスに立脚した顧客愛のエンジンに転換すると、業績が急速に拡大したという物語を紹介した。彼のチームは、ごまかしや罠、「いただき」手数料を廃止して悪しき利益を組織的に撤廃し、会社は業界内で最高のTSRを実現した。図表11はさらに興味深い事実を明らかにした。NPSリーダー企業のTーモバイルは業界内で最高のTSRを達成しているだけでなく、TSRがVTIというハードルレートを上回る唯一の企業だということを示したのである。[5] 別の言葉で言えば、NPSリーダー企業だけが投資家に真の価値を実現したのだ。[6]

図表12は、単回帰分析の結果だ。これを見ると、各社間に見られるTSRのバラツキの三分の二以上がNPSという一つの変数で説明されていることがわかる。見事な結果だ。というのも、我々のNPSはアメリカの携帯電話ユーザーからのフィードバックのみを根拠に算出されており、各社のTSRは、携帯電話のみならず各社の事業全体の業績を反映したものだからだ。たとえばベライゾン(Verizon)は携帯電話だけでなく、有線電話サービスも提供する主要なインターネットサービスプロバイダであり、さらにケーブルテレビサービスも提供している。またこの期間中、AT&Tは複数のメディア企業とディレクTV(DirecTV)を買収した。データが完全に揃っているわけではない(我々は他社のこうした事業ラインのネット・プロモーター・スコアをまだ入手していない)が、図表12のパターンは、企業が顧客を愛すると投資家は勝利するという私の理論を明らかに支えている。[7]

ここで、クレジットカード業界に話を戻すと、顧客目線に立った行動を幅広く展開した結果、ディスカバーはNPSの勝ち組企業としてアメリカン・エキスプレスを僅差でしのいだ。競合他社ごとに

図表 11◉投資家に真の価値を提供した（TSR が VTI を上回った）のは T- モバイルだけ

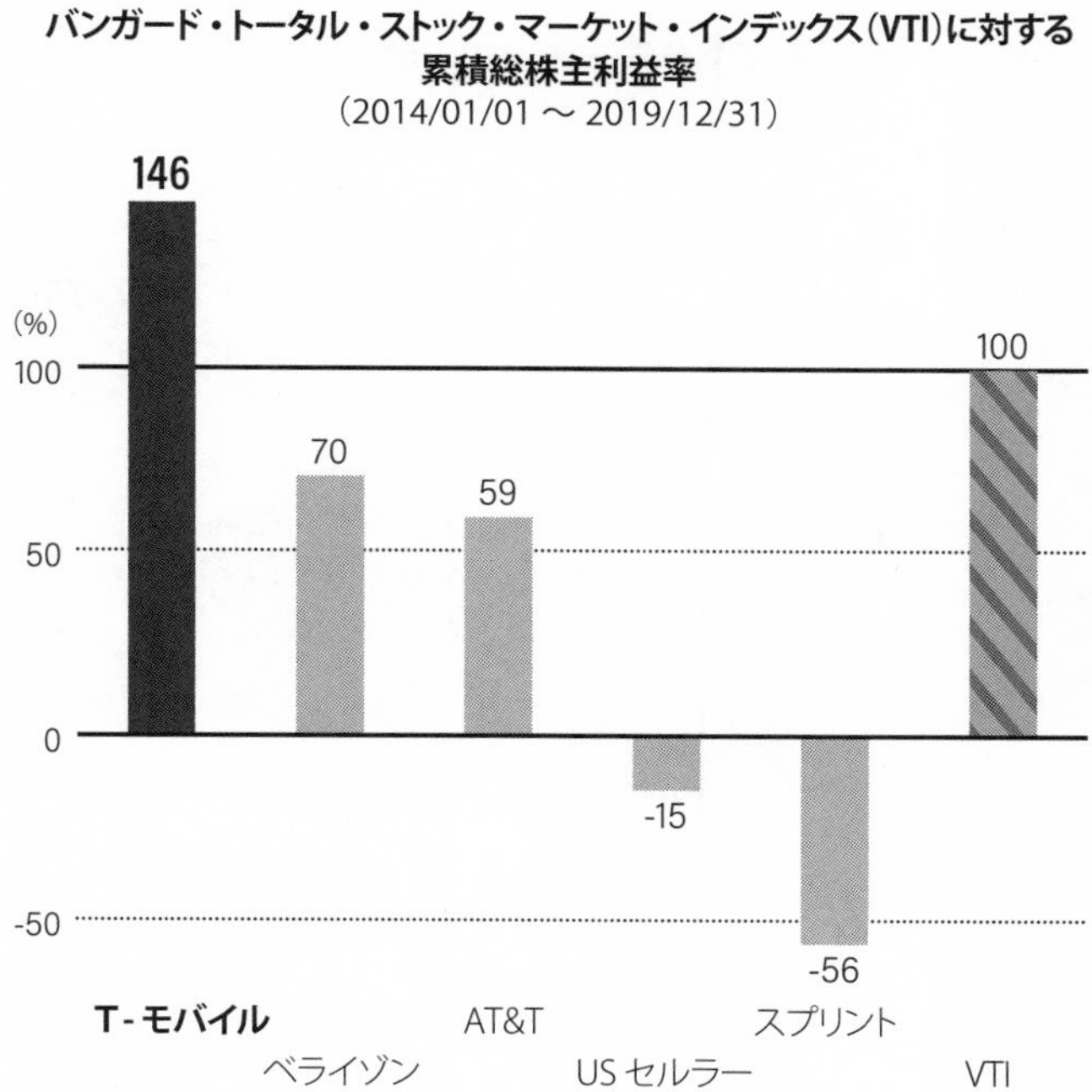

注：累積 TSR は 2014 年 1 月 1 日～ 2019 年 12 月 31 日まで投資したと想定したときのトータルリターンを示す。2020 年に T- モバイルがスプリントを買収したため、2019 年を最終年としている。

出所：Capital IQ

図表 12◉アメリカの携帯電話会社：顧客愛が勝利する

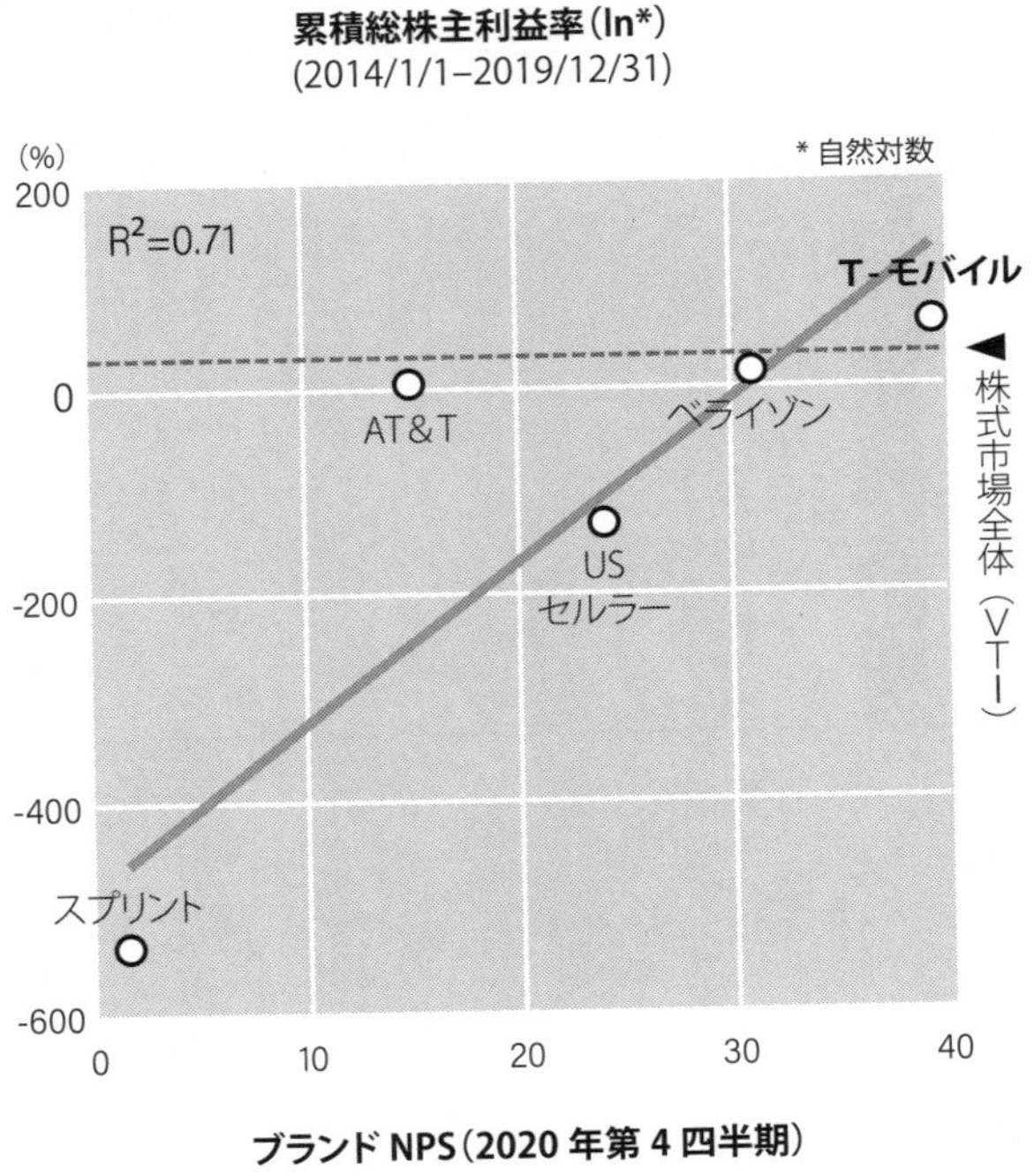

注：累積 TSR は 2014 年 1 月 1 日〜 2019 年 12 月 31 日まで投資したと想定したときのトータルリターンを示す。2020 年に T- モバイルがスプリントを買収したため、2019 年を最終年としている。

出所：Bain/Dynata US Wireless Service Provider Quarterly Benchmarking Survey, Q4 2020 (N=20,034); Capital IQ

NPSとTSRの関係をプロットすると（図表13）、携帯電話業界と同じパターンが見えてきたのだ。

ここでも、純粋なクレジットカード会社のTSRを求めるのが理想的だが、残念ながら、どの会社も複数の事業に関わっているため、そのような抽出された統計は存在しない。クレジットカード事業の営業収益を見ると、ディスカバー、アメリカン・エキスプレス、キャピタル・ワン（Capital One）が圧倒的なシェアを誇るものの、JPモルガン・チェース（JPMorgan Chase）の営業収益の半分にも満たず、バンク・オブ・アメリカ（Bank of America）の二〇%にも満たない[8]。とはいえ、私の経験では、顧客中心主義の文化がすべての事業に広がる傾向にあり、クレジットカードのNPSのトップ企業であれば、住宅ローンや預金といった他の事業でも顧客を大切に扱っている可能性は高い。それ以上に重要なのは、トップのNPSリーダー企業だけが圧倒的なTSRを上げているパターンを見れば見るほど、FRED株式指数による判定が理に適っているという自信が深まるという点だ。

そのような証拠を確認できる業界は他にあるだろうか。たとえば、図表14に見るように、アメリカの自動車産業にも似たようなパターンが見える。

各社の全世界での売上高とTSRの結果を見ると、やはりこの関係は驚くほど強いのだが、NPSはアメリカ市場に限定されている[9]。テスラはNPSスコアが示唆するよりもTSRがかなり高く、ある種の異常値のように思われる。多くの金融専門家の間では、テスラの株価暴騰は投機的なもので、業績を反映したものではなく、長続きしないという意見が多い。そこで、我々はテスラを除いた分析も行ってみたが、結果はそれほど変わらなかった。NPSは、競合他社のTSRのバラツキのほとんどを説明しているのである。

図表 13◉アメリカのクレジットカード会社：顧客愛が勝利する

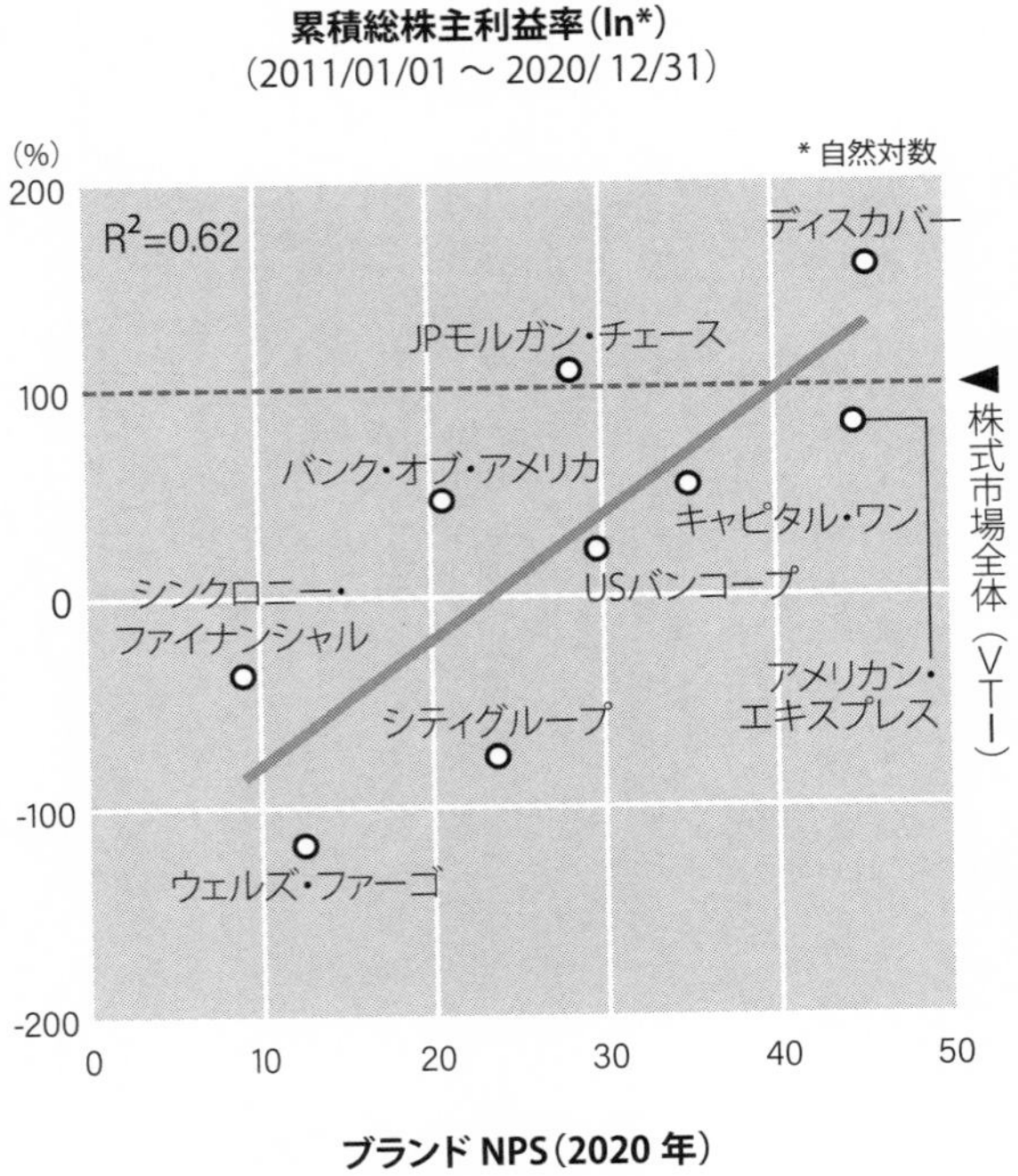

出所：NPS Prism; Capital IQ

図表 14◉アメリカの自動車会社：顧客愛が勝利する

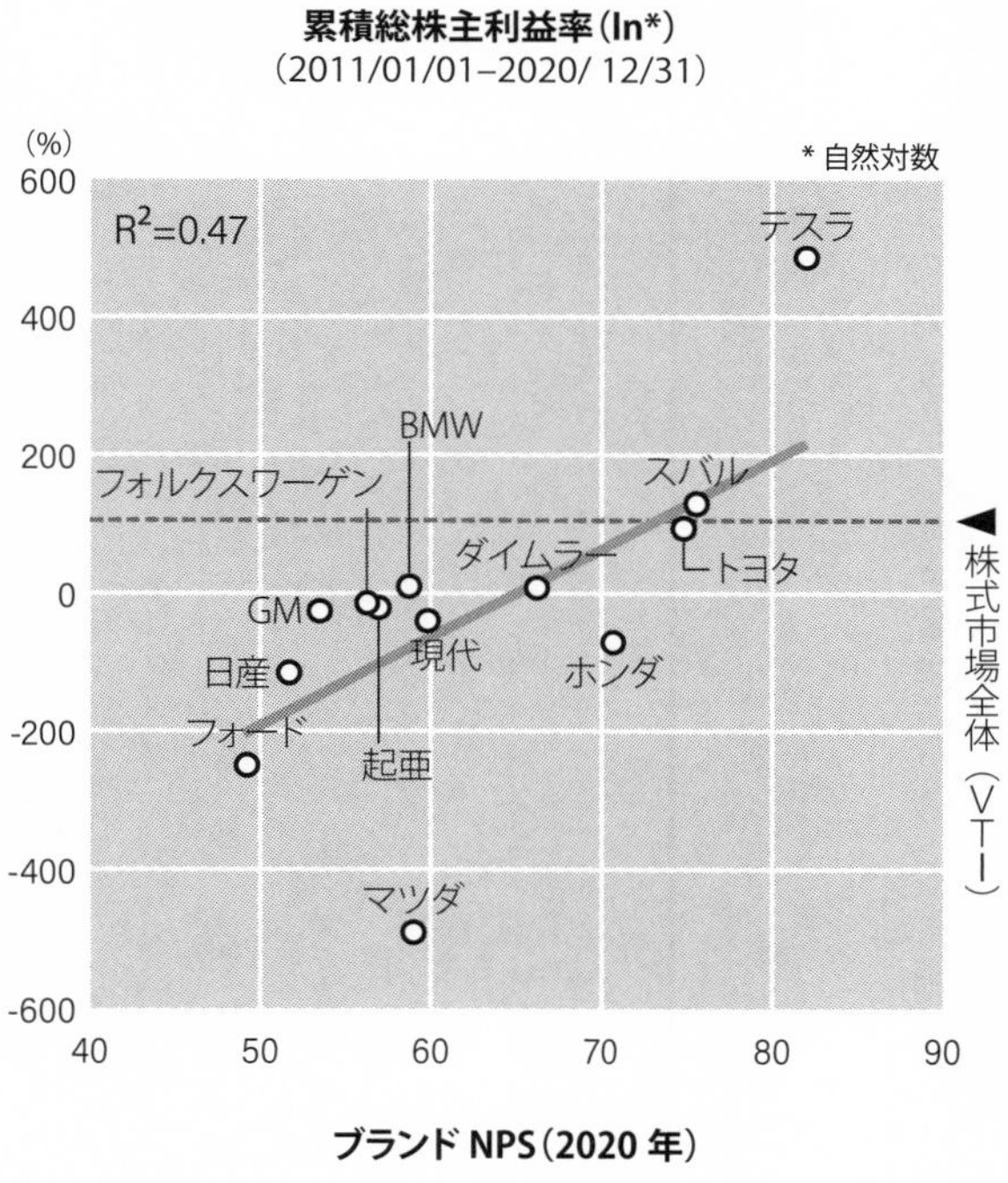

訳注：ダイムラーは 2020 年２月に社名をメルセデス・ベンツ・グループに変更。

出所：NPS Prism; Capital IQ

株価を別にすると、テスラのNPSが高いのは、同社の顧客愛の水準が素晴らしいことを示唆している。これは単に同社の製品設計がずばぬけているからだけではない。数年前、当時テスラでアメリカ事業部を率いていたベインのOBと雑談したときに、テスラはネット・プロモーター・システムを採用しているのだから大いに誇りに思うべきだと言われた。彼と創業者のイーロン・マスクは顧客からのコメントを定期的に検討し、そのフィードバックを基に行動の優先順位を決めていた。たとえば一〇〇〇ドルを支払って、新モデルXを購入する権利を得たものの、納車まで一年以上待たなければならなかった顧客に対して、その間何カ月もテスラから連絡がなかったという報告が社内に回覧された。NPSフィードバックでこの問題が明らかとなり、テスラは新規オーナーに納車までの進捗状況を知らせるプログラムが必要だと判断した。新車の写真を電子メールで送って最新情報を知らせて、テスラが順番待ちの顧客に配慮していると示せば、間もなく新オーナーになる人たちは自分が特別な内部者《インサイダー》だと実感できる。

テスラの圧倒的に高いNPSスコアについて考えると、他にも気づくことがいくつかある。偉大な顧客経験は、その中心に偉大な製品（またはサービス設計）がないと実現不可能だが、テスラは顧客をあっと驚かせる製品を設計し、製造したという事実がある。どこかの競合他社が、いつか必ずテスラと同じくらい素晴らしい製品を世に出すだろう。だがテスラは、より持続性の高い優位性を生み出した。同社は自動車メーカーで唯一自前の販売店を持っている。従来の自動車ディーラーのようなフランチャイズではなく、本当の意味での「自前の」販売店だ。したがって、顧客はテスラ車を選び、購入、納車、そしてオーナーになるという一連の体験をシームレスに経験できる（しかも、値引き販売をしない方針なので、値段交渉がない。販売担当者が上司から譲歩を引き出すような素振りを見せるといった、いらいらするような芝居を見せられることもない。自動車の信頼性にケチをつけて、長期保証や車用防さび剤を購入させようとする会計担当マネジャーもいない）。

テスラは、広告宣伝や販売促進用のマーケティングツールをほとんど使うことなく（「どうぞ、こちら・へ・！」と叫ぶ客引きもいない）、驚異的な成長を成し遂げた。私は、テスラの顧客体験を実感しようと思い、同社のホームページで車を買うことにした。プロセスはうれしくなるほど簡単だった。美しくデザインされたウェブページ上でいくつかの質問に答えるだけで、自宅前に新車が現れるのだ。確かに、テスラの現在の株価を正当化するのは難しいかもしれない。だが、既存の自動車メーカーがテスラ並みの購入体験、販売、流通、サービスを提供するのは非常に難しいだろう。

レストランなどの業界では、（チックフィレイをはじめとする）多くの企業が株式を上場していないため、総株主利益率を追跡できない。その代わり、収益性を見るうえで非常に重要な既存店増収率とNPSスコアとの関係を見ることはできる。図表15の二つのグラフは、二つの主要レストランセグメントであるカジュアルダイニング（訳注：手頃な値段でフルコースなどを楽しめるレストラン）（図表15A）とファストフード（図表15B）におけるNPSの力を示したものだ。私はちょうど一〇年前、テキサス・ロードハウス（図表15Aの⓲）を発見し、同社が上場企業であることを知り、喜んで私の投資ポートフォリオに加えた(10)。

ここで図表12、13、14、つまり携帯電話会社、クレジットカード会社、自動車会社のTSRとNPSとの関係グラフをもう一度眺めてほしい。ここから明らかなように、ある企業がTSRを改善でき

図表 15A◉アメリカのカジュアルダイニング：顧客愛が勝利する

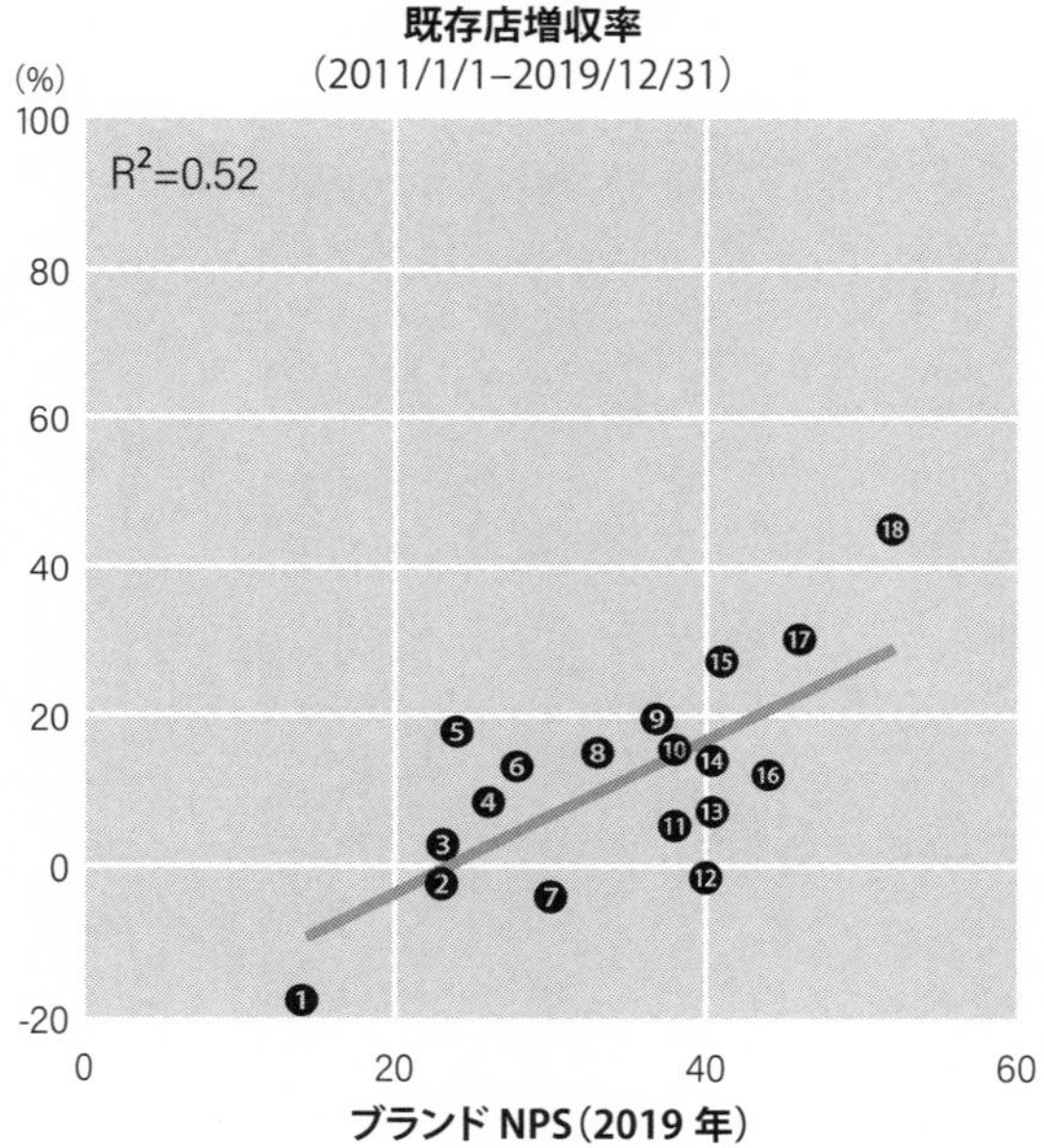

❶TGIフライデーズ
❷アップルビーズ
❸チリーズ
❹レッド・ロビン
❺バッファロー・ワイルド・ウィングス
❻ビージェイズ
❼カラバス
❽フレミングス
❾アウトバック・ステーキハウス
❿クラッカー・バレル
⓫オリーブ・ガーデン
⓬ボーンフィッシュ・グリル
⓭マジアーノズ
⓮シーズン 52
⓯ロングホーン・ステーキハウス
⓰チーズケーキ・ファクトリー
⓱ルースクリス
⓲テキサス・ロードハウス

注：2020 年の新型コロナウイルス感染症のパンデミックでレストラン業界が壊滅的な打撃を被ったため、2019 年のデータを使用した。

出所：Quick Service & Casual Dining Restaurants NPS Study (US, 2019); Restaurant Research, Thomson

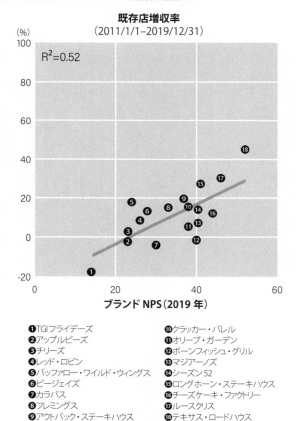

図表 15B◉アメリカのファストフード／ファストカジュアル：顧客愛が勝利する

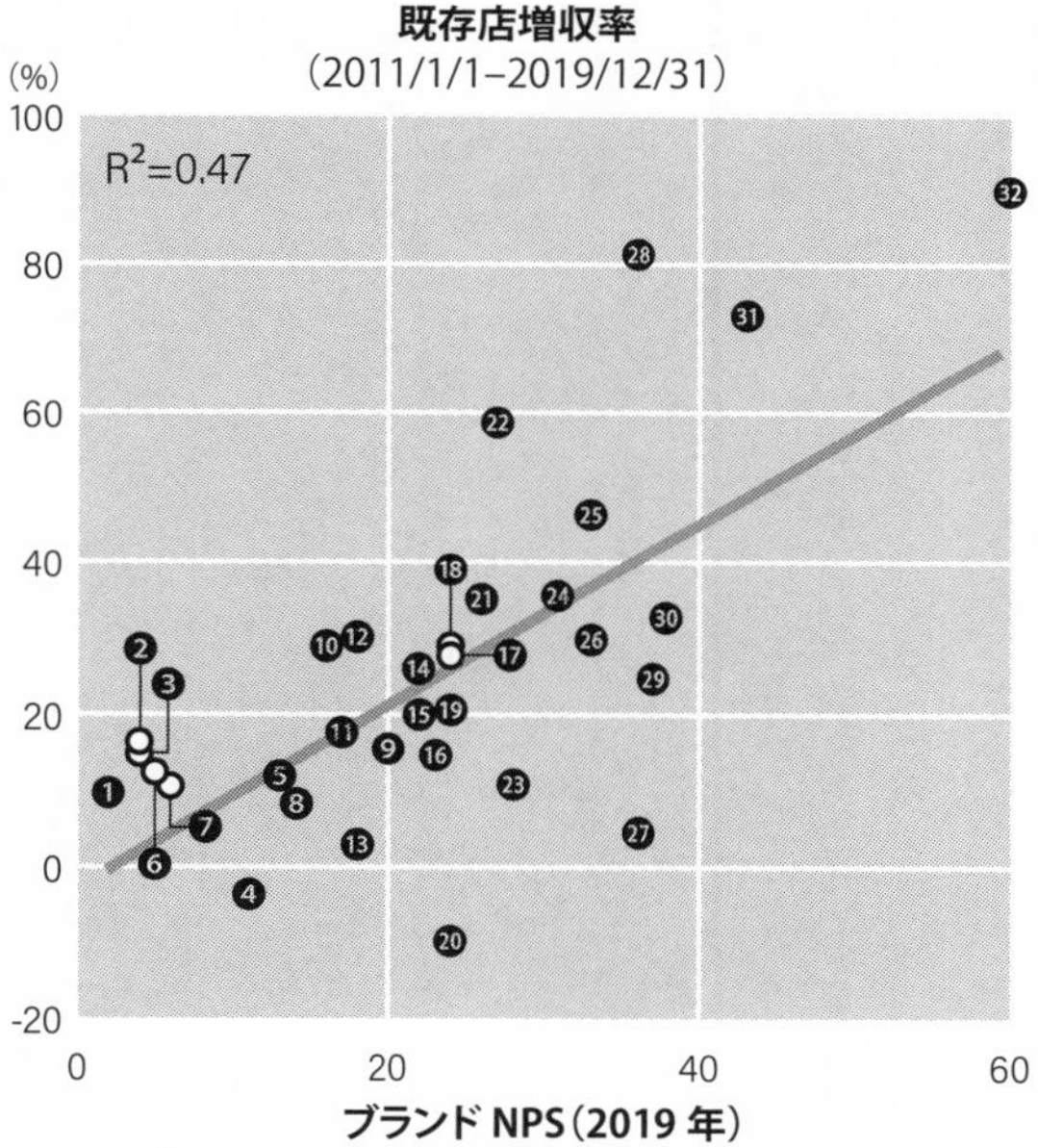

❶カールスジュニア
❷ジャック・イン・ザ・ボックス
❸マクドナルド
❹チャーチズ・チキン
❺チェッカーズ／ラリーズ
❻バーガーキング
❼ハーディーズ
❽KFC
❾ウェンディーズ
❿ティムホートンズ
⓫ソニック
⓬タコベル
⓭ジミー・ジョンズ
⓮キュードバ
⓯ダンキンドーナツ
⓰デイリークイーン
⓱モーズ・サウスウエスト・グリル
⓲ポパイズ
⓳ボージャングル
⓴サブウェイ
㉑アービーズ
㉒スターバックス
㉓ファイヤーハウス・サブ
㉔クリスピー・クリーム
㉕ジャージー・マイクス・サブズ
㉖チポトレ
㉗ファイブ・ガイズ
㉘ウイングストップ
㉙パネラ
㉚ザグビーズ
㉛ワッタバーガー
㉜チックフィレイ

注：2020 年の新型コロナウイルス感染症のパンデミックでレストラン業界が壊滅的な打撃を被ったため、2019 年のデータを使用した。

出所：Quick Service & Casual Dining Restaurants NPS Study (US, 2019); Restaurant Research

る唯一の確かな方法は、顧客をより愛し、競合他社に比べてNPSスコアを向上させることだ。だが、各グラフの横軸の点グラフ、つまりこの計算期間中のバンガードのVTIリターンをもう一度見てほしい。繰り返しになるが、このハードルレートを超えなければ、投資家に真の価値を提供したことにはならない。それを実現したのは、NPSスター企業だけだ。要するに、顧客を愛する勝者だけが尊敬に値する（株式市場のインデックス・ファンドを上回る）リターンを長期投資家にもたらしたのである。

これは、すべての投資家が熟慮すべき非常に重大な哲学である。その意味合いは明確だ。賢明な投資家は、顧客を愛することに力を注いでいる企業のリーダーを熱狂的に支持すべきだ、ということだ。そのような働きかけは、四半期ごとの利益目標達成を経営者に迫るよりも、長期的にははるかに良い結果をもたらす。私たちが得た証拠はすべて、一つの結論を示している。顧客に「自分が愛されている」という気持ちを抱かせる方法を見つけられない企業は、投資家にまずまずのリターンをもたらすのに苦戦するということだ。ネット・プロモーター・スコアを高めること自体は目的ではないが、競合他社に対する相対的なNPSは企業が正しい方向に向かい、投資家ロイヤルティに値するかどうかを示す優れた指標のように思える。

このようなスコアはどこで見つけられるのか

本章をここまで読み進めてきた読者であれば、「それなら、市場に勝つ銘柄を選べるようになるために、どこでこのNPSデータを手に入れればよいのだ」と思うかもしれない。

実によい着眼点だ。多くの企業が、社内で作成したネット・プロモーター・スコアを発表するようになった。こうした傾向を、私は素晴らしいことだと考えている。だが、標準的な算出プロセスも監査手法もない以上、経験豊富な投資家であれば、各社の自己申告によるNPSデータは比較できないと考えるだろう。無理もない。二〇一九年夏に、『ウォール・ストリート・ジャーナル』紙はこの問題に焦点を当てた。

アメリカ企業の多くは、今やネット・プロモーター・スコア（NPS）に夢中である。NPSとは、ここ数年、企業経営者たちの間にカルト的な支持者を増やしている顧客満足の指標だ。利益や売上高といった、測定と監査が可能な数値と異なり、NPSは通常、企業が自ら実施する、たった一問のアンケート調査の結果に基づいて算出されることが多い。本紙の分析によると、昨年はS&P500企業五〇社が開催した業績発表のカンファレンスコールで「ネット・

プロモーター」または「ＮＰＳ」という言葉が一五〇回以上言及された。[11] これは五年前に比べると四倍以上の頻度で、言及した企業数も三倍近くになっている。

監査されていない数字は「眉唾もの」、それどころか、すべからく話半分に捉えるべきだという『ウォール・ストリート・ジャーナル』紙の見解に、私も同意する。たとえば、私は年次報告書や新規株式公開（ＩＰＯ）の有価証券届出書などに記載されたＮＰＳの結果を見て愕然としたことが何度もある。数値の算出に使われたプロセスについて何の説明もないことが多いからだ。この結果は、厳格な二重盲検《ダブル・ブラインド》調査（訳注：客観的に評価するために、顧客を匿名とし、調査会社も調査対象企業を顧客に知らせずに実施する調査のこと）を経て得られた、信頼の置けるスコアなのか。[12] あるいは、何かをきっかけにして実施された自主的なアンケート調査のスコアをまとめただけなのか。必要以上の細分化を避けた結果、現在は六種類のＮＰＳが存在しているが（製品ＮＰＳ、リレーションシップＮＰＳ、取引後ＮＰＳ等々）、企業がどのＮＰＳを報告しているかをわざわざ表明することは滅多にない。投資家の視点からすると、これらのスコアの中で本当に信頼できるのは、対競合企業での二重盲検《ダブル・ブラインド》リレーションシップ・スコア（訳注：具体的な取引直後に実施された調査とは異なり、その企業の提供する顧客体験全体をふまえて、企業や商品・サービスの推奨度を計測したもの）だけである。現在報告されているスコアの九〇％以上は、具体的な取引直後に実施された非覆面社内調査なので、社内管理用としてはともかく、競合他社と比較するためのリレーションシップ・ベンチマーク・スコアとしてはさほど役に立たない。[13]

眼鏡のオンライン販売を手掛けるワービー・パーカーは、こうした問題の微妙な点をよく理解している。たとえば、同社が自社で管理している推奨者の正味比率《ネット・プロモーター・スコア》（NPS）は常に八〇％台を維持している。一方、同社の二重盲検《ダブル・ブラインド》調査の結果は一〇ポイント低いが、それでも業界平均に比べればかなり高い。

図表16には、さらに深刻な結果が現れている。チューイーがIPO文書で報告したNPSとベインが実施した二重盲検リレーションシップ・スコアとの大きな差だ。これは、チューイーが業界のリーダーとしてなお通じるという幸福な事例の一つではあるものの、投資家が信頼できるスコアにするには、我々が一定の作業を施す必要があることは明らかだ。

私たちが『ネット・プロモーター経営』を執筆していた時期を振り返ると、正しい測定方法について学ぶことがたくさんあった。NPSリーダー企業を見極めるために使ったデータは、かなり初歩的で低予算の市場調査手法に依存したものだ。その通り。データは二重盲検調査プロセスを通じて集められたが、そこでは重要な顧客セグメント間（たとえば、プリペイド方式とポストペイド方式の携帯電話）を区別できず、各ブランドの回答数が一〇〇という最低サンプル数に基づいていた[14]。本章で私たちが用いたNPSデータは、一ブランド当たり一万件を超える回答があるサンプルを慎重にセグメントしたもので、当時よりはるかに正確である。私たちは大きく前進したのだ。

この改善をどう説明すればいいだろう。こうした他社にない独自のデータは現在、「NPSプリズム」によってつくり出されている。これは、信頼に足るNPSベンチマークの情報を求める切実な市場ニーズに応えるために、二〇一九年にベインが設立したデータ事業だ。NPSプリズムは四半期ごとにデータを生成するので、トレンドを迅速に可視化できる。現在は四半期ごとの業績発表に注目が

図表 16◉チューイーの自己申告による NPS とベインのベンチマークとの大きなギャップ

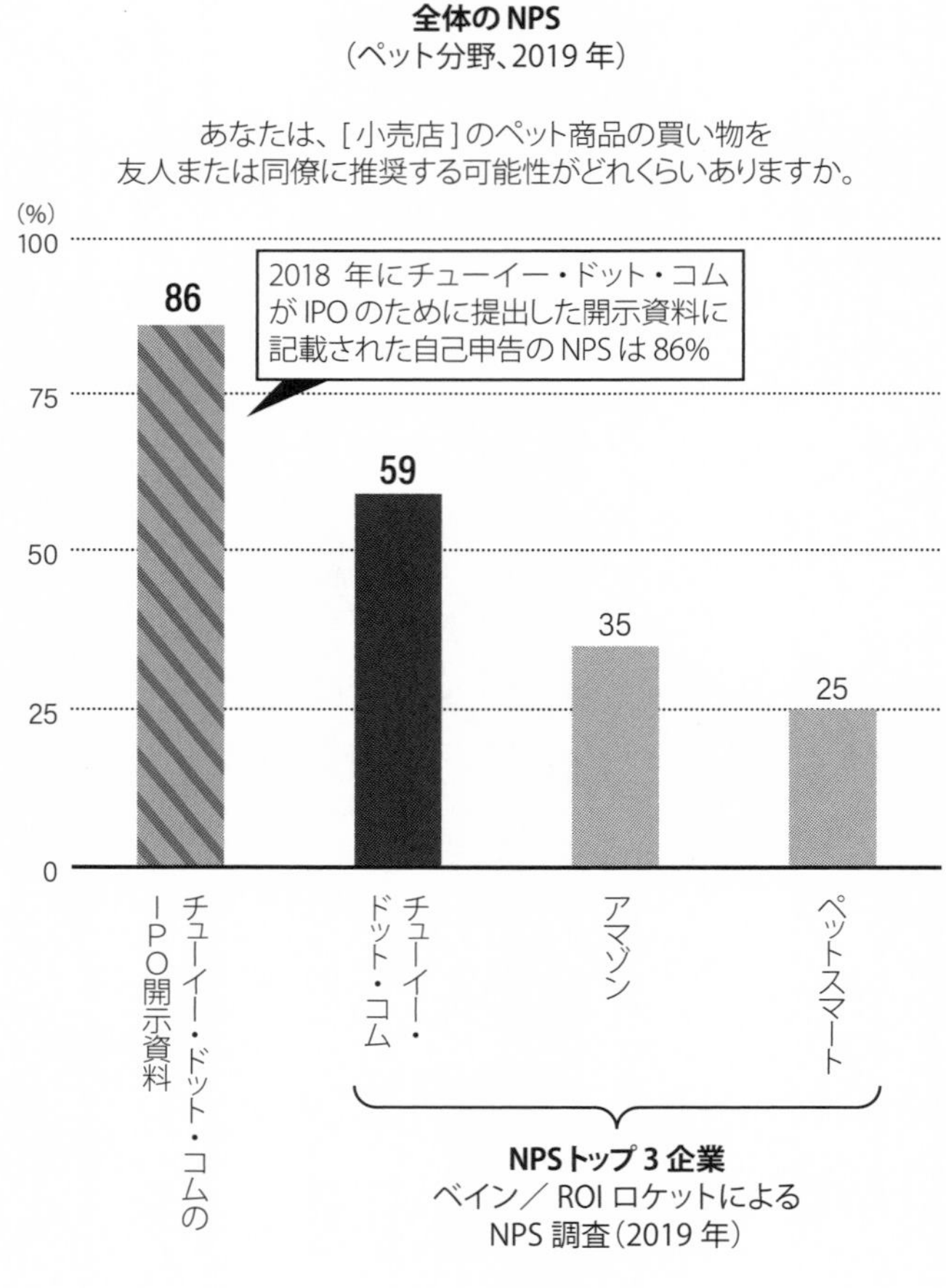

出所：Bain/ROI Rocket General Retail NPS Study 2019; Chewy 2018 S-1 filing

集まっているので、ＮＰＳの報告頻度がそのペースに合っているというのは重要だ。得られたデータを詳細に解析するために、ＮＰＳプリズムはネット・プロモーター・フィードバックを「顧客体験エピソード」（訳注：顧客のある特定のニーズが発生してから満たされるまでの一連の顧客体験の単位。たとえば、スマホの使い方を問い合わせてから解決するまで、洗濯機の不具合を相談してから修理が完了するまでなど）ごとに集める。その結果、たとえばクレジットカード業界の加入者は、一連の顧客体験《カスタマージャーニー》で出合う顧客体験エピソードごとに、自社のリレーションシップ・スコアだけでなく、デジタルとのやりとりと人間同士のやりとりをどうしているかを比較できる。

たとえば、ＮＰＳプリズムのデータによると、新規のクレジットカードを申し込む際のランキングでは、ディスカバー・カードがトップブランドとしての地位を勝ち取り、最高の顧客体験を実現している。一方、顧客が自分の信用枠《クレジット・ライン》の増額を要請したときには、アメリカン・エキスプレスが現在も最高の顧客体験を提供していることがわかった。顧客体験の改善を担当する企業経営者や、企業の現状と将来見通しをつかもうとしている投資家にとって、この情報がいかに役立つか想像がつくだろう。そして、ＮＰＳプリズムへの需要が毎年一〇〇％以上の率で伸びているのもおわかりいただけると思う。

読者は、ＮＰＳプリズム開発への投資になぜそれだけの時間がかかったのか、と疑問を抱くかもしれない。もともと私は、私たちが当時行っていた測定方法の改良などベインの専門知識を提供して説得すれば、大手会計事務所が監査に耐え得る手法を開発してくれると高をくくっていた。しかし残念ながら、この無謀な努力はすぐに失敗に終わった。企業はすでに監査法人に報酬を支払っており、監査済みのNPSの数値にそれ以上の報酬を支払うことに興味を示さなかったのだ。監査済みのNPSを求める規制当局や投資家もいなかった。実際、信頼できるNPSデータのために投資することにしたプレーヤーは、プライベート・エクイティ企業だけだった。そして、当然予想されたことだが、彼らはお金を払って、ベインのチームが独自のデータや知見を構築するためにサポートしてくれることを期待していた。

それにもかかわらず、私たちはNPSツールキットの改良を続けた。ベインは、顧客愛に関するコンサルティング業務を、当時（そして現在も）世界中のどの会社よりも多く手掛けていたからだ。私たちの顧客には、プライベート・エクイティ企業やその投資先企業も当然含まれていた。その結果、私たちはNPSスコアを正確に測定するための課題を深く理解し、どうすれば正しく測定できるかについてのはっきりとしたイメージをつかんでいた。たとえば、調査を依頼するタイミングや電子メールの件名の表現、調査内容を電子メールの本文に埋め込むか、それともクリックスルー（訳注：ハイパーリンクをクリックしてそのウェブサイトに移動すること）を求めるか、NPSスコアが従業員一人ひとりに直接影響を及ぼすとの示唆、スコアを〇～一〇点と並べるか、一〇～〇点と並べて実施すべきかどうかの判断など、調査手法がほんの少ししか違っていないように見えても、スコアに大きな差がつくことを学んだ。これら要素のすべてが、誰かがわざわざ調査に回答し、どう採点するかに大きな影響を与えかねないものだった。[15] そして最後に、誰が調査を実施し、スコアの裏付けを分析するかも重要だ。信頼できるベンチマーク・スコアを求めているのであれば、正しい方法で首尾一貫して行うための深い専門知識を備えた第三者に依頼すべきだからだ。

会計事務所とのプロジェクトが暗礁に乗り上げた後、Ｊ・Ｄ・パワーやギャラップなど、かつてＮＰＳを批判していた市場調査会社の態度が変わったことに気づいた。各社ともクライアントからＮＰＳのフィードバックを求められるようになっていたのである。今日、市場調査会社の中には、さまざまな業界の主要企業についてＮＰＳランキングを発表しているところもある。しかしある意味では、私たちは振り出しに戻ったとも言える。こうした企業はさまざまな測定方法を用い、基礎的なセグメント分けと小さなサンプル数に依存することも多いため、調査結果がまちまちになる傾向があるからだ。調査会社の中には自社の測定手段を持たないところもある。各企業が自己申告したＮＰＳ情報を単に受け入れ、「釣りコンテンツ」として機能して、ウェブサイトへの注目度が集まることを期待しているのだ。一見すると信頼できそうな情報源でさえ、怪しげなＮＰＳベンチマークを発表している。たとえば、ある有名なウェブサイトが最近発表したＮＰＳランキングで、そのトップにランクされた産業セクター、つまり平均ＮＰＳスコアが圧倒的に高かったセクターは、何と（ドラムロールの合図で発表したいところである）自動車ディーラーだった。

ここでもまた、あらゆる種類の混乱が生み出されている。ＭＩＴの教授で、私をコストコのジム・シネガルに紹介してくれたゼイネップ・トンから、ベインのＮＰＳスコアで業界トップになったと彼女に以前話したことのあるカジュアルダイニング・チェーン（テキサス・ロードハウス）が、彼女の学生がウェブ検索で見つけたリストで最悪のＮＰＳスコアを受けたことを心配している、というメールをもらった。明らかに、この種の混乱は誰にとってもよくない。経営者をいらつかせ、投資家に誤解を与え、ＮＰＳフレームワークの信頼性をおとしめるものだ。

ベインはこうした事態を正常な軌道に戻すために必要な投資を行うと決意、NPSとは独立したデータ事業を立ち上げた。これが発展してNPSプリズムになったというわけである。この事業は開始以来、経済のあらゆる業界をくまなく探訪し、数百万ドルを投じて、タイムリーで信頼性の高いデータの流れを整備してきた。今日では、四半期ごとにNPSスコア（およびスコアを裏付ける詳細情報）を提供し、競合企業同士を業界内と主なエピソード（「サブジャーニー」と呼ばれることもある）ごとにランク付けできるようになった。本書が刊行される頃には、NPSプリズムはアメリカ市場の次の産業をカバーしているだろう。リテールバンキング（クレジットカード、ウエルスマネジメント〔富裕層向けビジネス〕、住宅ローン会社を含む）、食料品小売、保険（住宅、自動車、生命）、公益（電気、ガス）、航空、自動車、通信、商業銀行（各種カードや企業向け融資を含む）。さらに、現在はカナダ、メキシコ、ブラジル、イギリス、トルコ、香港、オーストラリアでもこうした業界の一部がカバーされている。

このような目覚ましい進歩にもかかわらず、ほとんどの業界、いや世界の大部分で、必要なNPSプリズムを入手するのに何年も待たなければならない。この問題を複雑にしているのは、NPSプリズムの調査プロセスが調査対象パネルを集めて行うことや、代表顧客の意見を聞くことに依存しているという点にある。このアプローチは、多くのB2Bセクターでは機能しない。意思決定者の特定が難しいことに加え、回答者を募って調査に書き込む時間を割いてもらうのがほとんど不可能だからだ。消費者向けビジネスであっても、調査対象者を集めるのに四苦八苦するセクターもある。コアとなる顧客をなかなか見つけ出せないか、（見つけ出せても）調査への協力を承諾してもらうのが難しいからだ。

その好例が、ファースト・リパブリック・バンクの直面した困難である。ここが私の個人的な取引先であることはすでに述べた通りだ。付き合いが深まれば深まるほど、同行の真のNPSスコアは銀行業界の中で最高ランクに入るだろうと、私は確信するようになった。しかし同時に、NPSプリズム方式によって、もっと信頼性の高いベンチマーク・スコアを実現できないものかとも考えた。ファースト・リパブリックのNPS調査は第三者の調査グループによって行われていたものの、顧客はファースト・リパブリックがこの調査のスポンサーであることを知っていたし、推奨者《プロモーター》は通常、調査の質問に答えるために喜んで時間をかける。NPSプリズムは、ファースト・リパブリックにはるかに良いデータを提供するはずだと確信していた。

ところが残念なことに、NPSプリズムによるソリューションは機能しなかった。なぜか。ファースト・リパブリック・バンクは、資産規模一一〇〇億ドル以上、S&P500種指数に組み入れられる、アメリカの大手銀行二〇行に数えられる大銀行だ。ところが、顧客層の居住地域が比較的集中しているので、NPSプリズムは「ファースト・リパブリック」というブランド名を出さないと、調査(panel)に協力する顧客を十分に確保できなかったのだ。これは大した問題ではないように思うかもしれないが、決してそうではない。社名を出して参加を募ると、ほとんどの場合、推奨者のサンプルが多く集まりすぎて、NPSスコアが高くなってしまうからだ。一般に、推奨者の調査回答率は他の顧客よりも五〇〜一〇〇%高い。この種の回答バイアスがあるときに、真の推奨者の正味比率《ネット・プロモーター・スコア》を推定することがいかに難しいかは、別に統計を専攻している者でなくてもわかるだろう。

そうなのだ。NPSプリズムの目覚ましい進歩にもかかわらず、まだ多くの企業が新たなソリューションを必要としている。私が近年取り組んでいる中心的な課題の一つがこれだ。大企業でも中小企業でも、地域や業種を問わず、あらゆる企業向けに、監査に耐え得る、信頼性の高いデータをいかにして作成するか、ということだ。調査に基づくスコアを目標にすると、精度や効果を損ねてしまう。そうしたプレッシャーから解放されるような、NPSを補完する姉妹指標をつくるにはどうすればいいのだろうか。経営者も投資家も、企業の成長エンジンの健全さを測定するシンプルな指標を必要としている。観察可能な行動に基づく、客観的で会計士が測定可能な統計値を用いて、調査ベースのスコアを補強する必要があることは明らかだった。

「プロモーター獲得成長率」の発見

一〇年以上に及ぶ調査研究を経て、私はついに答えを見つけたと思う。そしてその道を指し示してくれたファースト・リパブリックに感謝したい。まず、私たちがどのような経緯で出合ったのか、その歴史を少し紹介しよう。当時、ファースト・リパブリックはすでにNPSを採用していることもあり、サンフランシスコで開催された同行の経営会議で基調講演をしてほしいという依頼があった。だが、その頃、私はちょうど自分のガン治療が始まったばかりだったので辞退せざるを得なかった。放射線と化学療法を受ける身では、長距離の出張は無理だったのだ。

しかし、ファースト・リパブリックはしつこかった。さすがである。結局根負けした私は、体調が十分に回復するのを待って、翌年サンフランシスコに出張し、同行の年次リーダーシップ会議で基調講演を行うことになった。事前にある程度調べたうえで経営幹部の何人かから聞いた話には、非常に感銘を受けた。もしかしたら、バンガードやエンタープライズ・レンタカーのようなロイヤルティ・リーダーを銀行業界に発見したかもしれないと思ったぐらいである。

だが、私にはファースト・リパブリックのNPSスコアがJPモルガン・チェースやシティバンク(Citibank)、バンク・オブ・アメリカといった競合他社よりもはるかに良いことを証明する術がなかった。NPSプリズムのアプローチが、先に述べた理由からファースト・リパブリックには機能しないことがわかっていたからだ[16]。そこで、振り出しに戻って考え始めた。古いファイルを徹底的にあさって、基調講演の準備のためにファースト・リパブリックが用意してくれた最初の資料の一部を見直してみた。すると、同行の投資家用プレゼンテーション資料に、強調するために私自身が星を二つほどつけ、黄色くハイライトした棒グラフがあることに気がついた。そのグラフについてあれこれ考え、最初に読んだときにどうしてあんな印をつけたのか、その理由を思い出そうとしているうちに、あることに気づいた。すると、その答えがパッと浮かんだのだ。「これだ!」と思えた瞬間を生み出したスライドを、図表17に再現した。

このグラフのどこに、それほど興味深く私が心を打たれたのか。ファースト・リパブリックは、預金残高の伸びのうち既存顧客の再来店による分(預金残高が五〇%増加)と、友人たちを紹介してく

図表 17◉ファースト・リパブリック・バンクの投資家向けプレゼンテーション資料－「なるほど!」の瞬間

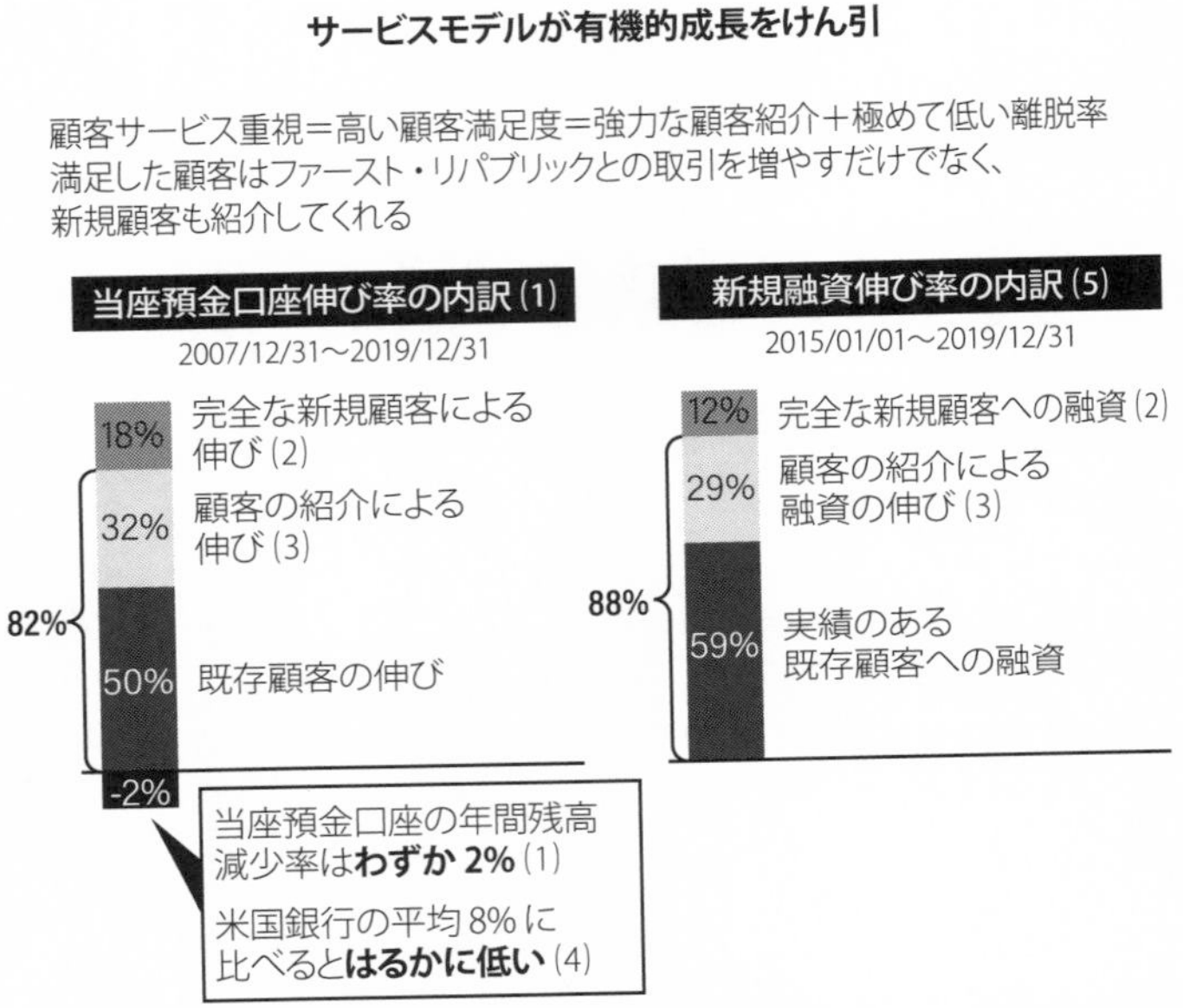

(1)残高の変化率で測定。「当座預金」は、利付当座預金（money market checking）を除く法人と個人の当座預金と定義する。

(2)「新規顧客」とは、同一暦年内にファースト・リパブリック・バンクと新たに取引が始まった顧客と定義する。残高は、同じ暦年内に増えた新規顧客分の合計である。

(3)「紹介」とは、2015 ～ 2019 年に取引が始まった顧客に関する顧客確認プログラムの紹介情報で確認できる。

(4)出所：Harland Clarke。2014 ～ 2017 年 10 月のアメリカ銀行業界における顧客減少データを示す。

(5)2015 ～ 2019 年に実行された融資の元金に基づく。ただし、当座貸越の与信枠とファースト・リパブリック・バンクからの借換融資分は除く。貸借対照表上に残高があるか、売却されたか、現在売却用に保有されているかどうかを問わず、実行されたすべての融資を含む。

注：ファースト・リパブリック・バンクの許可を得て再掲載した。

れた分(三二％増加)がそれぞれどれだけ占めたのかを効果的に数値化していたのだ。左側の棒グラフから明らかなように、預金の伸び率のうち八二％が、既存顧客に素晴らしい顧客体験を提供したことで実現している。ローンではこの割合がもっと高く、八八％だ。私はファースト・リパブリックの最高業務責任者(COO)、ジェイソン・ベンダーにいったいどうやってこうした数値を実現したのかを尋ねた。ベンダーによると、ファースト・リパブリックのシステムは、世帯単位で口座を集約しているため、既存顧客については預金残高と融資残高の伸びを容易に把握できるのだという。つまり、ファースト・リパブリックは、顧客ベースの会計を行う能力をつくり上げていたのである。

ベンダーはまた、新規顧客ができると、口座開設のきっかけは紹介や推奨だったかどうかを尋ねるのだと教えてくれた。こうしたデータを追跡しているのはなぜかと聞くと、自行の成長が健全で質の高いものだということを示すことが第一の理由だという。その結果、融資の年平均伸び率が通常二～三％の業界にあって、およそ一五％で伸ばしてきたという。だが、図表17のデータが示す通り、ファースト・リパブリックはリスクを追加負担することなく成長している。成長の大半は、なじみのある顧客と、その顧客からの紹介によるものだ。ローン・ポートフォリオを膨らますことに必死の銀行は与信基準を引き下げることが多いが、ファースト・リパブリックの成長はそういう小手先の戦術によるものではない。

ファースト・リパブリック・バンクから刺激を受けて私がつくった統計用語が、「プロモーター獲得成長率(Earned Growth Rate：EGR)」である。これは既存顧客が再び来店したり、友人を連れて来たりして発生する収益の伸びを測定するものだ(なお、本書ではこのように顧客の推奨または紹介で顧客を獲得することを「プロモーター獲得成長」と表記する)。関連する統計値として「プロモーター獲得成長割合(Earned Growth Ratio)」がある。これは単に成長率全体に対するプロモーター獲得成長の割合を意味する。ファースト・リパブリックが示したのがこれ(図表17)で、当座預金の八二%と融資の八八%がプロモーター獲得成長割合に当たる。融資総額の伸び率は年率およそ一五%なので、EGRは一三・二%(一五%×八八%)ということになる。

ベインのOBで、現在はベッセマー・ベンチャーパートナーズ(Bessemer Venture Partners)のパートナーであるケント・ベネットにプロモーター獲得成長のコンセプトを説明すると、ベネットはたちまち夢中になった。実は、彼も同じようなことをずっと考えていたというのだ。ベッセマーの最も成功した投資はスタートアップへの投資によるものだったが、それらの多くがあまりにも傑出したプロモーター獲得成長(ケントは、追加的な顧客獲得費用なしで収益が伸びるこの成長率のことを「安眠成長率(resting growth rate)」と呼んでいた)を達成していたのである。ベンチャーキャピタルやスタートアップの世界では、投資家も経営者も、自分はプロモーター獲得成長の意味合いを理解していると勘違いしている、とケントは警告する。というのも、彼らは投資回収率の算出にあたっても、顧客の生涯価値を測定するにあたっても、顧客獲得コストをすでに考慮に入れているからだ。利益ある成長の真の根本要因は、中核《コア》製品の能力が顧客に熱狂を生み出し、マーケティングをしなくても推奨者《プロモーター》たちが事業を成長させるという点にある。ところが、経費の効率化という思考様式が組織を支配すると、経営者たちはマーケティング費用の効率化に目を向けるようになってしまう。

プロモーター獲得成長をどのように使い、伝えるのかについては、私たちも学ぶべきことがたくさんある。この新しい指標を計算するうえでの初歩の考え方については、付録Bを参照されたい。

顧客ベースの会計

プロモーター獲得成長率を計算するには、大半の企業は基本的な会計能力を高める必要がある。だが、これを実現するのは容易ではない。ファースト・リパブリック・バンクの場合は、図表17のグラフを使ってプロモーター獲得成長率を報告できた。しかし、同行でさえ、このグラフを作成するには独自分析をしなければならなかった。現代の会計制度は、こうした数値を自動的に算出できなければならない、というのが私の意見だ。そのときが来るまで、企業経営者は、顧客愛を無視した従来の財務指標を用いた進捗状況を評価する圧力にさらされ続けることになる。実際、当期利益の説明責任が、今日の愛のない悪しき利益を生み出す戦術（ローミング料金〔第3章〕、遅延手数料、人員不足の顧客サービスセンター等々）の根本原因なのだ。このゆがんだ圧力が顧客も投資家も痛めつけているのは、本章の前半で説明した通りである。

四半期ごとの財務数値にこだわると、顧客を愛することに全力投球したい経営陣はより困難な状況に追い込まれる。彼らは、アクティビストのヘッジファンドが押し付けてくる、短期的な利益の押し上げ策に四苦八苦しなければならない。経験の浅いポートフォリオマネジャーたちを相手に、自社のビジネスが実際どう運営されているかを説明するのに途方もない時間をかけ、四半期の財務数値に関するうんざりするような質問をうまくさばかなければならないのだ。株価が毎日変動すると、それに対する（顧客愛を深めることとはほとんど関係のない）解釈や助言を提供するジャーナリストや銘柄選択の「専門家」からも質問がひっきりなしに寄せられる。

考えられる解決策は、株式を非公開にするか、ウォーレン・バフェットのような人を説得して、大量の株を購入してもらい、彼らの庇護を受けることだ。もちろん、プライベート・エクイティのパートナー（および世界中のバフェット的な投資家たち）は四半期ごとの業績に甘いわけではない。私の経験で言えば、むしろその逆だ。だが、彼らが徹底的にこだわるのは報告書に書かれた財務数値ではない。それはありのままの経営状態を反映していないことが多いからだ。むしろ、顧客の経済性を真に反映している数値や指標に目をこらしている。世界でトップクラスのプライベート・エクイティ企業の創業者が最近、ベインのパートナーたちに説明してくれたところによると、同社が毎年十数人のMBAを雇っているのは、投資先企業（および買収候補企業）の財務数値を分解して役に立つデータにつくり変えるためだという。彼は私たちもすでによく承知している話をしてくれた。つまり、財務数値は経済的現実の測定からどんどん外れており、これを見ても、何が企業の健全性を保つ重要な要因なのかを照らし出すことができないというのだ。たとえば、米国会計基準（GAAP：一般に公正妥当と認められている会計基準）を当てはめても、毎年何人の顧客が購入量を増やしているかも、新規顧客が何人来店しているかもわからないし、ましてや既存顧客の熱狂的な推奨のおかげで、いったい顧客が何人できたかなどまったくわからない。

顧客資本主義への動きを支えるには、会計学の質を真剣に向上させる必要がある。私の同僚であり、『ネット・プロモーター経営』の共著者であるロブ・マーキーは、最近『ハーバード・ビジネス・レビュー』誌に寄せた論文で、顧客会計《カスタマー・アカウンティング》について説得力のある議論を展開している[17]。考えてみてほしい。現在の会計基準は、鉄道を敷設し、工場を建設し、機械設備を購入するために莫大な資金が必要だった、はるか昔の時代に石に刻まれたようなものだ。余分な価値はすべて投資家に帰属するという旧来の考え方の影響で、会計上の「利益」では資本コストが考慮されることはなく、その結果、「顧客」という資源が非常にぞんざいに扱われてきたのだ。

もちろん、会計士は固定資産を活用し、時間をかけて減価償却する技術を完成させてきた。ところが、私たちは生産財と資本財が経済のほんの一部しか占めないという新たな時代に突入したのである。今やアメリカ経済の八〇％をサービス産業が占め、しかもこのセクターでは、アメリカ経済を将来支配しそうなスタートアップの割合がどんどん高くなっている。スタートアップは鉄製のレールや溶鉱炉を設置するための資本を必要としない。サーバーのラックを買う資本すらも不要だ。サーバーはクラウド技術でレンタルできるからだ。今日では、必要な資本は極めて少ない。必要とされているものがあるとすれば、研究開発（Ｒ＆Ｄ）、ソフトウエアのコード、サプライチェーン、企業の評判（および格付）、そして最も重要な新規顧客の獲得と顧客ロイヤルティの改善といった無形資産を買うための資金だ。こうした顧客資産は、旧態依然の会計技法では有効に評価されない。自信をもって自社の顧客数を答えられない企業さえかなりの数に上る。そして、その同じ企業群が自社の会計士からまともな監査を受けていない。要するに、今日の会計は顧客中心主義からあまりにも離れているために、自社が何人（何社）の顧客を抱えているかはもちろんのこと、何人の顧客がリピーターになり、何人が友人を連れて来ているのかなど、気にもとめていないのである。

読者は、若い起業家たちにT型フォード（訳注：一九〇八年にフォードが発売した自動車）の運転を強制するだろうか。いいや、そんなことはないだろう。ところが企業は、いったん上場すると、「T型」時代の会計を義務づけられているのだ。

プロモーター獲得成長の二つの構成要素

顧客ベースの会計《カスタマーベースト・アカウンティング》は、アマゾン、コストコ、チューイーなどですでに実施されている。こうした企業の大半はプロモーター獲得成長の最も重要な構成要素をすでに計算できる。たとえば、チューイーは既存顧客の売上高が一二〇％伸びたとIPO文書で報告している。これはプロモーター獲得成長率の一つ目の要素で、すでに名前がある。「売上継続率（Net Revenue Retention：NRR）」だ。サービス型ソフトウエア（SaaS）業界を筆頭に、今日ではいくつかの業界で実際に使われている実践的な統計値である。SaaSは、セールスフォース（Salesforce）、サービスナウ（ServiceNow）、ワークデイ（Workday）、ドロップボックス（Dropbox）、ズーム・ビデオ・コミュニケーションズ（Zoom Video Communications）など、最近急成長している経済セクターだ。SaaS企業のバリュエーション（株価評価）に対する影響を見ると、ＮＲＲが成長の質（と持続性）を測る指標としていかに有効かがわかる。ＳａａＳ企業を専門とするベンチャーキャピタル、ＳａａＳキャピタル（SaaS Capital）は、ＮＲＲが一%上昇すると、企業価値がその後五年間で一五%上昇する事実を見出した。[18]

ＳａａＳ企業の企業価値は、年間経常収益の倍率で評価されるのが通例である。図表18からもわかる通り、ＡＲＲ倍率はＮＲＲの影響を非常に大きく受ける。ＮＲＲが一三〇%を超える上場企業は、一一〇%を下回る企業の倍以上に評価されている。明らかに、ＳａａＳ企業への投資家は、ロイヤルティに基づいてよく調整されたエンジンほど収益性が高く、持続的な成長要因はないと理解している。

ＳａａＳ業界を通じて幅広く利用されているにもかかわらず、個々の企業がＮＲＲを報告する手法はさまざまだ。顧客の一部をサンプルとして用いている企業もあれば、一定期間内の新規顧客や離脱顧客、複数年契約を結んでいる顧客を除外している企業もあるといった具合である。私が強く薦めたいのは、ＮＲＲをＧＡＡＰの正式な指標とし、標準的な測定ガイドラインからの差異には詳細な脚注を付すといった厳密な報告ルールを設けることだ。

プロモーター獲得成長の二つ目の要素（そして一般的にははるかに規模が小さい）は、プロモーター獲得型新規顧客売上（Earned New Customer Revenue：ＥＮＣＲ）だ。これは、獲得した新規顧客グループからの売上高を算出した数値である。ＮＰＳプリズムがこの要素の定量化を始めたところ、競合企業間に大きな差が見つかった。たとえば、クレジットカード企業のトップ一二社の中では、主に推奨または紹介で新規顧客になった者の割合が、低い企業では八%、高い企業では三一%と散らばりを見せたのである。当座預金と普通預金では、アメリカのトップ銀行は新規顧客の五三%を既存顧客

図表 18◉売上継続率は、SaaS バリュエーションの主要な推進力

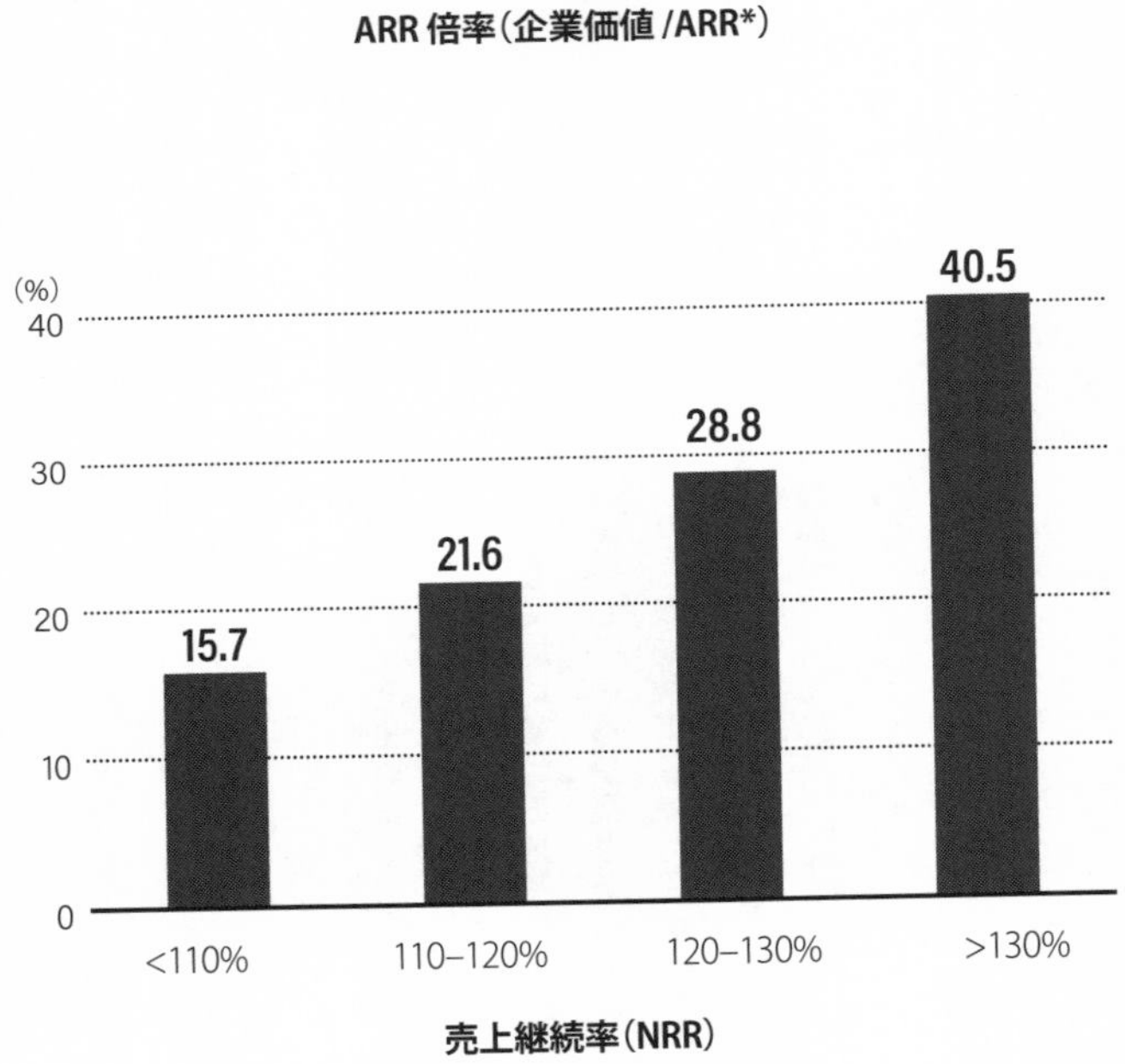

注：SaaS を提供する上場 52 社の実績（2021 年 4 月現在）に基づく。

*ARR=Annual Recurring Revenue（年間経常収益：企業がサブスクリプションなどから年間ベースでもたらすと期待できる収益のこと）

の推奨または紹介で得ている。ある高成長銀行は、ENCR九〇％という驚異的な数値を達成した。獲得した新規顧客に大きなばらつきがあることは、経営者にとって、この数値の定量化（そして管理）を始めることが、質の高い成長を実現するうえでいかに重要であるかを示している。これにはかなりの努力とイノベーションが必要だが、真剣に追求する良い機会だろう。さもないと、企業は愛すべき顧客の価値を十分に知ることができず、販促活動や攻撃的な販売戦術を通じて成長を買うための過剰投資を続け、既存顧客を喜ばすことにちっとも金をつぎ込まない事態に陥るからだ。

今日、新規顧客を推奨または紹介で獲得した顧客か否かで分類している企業はほとんどない。そこでベインは（顧客体験マネジメント企業であるメダリアのチームと連携して）、この課題を克服するための実践的な解決方法を開発した。当社のウェブサイト（NetPromoterSystem.com）にその詳細を記しているが、簡単に言うと、一つの質問を出発点に、新規顧客がスムーズに商品やサービスを利用できるようになるための最適なプロセスが何かをテストしたのである。関係が始まったばかりで、意思決定プロセスが顧客の記憶に新鮮なうちに、顧客が取引を決断した最大の理由を明らかにすることが重要なのだ。新しい顧客を、誰かの紹介や推奨によって商品を買いに来た「獲得」顧客と「購入させた」顧客とに分類する他の方法も、今後は進化するだろう。だが、顧客の口座設定時に簡単な質問を組み込むという実証済みのソリューションが存在する今、この重要な統計数値を追跡できない言い訳は通用しない。

顧客ベースの会計《カスタマーベースト・アカウンティング》が成熟すると、いずれ顧客生涯エコノミクスの全体に基づいて企業を経営するために必要な、安定した情報の流れを生み出すだろう（この点については、顧客生涯価値を計算するプロセスともども『顧客ロイヤルティのマネジメント』に詳述した）。しかしそれまでは、どの企業も、顧客が自社の商品やサービスを購入した日とその主な理由、購入頻度、購入量、金額、商品・サービスのコスト、こうした項目の推移、顧客の購入活動が低下または顧客でなくなった日、といった基礎的な統計数値を追跡することから始めなければならない。こうしたデータを蓄積すると、プロモーター獲得成長率を計算できるようになる。[19]「顧客を会社の最も重要な資産と見なす」と口で言ったところで、顧客一人ひとりの価値が追跡され、数値化されるまでは戯《たわ》言にすぎないのだ。

チックフィレイのトゥレット・キャシーが、良い評判に関する聖書《箴言》の一節をもじって「名声は銀や金よりも価値がある」という知恵を紹介してくれた話を覚えているだろうか。そう、リーダーがこれを文字通り受け取っていないことは明らかだ。顧客ベースの会計《カスタマーベースト・アカウンティング》を使えば、企業はプロモーター獲得成長の構成要素を測定し、ロイヤルティに基づく成長エンジンをリアルタイムデータで管理できる。そうすれば、トゥレットと同じ結論に達するはずだ。継続的な投資と予算編成の決定を支え、投資家への報告内容を強化するために顧客ベースの会計情報を用いる――説明責任を果たすうえでこの点を重視することで、経営者は時代遅れの会計基準に基づいてタップダンスを踊るのをやめ、顧客愛のリズムに乗って動き出せるだろう。

経営者、投資家、取締役にとっての意味

主に顧客の生活を豊かにすることに焦点を当てた本の中で、なぜ主に投資家の視点に立った比較的長い章を設けたのかを、読者は不思議に思うかもしれない。それは、顧客資本主義の時代にあってもなお、投資家の影響力がまだまだ大きいからだ。ＣＥＯやＣＦＯ、取締役会メンバーは、本章を読むことで顧客のために正しい行動を優先するという難しい判断を下し、しかも顧客愛と投資家重視との間に矛盾が一切ないことを確信することに自信をもっていただきたい。賢明な投資家であれば、この優先順位を支持するだろう。私の仲間である多くの投資家が、単なるスコアではなく、顧客愛に向けた学習と進歩を支えるシステムであるネット・プロモーターを熟知したうえで、その伝道師となってくれることを願っている。なぜか。チームが経営陣の刺激によって顧客を愛することを自分たちの最優先のパーパスであると理解したときに、長期投資家の利益が最も高まるからだ。この点を、ここでも繰り返しておきたい。

今後、より多くの取締役会が、経営陣に対して、顧客の最善の利益のために行動するように責任を課すとともに、彼らが市場平均を上回る総株主利益率（ＴＳＲ）を達成した暁には十分な報酬で報いることを私は願っている。[20] 取締役は現在、投資家利益を守るという明示的な義務を実感している。本

書で示した証拠で明らかなように、取締役がこの義務を果たすには、悪しき利益の根絶に貢献しなければならない。悪しき利益は、顧客だけでなく、投資家にとっても忌み嫌うべきものだからだ。

顧客を愛する経営者に報い、このパーパスへの達成状況を評価するために、投資家も取締役会も、主な競合他社と比較した信頼できるNPSスコアとともに――監査に耐える基準に従い、信頼できる第三者によって作成（または検証）されたプロモーター獲得成長率（EGR）を常に見直すよう主張しなければならない。最後に、投資家も取締役も、顧客ベースの会計《カスタマーベースト・アカウンティング》の結果の検証を推し進めるべきだ。会計上の利益という範囲の狭い指標に注目することは破壊的である。というのも、経常利益は顧客を愛するのではなく、顧客につけ込み、悪用することによってあまりにも簡単に膨らますことができるからだ。

Winning on Purpose

Honor the Golden Rule

6

黄金律を重んじる

だが、まずは理解しよう

黄金律は、世界中の宗教的な伝統の中にさまざまな形で唱えられてきた、人間の文明史の中で最も深い思想の一つである。キリスト教でも簡潔に「己の如く、汝の隣人を愛せよ」と表現されている。[1]

私は、周りの人が言うほど宗教的な人間ではないが、正しい生活を送る（あるいは優れたリーダーになる）には、黄金律を深く理解することが必要だ、と心から信じている。この基本原則は、私たちが仲間たちと接する基準、自分自身の人生の目的を読み解く基準、そして自分が果たすべき使命の達成に向けた進捗状況を判断する基準として役立つはずだ。「正しい生活を送る」というのは小難しく響くかもしれないが、本章には優れたビジネスを構築するための実践的なアドバイスが数多く紹介されており、理念と実践がいかに密接に関連しているかがわかるので心配しないでほしい。

私はもう何年も前から、黄金律と、黄金律がビジネスという明らかに世俗的な世界にどう関わってくるのかを考え続けてきた。そこで、この問題に取り組む過程で、旧友の一人に連絡することにした。彼は教区牧師になって、近所の神学校で教えながら学問を続けている。

私たちは何年も前から、黄金律について語り合ってきた。実は、私に黄金律の長い歴史と意味合いに目を開かせてくれたのは、この友人なのだ。彼が言うには、今日の黄金律の起源をたどっていくと、孔子の時代まで遡るそうだ。孔子は今から二五〇〇年以上も前、弟子たちにこう言っていたという。「己の欲せざる所は、人に施す勿れ」[2]。この否定的な表現方法（他の人に悪事を働いてはいけない）は、「律法《トーラー》」（訳注：キリスト教倫理学および聖書学ではこの語は多義的に用いられるが、狭義には旧約聖書の最後の五書《モーセ五書》のこと）および旧約聖書のその他の書が執筆されるまで支配的に使われ続けた。ところが、《マタイによる福音書》七章一二節によると、イエスはこの基準を引き上げたという。「自分がしてもらいたいと思うことを他人にも行いなさい」。そして、《マタイによる福音書》二二章三九節では、この言葉がさらに高い次元で言い直された。「己の如く、汝の隣人を愛せよ」

この新しい黄金律がそれ以前のものよりも一歩踏み込み、道徳的な行動基準を非常に高いレベルに定めていることは間違いない。つまり、単に他人に対して悪事を働かないだけではなく、他人のために良きことを行う方法を積極的に探して、他人の生活を豊かにせよと説いているのだ。

友人と近所のレストランで昼食を摂ったとき、注文を済ませた後で、私は友人に「黄金律をテーマとしたビジネス書を執筆するつもりだ」と話した。そのとき、友人はまったく乗り気のない態度で「ビジネスというものは、そもそも利己心とゼロサム思考（つまり誰かが勝つと誰かが負けるはずだというメンタリティ）で成り立っているのだから、うまくいくはずがない」と言うのである。友人は、この点をさらに踏み込んで「黄金律が日常生活を導く実践的なツールとして機能するなんて、それがどのような場面であれ、想像するのは無理だ」とも言った。「なぜだい」と、私は尋ねた。「だって、相手の気持ちを知るのは、実に難しすぎるからね」と、彼は答えた。そうして自分自身と、レストランのウェイトレスを使ってポイントを説明してくれた。彼女は社交的な若い女性で、いくつものピアスをし、目立つタトゥーから判断すると、たぶん無神論者だと思われた。友人のほうは高齢の男性で内向的、そして神を熱烈に信じている。この二人のうちのどちらかが相手を理解することなどあり得ない。そして、その理解や共感がなければ、どうして黄金律が守られるのだろう？——友人はそう主張するのだ。

私は反論した。自分はそれまで、黄金律に近い規律に従って生きようとリーダーシップの文化、組織構造、ガバナンス、フィードバックのシステムを発展させてきた模範的な企業をいくつも知っている。そして、自由市場という過酷な競争の環境の中でもこうした企業が勝利を収めているのは、黄金律を実践することが無敵の戦略だからだ、と。そして推奨者の正味比率《ネット・プロモーター・スコア》（NPS）の高い企業、つまり黄金律に忠実に従う顧客対応に優れた企業が、それぞれの競争で勝利している証拠をいくつか紹介した。

だが、まだ納得していないことは彼の表情から明らかだった。彼は私に警告してくれた。私が黄金律を持ち出すと、企業関係者を遠ざけ、間違った方向に向かわせることになるのではないか、と。彼は、信徒や神学生と接した経験を通じて、社会のさまざまな人々が、黄金律の本当の意味について、私とは大きく異なる（そして非常に凝り固まった）考え方をしていることを知っていた。さらに、今日の消費者や従業員の大半は、古文書や宗教的な原理ではなく、自分の気に入った検索エンジンを使って真実を追い求めているのだと指摘して、こう結論づけた。

「慎重に進めろよ、フレッド」

＊＊＊

だが、顧客や従業員の中にロイヤルティを生み出している企業を研究すればするほど、黄金律を唱え、実践しているリーダーが増えている。しかも、こうした会社は勝利し、大きな成功を収めている。NPSリーダー企業の大半は黄金律の模範であり、顧客関係のネット・プロモーター・スコアも五〇から七〇、時にはもっと高い場合すらある。従業員のネット・プロモーター・スコアは四〇～六〇。各社とも持続的な良き利益を実現して競合他社を圧倒しており、投資家の長期リターンは絶好調だ。(3) こうした企業中心のコミュニティに参加している人たちが、多くの愛を感じていると言っても過言ではあるまい。

フォーシーズンズ ホテルズ アンド リゾーツ（Four Seasons Hotels and Resorts）がＮＰＳを採用したと知ったとき、私はトロントに飛び、創業者で、当時はＣＥＯも務めていたイサドア・シャープにインタビューした。驚いたことに、彼は黄金律をフォーシーズンズの文化の基盤と捉えており、だからこそフォーシーズンズの方式が、世界中の多くの地域でそれぞれの文化にうまくなじんでいるのだと説明してくれた。そして、このテーマについて彼の妻がいろいろ調べてみたところ、世界の主な宗教はどれも何らかの形で黄金律を取り入れていることがわかった、と誇らしげに語る。その由来は相当古いものの、「黄金律」という言葉そのものは比較的新しいこと、一七世紀にイギリス国教会の説教者たちがこの言葉を使うまで、「黄金律」という用語を使う者はいなかったこともわかった。このルールがあくまでも宗教的な考えであり、ビジネスとはほとんど関係がないと思い込んでいる人々があまりにも多いのはそのせいかもしれない。

しかし私の考えでは、そしてシャープをはじめとする多くの人々がそう考えているように、この核となる考え方は宗教を超越している。実際、この思想は、良好な関係と健全なコミュニティにとっての普遍的な基盤となるものだ。だが、もしこの見方が正しく、黄金律がそれほど決定的な勝利の戦略であるのなら、それを行動に移すのがどうしてそんなに難しいのだろう。たとえば、通勤途中で、注意散漫で、無礼で、強引で、人を不愉快にさせるようなドライバー連中に出遭ったと考えてみてほしい。食料品店で、他の来店客やレジ係の店員すらも完全に無視して、携帯電話で長々とおしゃべりする買い物客を思い浮かべてみてほしい。自動車ディーラーを訪れ、あるいは自分のケーブルテレビ会社のカスタマーサービスに電話したときに、相手の対応から黄金律がすぐ思い浮かぶだろうか。政府のあらゆる階層のリーダーに見られる礼節の欠如や、ソーシャルメディア上の大勢の荒らし軍団について考えてみてほしい。こうした自分勝手で無礼な連中を見ていると、黄金律などもはや時代遅れであるように思われるかもしれない。そのため、私があらゆる良好な関係と良きコミュニティの基礎として黄金律を提唱することは、少し現実離れしているように見えるかもしれない。皆さんの会社には、このように考えている人がもっとたくさんいるはずだ。だからこそ、同僚たちの意識を変え、成功への一番の近道は愛情をこめてお客様をもてなすことだ、という点を納得してもらうには、それなりの覚悟が必要なのだ。

ビジネスリーダーは、企業コミュニティ全体に黄金律的な行動の力を解き放つという義務を果たすために、乗り越えなければならない六つの基本的な障壁を認識する必要がある——私はそう確信している。それではこの六つの課題と、ロイヤルティ先進企業が実践してきた解決策を一つひとつ検討していこう。

課題1　黄金律に対する理解が浅い

黄金律は一見シンプルに見え、その解釈についても多くの混乱があるようだ。子どもの頃にこのルールを教えてもらう人は多い。だが、そのニュアンスをくみ取り、大人になってからそれを使えるかもしれないと認識する人は少ない（いや、ほとんどいないと言っていい）。その理解がいかに浅いかは、次のような批判に見ることができる。「自分がそうしてもらいたいように他の人にしてあげるってことは、君がベルギーのチョコレートを好きなら、他人にそれをあげなさいってことになる。だが、ちょっと待ってくれ。相手はキャラメルが好きかもしれないじゃないか。糖尿病だったらどうするんだ。甘いものは何もかも危ないということになるよ」

そこで、私たちは「プラチナルール」と呼ばれるルールに従うべきなのかもしれない。「他人がしてもらいたいように、その人にしてあげる」ということだ。だがもちろん、これにはこれで問題がある。レストランに人々が列をつくって待っているところにゴロツキが割り込んできて、（明らかに）彼がそうしてほしいからという理由で、接客係はその男を席に案内すべきだろうか。説得力のあるテレビ広告や大統領の支持に影響されて、医師にある特定の薬を処方してほしいという患者はどうだろう。その薬がこの患者には有害だということを知っていれば、患者の希望を決して聞いてはならないはずだ、という点には読者にも同意いただけるはずだ。この医師は、もっと高い基準でなすべきケアをしなければならない。それは、愛の基準である。あたかも自分の大事な家族の一員であるかのように、患者を治療する方法を見つけなければならない。

コミュニティに属している人間同士の関係は互いに絡み合っているので、複雑さの度合いは一段と高まる。「己の如く、汝の隣人を愛せよ」という言葉には、関係しているのは二人――自分と隣人だけ――という響きがある。だが、どのような人間関係も、それを支えるコミュニティやさまざまなコミュニティの入れ子構造という文脈の中に存在している。何か問題が起きたときの効果的な解決策は、個々の人間関係だけではなく、周辺コミュニティの健全性と活力を強化するものでなければならない。そう考えて初めて環境保護、多様性の支援、社会正義の擁護といった課題が視野に入ってくる。優れた企業の第一のパーパスは顧客の生活を豊かにすることだが、このような幅広い責任を軽視していては達成できない。黄金律に則って本当の意味でパーパスを実現しようとすれば、さまざまな次元にわたる多くの条件を満足させる必要がある。具体的には、①隣人の幸福感とウェルビーイング（幸福度）を高める、②自分の尊厳とウェルビーイングを維持し、できれば高める、③その関係を支えるコミュニティネットワークを強化するものでなければならない。

考えてみてほしい。もし読者が受け取る側にいて、隣人があなたを幸せにするという目的を達成しようとするあまり、自分の人生の貯蓄を犠牲にし、その結果、彼の家族の将来を顧みなかったとしたら、あなたは安穏としていられるだろうか。もちろん、答えは「ノー」だろう。善良な人が隣人やコミュニティに寄生することを望まないのと同じように、自分に向けられた寛大な行為が他人を傷つけることを望んでいる者などいない。だからこそ、私たちは（仕事中毒と言えるほど長く働いたり、自分の信念を犠牲にしたり、といったことを通じて）自分を傷つけることなく、隣人を喜ばせる方法を見つける必要がある。

企業コミュニティも守らなければならない。たとえば、節操のない縁故主義やえこひいきは、二人の人間同士の短期的な幸福感を高めるかもしれないが、いずれ彼らの尊厳と評判を落とし、私たちの将来の幸福感やウェルビーイングの基礎であるコミュニティを弱めることになるだろう。

個人レベルでは、もしあなたが自分の娘のバスケットボールチームのコーチをしているときには、娘が喜ぶからという理由で彼女をスタメンに入れてはいけない。同じく、ビジネスの場でも収益性が低く、生産性が低く、コミュニティの価値にとって有害な顧客や従業員を支えるのは、黄金律の基準とは相容れない。そして、これは非常に高い基準であり、たとえば「お客様はいつも正しい」よりもはるかに高潔で達成するのが難しい。従業員は、購入の瞬間に顧客を喜ばせるだけでなく、これまでになかったような新しい解決策を考え出さなければならないからだ。こうした解決策は、その顧客の長期的な幸福度と評判はもとより、商品やサービスを提供する人の尊厳と自尊心、そしてもちろんビジネスの経済的健全性を高めると同時に、もてなす側のコミュニティの価値、活力、持続可能性を強化するものでなくてはならない。黄金律は、個人の生活を豊かにすると同時に、周辺のコミュニティをも強くする、本当に素晴らしい人間関係のあり方を定義するものだ。にもかかわらず、環境、社会、コーポレート・ガバナンス（ESG）レポーティングの提唱者は、この基本的な黄金律基準をただ表明するにとどまっている。これが非常に厳しい基準だ、ということをわかっていないのだ。

理解を深める解決策

● ビジネスチームがコミュニティの利益第一で行動するためには、自分たちの意思決定が、会社の長期的な健全性と持続可能性を犠牲にして、一人の顧客または一人の従業員を幸せにすることがないように、その経済的側面を理解する必要がある。同じように、ビジネスチームは顧客を喜ばすイノベーションはそれがもたらしそうな恩恵とともに、どれくらいのコストがかかるのかを最低限概算して、投資案が妥当であることを確認する必要がある。ロイヤルティの最も高い顧客に提供される利益配分といった、ビジネスの経済性に関する広範な教育《トレーニング》は、ジェットブルー航空（JetBlue）とサウスウエスト航空（両社ともアメリカ航空会社のNPSリーダー企業）、そしてカンタス航空（Qantas：オーストラリアの顧客体験のリーダー企業）の従業員教育プログラムでかなりの部分を占める。カンタス航空の従業員たちは、頻繁に飛行機を利用するビジネス客「フリークエントフライヤー」の生涯価値が一万ドルを超え、継続的なロイヤルティが会社の財務の健全性にとって非常に重要であることを学ぶ。この知識があるからこそ、従業員は顧客に特別な気分を味わってもらうために数ドルの高級チョコレートを贈る価値があるかどうかを、より適切に判断できる。

●カンタス航空は、こうしたビジネス客が他の旅行者に不愉快な気持ちを与える（その結果、コミュニティを害する）ことなく、特別な気分を味わえるよう特別な配慮を払っている。したがって、客室乗務員は、頻繁に利用する乗客が後方の席に座っていることに気づくと、その人が特別な気分を味わえる方法を模索する。たとえば、ファーストクラスに高級チョコレートが残っていた場合には、客室乗務員はそれを持ってきてくれるかもしれない。だが、ここでのベスト・プラクティスは、チョコレートをフリークエントフライヤー・プログラム会員の近くに座っている他の人々にも配ることだ。こうすれば、全員が幸せになれる。周囲の人たちは、彼の特別な地位をうらやむのではなく、自分の席が彼の近くであったことを幸運と感じる。

●USAAは、自社の顧客（主に現役軍人、退役軍人とその家族）に共感と思いやりで接するよう努めている。そこで、なるべく多くの退役軍人と軍人の家族を採用するようにしている。そして、（黄金律の基本的な要素である）共感度をさらに高めようと、新入社員は全員が新入社員オリエンテーションに参加する。入社したばかりの幹部社員も、現場に採用された従業員と一緒にこのイベントに参加する。従業員アシスタントは戦闘服を着て完全装備のバックパックを背負って参加する。その他の活動には、MRE(4)（Meal, Ready to Eat：米軍用携行食）を食べたり、即時配置命令に反応したり、戦死通知体験のロールプレイング実習などが含まれる。その結果、電話担当者が顧客から話を聞くと、サービス担当者がどのような気持ちを味わったかを想像できるようになる。共感トレーニングは、オリエンテーションで終わるわけではない。経営幹部と取締役は、年に一度の「会員の日」に定期的に再訓練を受ける。当日は、一二〇名の会員が七〇名ほどのUSAAのトップ経営陣や取締役と時間を過ごす。経営幹部らは、訓練や小グループでの討論会に参加することで、現在の会員のニーズや懸念への理解を深めることができるのである。

●ソフトウエア業界では、顧客と面と向かって交流することが滅多にない。しかも、しだいに顧客との接触が人間からデジタルに変わるにつれて、あらゆる企業にとってこれが共通の課題になってきている。インテュイットは、そうしたビジネス環境の中で、顧客との共感度を深めることの重要性を長年にわたって認識してきた。同社が「フォロー・ミー・ホーム（家までついてきて）」技術を開発してもう何年にもなる。これは、顧客の了解を得たうえでインテュイットの従業員が顧客の自宅（またはオフィス）で同社の製品をどう使っているかをじっくり観察する取り組みだ。顧客と直に接することで、インテュイットのソフトウエア・プログラマー、製品開発者、マーケティング担当者、経営幹部は、顧客が何を求めているかをしっかりと把握できる。新型コロナウイルス感染症のリスクを回避するためにウェブカメラを用いるようになったが、それでも同社の従業員は顧客の目を通して世界を見ることができる。批判者《デトラクター》との間でクローズド・ループ（顧客のフィードバックに真剣に向き合い、改善のために行動を起こし、顧客に働きかけるサイクルのこと）をつくることでインテュイットが学んだもう一つの教訓は、この取り組みによって、顧客はもちろんのこと、会社も恩恵を受けられるということだった。顧客は自分の抱える問題を誰かが気にかけてくれていると思えるし、インテュイットの従業員は会話を通じて顧客への共感度が高まる。従業員は、顧客が抱える問題と、それを解決するためにインテュイットがどのような手とは、これまで考案された教育プログラムの中で最高の共感トレーニングかもしれない。顧客とのクローズド・ループをつくることができるかを深く理解できるようにもなった。

●チックフィレイのフランチャイジーは、チームメンバーの共感を得ることが非常に難しいという課題に直面している。新入社員の多くは十代の若者だ。ティックトックやスナップチャットで社会的スキルを身につけたかもしれないが、顧客の目を見て「それで〜」とか、「だから〜」で始まる言葉を使わない完全な文章を話すことや、顧客に自分が歓迎されている、自分が特別であると感じさせるスキルを教え込む必要がある。この課題を解決するため、チックフィレイではカウンターの向こう側にいる人たちはさっさと処理すべき単なるモノではないことを若い新入社員に理解してもらうためのトレーニング用ビデオをつくった。店舗にやってくる人々は、喜びや心配事を抱えながら、それぞれの人生を生きている人である。ビデオの中では、「認知症と診断されたばかりの母親」「娘にガンの再発がわかった人」「夫がリストラされたばかりの人」等々、来店する顧客一人ひとりに、その人がその瞬間に抱えている問題を示す吹き出しがついている。若い従業員たちは、ビデオを見ることを通じて、こうした困難に対処するとはどういうことだろうと想像をめぐらし、顧客とのやりとりを、単に注文を受けたフライドポテトを効率よく運ぶのではなく、思いやりと親切を示す良い機会と捉えやすくなる。おそらく、こうしたビデオは「やらせ」感が強すぎ、あまりに機械的に響くかもしれない。だが、研修担当者たちは、顧客から「ありがとう」と言われたときに、よく使われるがいかにも素っ気ない「どういたしまして」という返答はできればしてほしくないと考えている。彼らは、新入社員には「こちらこそ」と返答してもらいたいと思っているのだ。なぜか。私たちは誰でも、別の人に奉仕するのは心からの喜びであり、名誉だということを思い出せるからだ。

●ワービー・パーカーの経営幹部（共同CEOを含む）たちは、定期的に顧客サービス担当者と並んで仕事をして、顧客と現場のチームとの共感を育んでいる。定期的に店舗を訪ねては、チームや顧客の声を直接聞こうとする。このように直に接する体験を通じて、顧客がその時々に抱えている問題を、経営幹部は身近に感じることができる。だが、おそらくもっと重要なのは、現場の従業員が優れた顧客サービスを提供しようとする際に直面しているさまざまな課題（システムや作業手順の頻繁な変更によって悪化しているものも少なくない）を経験することだ。現場のフラストレーションに幹部が直接触れることで、迅速な解決が促される。

課題2 悪いインセンティブ／報酬システム

エンジニアで生産効率に関する専門家でもあったW・エドワーズ・デミングは、「どんなに良い人でも、悪いシステムには勝てない」という名言を残している。

この残念な知恵を、本章のメインテーマに当てはめてみようと思う。ビジネスの仕組みが優れていれば、人々は正しいことをしやすくなり、間違ったことをしにくくなるはずだ。黄金律を尊重する人々は認められ、報いられるとともに、これを悪用したときには罰せられなければならない。だが残念なことに、短期利益を稼ぎたいという動機が、多くの企業を間違った方向へと向かわせる。資産を管理し、増やすのではなく、搾り取ろうとする。営業担当者は、顧客に過大な約束をする。顧客がロイヤルティの高い推奨者《プロモーター》になろうが、翌年には声高な批判者《デトラクター》になろうが、同じ手数料を稼げるからだ。リーダーは四半期ごとの目標を達成するために自分のチームを疲弊させるが、従業員の勤労意欲の低下と離職の代償をすべて背負う必要はない。人事部は、顧客サービスの質が下がると他部門の予算に影響が及ぶことを承認のうえで、採用基準を下げて採用目標を達成する。ボーナス制度は、遅延手数料、人員不足のカスタマーサービス部門、込み入った返品ポリシー、マイレージの切り下げなど、前章までで説明したさまざまな不正や、顧客を悪用する慣行が横行する結果になるとしても、短期的な利益を押し上げた役員に報いる仕組みになっている。

実のところ、今日のほとんどのガバナンス制度では、チームは何を置いてもコストや売上の目標を達成しなければならない。そのため、利益が圧迫されると、各部門が悪しき利益を得ようとありとあらゆる創意工夫に走る。ウォルト・ベッティンガーは、チャールズ・シュワブの再生を図るべくCEOに就任したとき、売上の四分の一が悪しき利益の結果であることを発見した。そこで、自分のチームに問題のある慣行を順位付けし、最悪のものをリストのトップに掲げるように依頼、本腰を入れてリスト項目の削減に取り組んだ。その結果、数年以内に悪しき利益慣行は一掃された。ここで重要なのは、悪しきビジネス慣行の一掃を狙った改革が成功するか否かは、明確で現実的な実行に向けた時間軸を設定できるかどうかにかかっている、ということだ。

前例主義と悪い慣行が大きな役割を果たすことがある。黄金律が取締役会や事業計画で検討されることが少ない理由の一つは、これが意思決定の場で日常的に論じられることがないからだ。黄金律がどの程度守られているかがわからなければ、言い換えれば測定可能なはっきりとした目標がなければ、優先度は下がる。顧客や同僚に愛情をもって接するチームメンバーが見過ごされる一方で、コスト削減や売上目標を達成する者が報われたりする。歩合制のインセンティブは特に過激になりがちで、営業担当者が商品を売りすぎたり、不適切な商品を顧客に押し付けたりといった事態を招きやすい。(5) さらには、黄金律を軽視するリーダーに報酬を与えると、本来は善良な人々が悪事を働くこともあり得る。株主価値を最大化するという名目で、顧客を利用して自分の給料を水増ししようとする者だって現れるかもしれない。組織がそのような慣行を容認するだけでなく、その実行者を権力や権威のある地位に出世させると、結果として、非常に多くの人々の善良な本能を押しつぶしかねないのだ。

以上をまとめると、悪しきビジネスの仕組みは強力で、自然になくなることはほぼない。したがって、リーダーは正しい行動の規範を示し、黄金律という基準を強化するために、測定方法と報酬を定めることによって、企業文化を形成する責任を負わなければならないのである。

黄金律を強化するためのインセンティブ／報酬制度

●コミッションを警戒せよ：商品とサービスを売りさばくには、非常に高額なコミッション（販売手数料）を払うしかないと思い込んでいる企業があまりにも多い。すでに述べたように、この方針を採ると、営業担当者は大げさな約束をし、不適切な商品を顧客に押し付け、今日は購入するつもりがないように見える買い物客を無視する。ところが、アップルストアのようなロイヤルティ・リーダー企業は、コミッションを完全に排除しているのにもかかわらず、とてつもない収益を上げている。そのことを忘れてはならない。同じことはT－モバイル、コストコ、ディスカバーにも言える。実際、コミッションに大きく依存していながら素晴らしい業績を上げている企業を、私はほとんど思いつかない。ことによると、売上が伸び悩んでいるのは、景気が悪いからでも、営業チームが弱いからでもなく、商品力が弱いか、サービスが平凡か、顧客経験全体の質に比べて価格設定が妥当ではないからかもしれない。ここにヒントがある。コミッション販売に大きく依存していた業界が、それを廃止した新規参入者に押されて方針を覆した事例がたくさんあるのだ。マットレスの小売業は、キャスパー（Casper）、タフトアンドニードル（Tuft & Needle）、パープル（Purple）といったデジタル企業が参入するまで、ごまかしや罠、コミッションで働く営業部隊によって、恐ろしい体験を顧客に強いていた。高級眼鏡店は、ワービー・パーカーに迎撃された。保守的な証券会社はシュワブ、バンガード、フィデリティに置き換わられた。何が共通しているのだろう。セールスコミッションがないことだ。もし、読者がリーダーとしてコミッションをどうしても使わなければならないと思うのであれば、長期的に顧客が満足しなかった場合のクローバック（払い戻し）制度を採用し、手厚い返品と返金のポリシーを採用すべきである。あるいは、新規顧客開拓のために投資した労力が、その顧客が何年もかかって繰り返し購入し、何度もコミッションを支払って初めて報われるように、コミッション水準の引き下げを検討すべきだ。このアプローチを採ると、営業部隊は、長期の見込み顧客をターゲットに、現実的な顧客の期待に応える誠実なセールストークを展開するようになるだろう。

● それでも、どうしてもコミッションを廃止できないのであれば、営業チームごとのNPSスコアに着目するといい。カリフォルニア・クローゼットは数年前からNPSを導入し、顧客から高い評価を得ていることを誇りにしていたが、ビジネスリーダーたちは心配していた。デザインの相談にやって来て提案を受けた見込み客が購入しなかった場合、それは店での体験に心を動かされなかったからではないか、と考えたのだ。なぜか。デザインコンサルタントの収入の大半を占めているのはコミッションなので、顧客がすぐには買わないだろうとコンサルタントが考えれば、見込み顧客に素っ気ない態度を取るかもしれないと思えたからだ。実際、ある営業担当者は、その場で購入しない顧客についてこうささやいていた。「あの人たちは、私にとっては死んだようなものですよ」。まあ、このような態度は——ごまかそうとしても——おそらくごまかしようがないものだ。そして、素晴らしい買い物体験を実現して、その場では買わないと決めた人であっても、カリフォルニア・クローゼットについての素晴らしい体験を友人や近所の知り合いに話し、その見込み客が次の機会に購入するかもしれない状況を実現するという会社の方針と完全に矛盾していた。そこで、リーダーシップチームは、購入しなかった見込み顧客のNPSスコアを測定することにした。同時に、彼らを「逸失見込客」と呼んでいたのを「未来の顧客」と呼ぶことにした。NPSの測定を始めると、「未来の顧客」のNPSはマイナス二三%と、購入者のプラス七八%を大幅に下回っていた。全店舗のスコアを公表し、圧倒的なスコアを上げた者——「未来の顧客」のNPSはプラス六七%という驚くべき数値だった——の実践例を紹介することで、同社は急速に進歩を遂げた。さらに、親会社ファーストサービス・ブランズ（FirstService Brands）の他のグループ会社の大半も、現在はこの啓発的な手法を採用している。

●スコアに金銭で報いる際には、よくよく注意する必要がある。つまり、調査で得られたスコアを基に賞与を支払うと、黄金律に反する行動を招くことが多い、という点だ（第1章で取り上げた、哀願し、操作し、偽り、賄賂を使おうとした自動車ディーラーの例を思い出してほしい）。ベインが顧客のNPSフィードバック・プロセスを立ち上げたとき、フィードバック・スコアをパートナーの評価システムの一環として利用したのだが、これは大きな誤りであることが判明した。パートナーたちが抵抗したのである。彼らは、このプロセスには官僚的事務作業のようで、有益なヒントはほとんど得られないと主張した。その理由の一つは、自分の友人や顧客の中で自分を支持する人以外には調査対象者を指名しにくいという指摘があったからだ。[6] こうした反応を受けて、私たちはこのプロセスを黄金律らしくするために、二つの変更を加えた。第一に、このフィードバック（肯定的なものであれ、否定的なものであれ）をボーナス評価から完全に切り離した。そして第二に、現場のパートナーたちにとって有益なものとなるよう、彼らにこのシステムの再設計を任せた。その結果、調査を実施するタイミングをコントロールできるようになった。この変更によって、調査対象者の選択にチーム全員を巻き込むことも多くなった。もし、NPSの評価を従業員のボーナスに反映させなければならないと思うのであれば、T－モバイルがカスタマーサービスセンターで採用している方法を参考にするとよいだろう。つまり、ボーナスを個人ではなく、チームのスコアにリンクさせるのだ。

● エンタープライズ・レンタカーは支店の利益に基づいてボーナスを支払っている。このインセンティブは機能しているように見えたが、創業者のテイラー家が誇れないような利益中心的な行動を招くようになった。そこで、同社は顧客フィードバックに基づくスコア制度「エンタープライズ・サービス・クオリティ指数」（ESQi）を導入した。これがNPSの前身である。単に測定するだけでは不十分だったので、スコアを直接ボーナスの算定に結びつけることなく、実質的な指標にする方法を試してみた（彼らは、自動車ディーラーの散々な結果を知っており、同じ轍《てつ》を踏みたくなかった）。その結果、ＥＳＱ-ｉのスコアを昇進の資格に結びつけることがポイントであることが判明した。同社において、昇進は単年度のボーナスよりも長期的なキャリアにとってはるかに重要で、自分の属する部門の顧客フィードバック・スコアが比較可能な部門の上位半分にないと、誰も昇進しない。

●会社が讃える節目や功績は、その会社が本当に大切にしていることを雄弁に物語る。営業成績トップの従業員に旅行や記念品を与える企業は多い。ベインでは、最も尊敬されている賞の一つがブライト・ディックス賞だ（模範的なコーチで、一九八八年のパンアメリカン航空１０３便爆破事件で亡くなった二人のコンサルタントの名を冠した賞）。過去三〇年以上にわたり、ベインは当社のチームカルチャーの土台となる研修《トレーニング》、コーチング、メンタリング（指導）を通じたコンサルタントの育成に多大な貢献をした人を表彰する制度を毎年実施している。これは正確には報酬ではないが、多くの人々が少額の賞金よりもはるかに高い価値を認めている。

課題3

不適切なフィードバック／測定

人にはそれぞれ個性がある。フィードバックに関する信頼できる仕組みがなければ、隣人に接したときに「私の人生が豊かになった」と、その人に実感してもらえたかどうかはわからない。内向的な人は、外向的な人を幸せにする方法をどうやって知ることができるのだろう。菜食主義者が雑食主義者を理解するにはどうしたらいいのだろう。妊娠中絶の反対派の人々は、中絶賛成派の人々にどう共感したらいいのだろう。そしてビジネスの場面で、信頼できるリトマス試験紙がない場合、従業員は自分の行動が顧客のウェルビーイング（幸福度）を高めたかどうかをどうやって知ることができるのだろう。

ネット・プロモーター・システムが重要な役割を果たせるのはここである。現場でサービスを提供する人々は、スコアやコメントを見て反省し、その後にロイヤルティの高い行動を守ることができる。こうした情報を総合すると、顧客がどの程度愛されていると感じたのか、ひいては従業員がどの程度黄金律を実践できたかがよくわかる。さらに、この情報を基に従業員とチーム全体が自分たちを仲間たちと比較し、他の人の効果的な行動に注目してそれをまねることもできる。

顧客の幸福度を高めることが従業員の日常業務の中で最優先となるようにするには、フィードバックはかなりの頻度で、しかも従業員がそのときのやりとりをはっきりと、小さな、しかし重要な前後関係まで覚えているタイミングで返される必要がある。そのためには、フィードバック・ループは、目の前の具体的な取引の実態も反映したものでなければならない。状況によっては、自分の行動でいつ顧客が幸せに感じたかが比較的容易にわかることもある。たとえば、アップルストアのカスタマーグループのトレーナーは、実習中におけるクラス内の熱気や「学生」の反応を観察し、自分がそのクラスで彼らの人生をどの程度豊かにできたかを直接評価できる。だが、そのトレーナーですら、たとえば、実習では内向的だった学生が、帰宅後のフォローアップ調査で詳細なコメントをしたり、教室では満足していた学生が、家に帰るとガレージバンド（訳注：アップルが開発した初心者向け音楽制作ソフト）を使って多重録音する方法を実はわかっていなかったりすると驚くかもしれない。

解決する方法は二つある。第一に、顧客が自分とのやりとりでどう感じたかを、快適でストレスのないフィードバック・プロセスで測定する方法を考案することだ。ネット・プロモーター・システムは、ここでも重要な役割を果たすことができる。そのために必要なことはただ、顧客体験を簡単な数値で評価すること。通常は〇から一〇までで点数をつけ、そこに顧客がその理由と改善策を自分の言葉で説明した文章を添える。

第二に、調査はさまざまなシグナル（訳注：顧客が買う、買わないに何らかの判断を下す前に示す発言や仕草のこと）、購買行動、または購買データで補強されなければならない。良いシステムは評価ページにおける顧客のコメント、顧客がそれぞれの画面上に費やした時間、クリックストリーム（訳注：ウェブページの訪問者が渡り歩いた軌跡）が失敗して放棄された件数、顧客の問題を解決できずにサービスセンターに電話がかかってきた数などを追跡する。なぜこうした補完的データが必要なのか。アンケート調査は面倒になりがちなので、多くの（あるいはほとんどの）顧客は回答したがらない。また、アンケート結果の統計データだけでは、時間の経過とともに意味合いが薄れてくる。こうして古い調査の多くは回収率が最低水準に落ち込み、せっかく寄せられた回答も最高点の割合が八〇％へと収斂していく。しかし現実は違う。顧客が本当の意味で黄金律的な扱いを体験することは、たまにそんなことが起きれば僥倖と言えるほどまれなのだ。もし、読者の採用している調査の仕組みが、改善のための問題や機会をあまり見つけられないのであれば、システムの設計を大きく変えるよい機会になる。

シグナルを正確かつ頻繁に測定する解決策

● 宅配サービスは、顧客が配送状況を確認できるデジタルツールを提供するようになった。顧客が配送状況を何度もチェックしていることをシステムが察知したときには、会社はその配送を急ぐべきだと考えて間違いない。約束した配送時間に間に合いそうもないときには、顧客サービス担当者にその情報を伝え、顧客に謝罪したうえで他に何かできることはないかを連絡しろという合図を送るべきだ。配送時間の変更について顧客が受け取る事前通知の数と、配送が終わった後に顧客が提供するNPSフィードバックをデジタルで監視することは、顧客にいつまでに変更を通知すべきかを判断するうえで役に立つ。たとえば、ある企業は、顧客がもともとの配送予定時間から一二時間以内に通知を受け取ると、NPSスコアが急激に低下することに気づいた。そこで、なるべく一二時間前までに警告を送信するようにしている。

●当社の顧客である銀行は、カスタマーサービス担当者に定期的にアンケートを取り、銀行の顧客がどのようなときに不愉快な体験をするかを特定していた。たとえば、自動引き落としの期日が迫っているにもかかわらず、その情報がウェブ報告書に表示されないという理由だけで、心配になって電話をかけてくる顧客が多いといった具合だ。この問題は、デザインチームが優先順位を理解するとすぐに解決した。現場からのフィードバックは信頼性の高いシグナルとなるので、顧客への面倒な調査をしなくて済むことが多い。

●**ワービー・パーカー**：ワービー・パーカーは、すべての顧客セグメントのNPSスコアを慎重に追い、顧客のNPSスコアと、顧客が眼鏡を発注してから届くまでの期間との関係を監視している。そして、発注から納品までの時間と、推奨者《プロモーター》スコアを提供する顧客数との間に、文字通り直接的な関係があることを発見した。顧客を喜ばすためには何が必要かを理解すれば、顧客を喜ばすための基準の設定や変更がしやすくなる。ワービー・パーカーはこのデータを利用して、「お急ぎ便」にいくら投資するかを決定している。当面の目標は、NPSスコアが八〇%を超えるまで納品期間を短縮することだ。

●**ペロトン**：新型コロナウイルス感染症のパンデミックによってジムや対面式のフィットネス教室

が閉鎖されたとき、すでに人気があったペロトンの家庭用フィットネスマシンへの需要が爆発的に増加した。同時に、この若い会社のサプライチェーンと製造能力もパンクしてしまった。ペロトンは、どの顧客が配送の遅れに不満を抱いているかをNPS調査によって知らされるまで待つのではなく、オペレーション上のさまざまなシグナルを掌握した。そして、あまりに非現実的な配送見積もりが通知されていた顧客に積極的に連絡してメールで謝罪するとともに、二〇〇ドルのクレジットとペロトン・アプリへの即時（無償）アクセス権を送った。

●**アップル**：アップルは、オンライン、電話、店舗での顧客フィードバックをNPSのフレームワークと分類法を用いた「メダリア」というプラットフォームにすべて集約した。これにより、同社の従業員はiPhoneのアプリを通じて顧客からのフィードバックをタイムリーに知り、会社側も店舗レベルで製品ラインや顧客セグメント別のランキングと分析を簡単に行えるようになった。アップルは（理想的なシャツの色から、オンラインで購入した携帯電話を地元の店舗に取りに来る場合の受け取り方法の見直しまで）改善案をすぐに試して、それが顧客によって高く評価されるかどうかを確認できる。それぞれの部門がさまざまな技術プラットフォーム、質問、サンプリング手法などを好き勝手に使い、自分たちの気に入ったフィードバック・プロセスを実行している企業はあまりにも多いが、これは会社の各部門が独自の方法で財務諸表を報告しているのと同じで意味がない。各種のシグナルとNPSの調査結果を統合し、フィードバックが正確に成功と失敗（推奨者《プロモーター》、中立者《パッシブ》、批判者《デトラクター》）を分類しているかどうかを測定して、従業員に提供する必要がある。

課題4 フィードバックに取り組める安全な時間と場所がない

今日の職場はめまぐるしく動き、しかもそのスピードがますます速くなっているため、混沌としているように感じることが多い。だからこそ、従業員一人ひとりが自分の成果を見直し、フィードバックのコメントについて考え、成功を確認し、失敗を分析し、正しい行動をするにはどうしたらよいかをじっくり考えるための時間と場所を確保することが非常に重要である。こうした反省は、自分のコーチや同僚たちと話し合う前に、まずは自分一人で、あるいはフィードバックをくれた人と二人だけで行う必要がある。

安全性は、コーチたちへの相談の場でも確保される必要がある。つまり人々は安心してフィードバックを与えたり、もらったりできなければならない。評価や罰則を与えるのではなく、指導し、ヒントを与えることが目的だと考えることが必要だ。反対に、フィードバックのプロセスがメンバーを順位づけし、成績の悪い者に恥をかかせ、その失敗を永久に記録するためのものだと感じさせてしまうと、チームメンバーは言い逃れ、言い訳、責任転嫁に精神的エネルギーを集中させることになる。残念なことに、多くの企業はフィードバックを与えることと、フィードバックに効果的に対処することの両面から学びや成長の機会を与えるという意味での従業員教育の必要性を完全に見落としている。

インテュイットは、ベイン以外で最初にNPSを導入した企業であり、NPSロイヤルティ・フォーラムの草創期からのメンバーだ。そしてアップルと同じように、顧客に正しく接するにはこのフレームワークをどう使うのがベストかを徹底的に考えている。NPSを導入したばかりの頃、コールセンターのリーダーは、各担当者のNPSスコアを全員が見える場所に掲示し、優秀な社員を讃えるとともに、出遅れた者に圧力をかけようと考えた。ところが、得られた成果は期待とほど遠いものだった。ベスト・プラクティスを発見しようという試みの一環として、最高スコアを取った担当者の電話を聞いてみると、すべての顧客に対する電話が同じせりふで始まっていることが明らかとなったのだ。「〝一〇点〟満点の一日であることを願っています！」。これは、「当店では、一〇点満点で一〇点だけが合格点なのです」と、私に念を押していたあの自動車セールスマンと大して違いがない。

この情けないスコア操作の発覚を受けて、インテュイットはアプローチを見直すことにした。それから約一〇年後、アリゾナ州トゥーソンにある同社のコールセンターを訪ねてみると、状況は明らかに改善していた。壁にも、ランキング表は一枚も貼られていなかった。私は監督者（彼らは「コーチ」と呼ばれていた）の一人に、NPSをどう使っているかを尋ねた。彼の説明によると、スコアと「逐語的な会話の記録」は各担当者に転送されて、それぞれの自己啓発に使われるという。そして、コーチは毎月その担当者が行った通話のうち二本を選ぶ（すべての通話は教育研修目的として録音されている)。一本は批判者《デトラクター》スコア、もう一本は推奨者《プロモーター》スコアになった記録だ。コーチと担当者は二人で両方の通話に耳を傾け、コーチは担当者にどちらの会話がよくてどちらが悪かったのか、なぜそうなったのか、どうすればその問題にうまく対処できたかを尋ねる。安全で、評価を伴わないコーチとのこうしたやりとりを通じて、担当者は自分が何に取り組みたいかを考えることができるようになる。その後にNPSフィードバックを受け取るので、自分の進歩の度合いも自己採点できるのだ。彼らはこの仕組みを気に入っている。自分の尊厳が保たれ、フィードバックが自分の成長に有益だと捉えているのである。この間、インテュイットは競合他社の業績を圧倒し続けていた。

これとは対照的に、競合他社の多くの店舗やコールセンターは、顧客の喜びよりも物流や業務の効率にとらわれ、まるで工場のような考え方で運営されている。こうした職場では、売り場や電話応対に割ける時間が少なくなるため、日々の打ち合わせやコーチとの語らいの時間が認められていない。しかし、チームがフィードバックの内容をじっくりと考えて対処できなければ、最新テクノロジーを満載した高価なフィードバック用プラットフォームを導入してもほとんどメリットがないだろう。

このいかにも工場的な思考態度は、物事を全体像からではなく断片的に捉え、特定の手続きのみに着目するせせこましいKPI管理に帰着してしまう。したがって、サービス担当者が自分の担当範囲以外のフィードバックも歓迎し、それに基づいて行動し、顧客体験全体の改善努力に積極的に取り組まない限り、彼らの仕事は安泰ではない。判断力と解釈力、創造力を駆使して、これまでになかったような素晴らしい顧客体験を提供しなければ、人は安価なボットに置き換えられてしまうだろう。

フィードバックの対処に安全な時間と場所を提供する解決策

●**アップル**：成功したアップルストアのマネジャーから、かつて次のように言われたことがある。「私たちは、個人に対するポジティブなフィードバックはチーム全体の前で発表しますが、ネガティブなフィードバックは個人的に伝えます」。特定のチームメンバーについて言及した顧客フィードバックは、彼らのiPhoneに直接届く。詳細を見ることができるのはリーダーだけなので、彼らはそれをコーチングに使うことができる。そして、NPSスコアによる従業員のランキングが発表されることはない。

●**ベイン**：第4章で紹介した通り、ベインにおける中心的なフィードバック・プロセスはチームのハドル（打ち合わせ）だ。ベインにおける成果へのプレッシャーは相当大きいこともあり、きちんと管理しないと、『蝿の王』（訳注：イギリスの小説家ゴールディングの長編小説）で描かれたような野蛮な文化へと転換しかねない。この点を念頭に置いたうえで、ベインでは誰もが、コーチングはチームを働きやすい場所にするためにメンバー同士が助け合うものという共通認識で、フィードバックのやりとりをするよう教育されている。スコアとフィードバックは、当社のチームがクライアントとともに勝つことを支援するよう設計されており、「ハドルは週に一度」というリズムのおかげで、フィードバックがいちかばちかのテストではなく、宿題の採点のように感じられる雰囲気ができあがっている。

●私のクライアントの中には、特に新型コロナウイルス感染症が大流行したときに、すべてのフィードバックから従業員の個人名とスコアを削除したうえで、チーム内でそれを共有した企業もあった。私は当初このアプローチに半信半疑だったが、その後これが非常に効果的であると理解するようになった。ネガティブ・フィードバックは従業員個人には大きな脅威になるかもしれないが、彼または彼女がチームの一員として扱われていれば、守りに入ることもなく、顧客からのフィードバックに前向きに耳を傾け、理解し、対処できると思う。

● よく設計された技術ツールを使えば、上司の手を借りなくても、担当者が顧客から直接学ぶことでフィードバックを有効活用できる場合もあるだろう。ある人気のツールは、ＡＩ（人工知能）を使って、最近担当者が接客した顧客の中から、検討と調査に値する最も有益なコメントを選び出す。この自助ツールを使うと、サービス担当者は管理者やコーチからのプレッシャーを受けることなく、効果的な学習ができるようになる。しかも、担当者は自分自身の改善に対する責任感を自覚できるので、フィードバックを素直に受け入れ、新たなアプローチを前向きに発見しやすくなる。

課題5

匿名性

メンバー一人ひとりが自分の行動に責任を持ち、お互いに理解し合えるコミュニティを築くには、個人の行動（良いことも悪いことも）が、リーダーとコミュニティの他のメンバーからはっきりと見え、認識される必要がある。要するに、匿名性は黄金律の敵になることが多いということだ。いじめっ子や怠け者、ペテン師が、自ら火の粉をかぶらずに、他のメンバーやコミュニティそのものを裏切ることができるからだ。昔は、小さな街の商店主は、どの顧客が信頼でき、代金を払ってくれるかをよく把握していた。人々はお互いに顔見知りで、誰が頼れるかを知っていたのだ。目に見える行動や振る舞いで、評判が築かれていたからである。だが今の時代、相手がどのようなタイプの人物であるか、常に把握することは不可能だ。今日は匿名性によって個人の説明責任が見失われているが、この問題はあらゆるデジタルコミュニティの中で完全な匿名性が実現すると拡大する。なぜなら、人々は面と向かっては決して使わない挑発的な言葉に頼ってしまうからだ。今日の世界で、こうしたデジタルチャネルがしだいに重要な役割を担うようになると、デジタル化の進んだ世界で黄金律を広めるには、この匿名性を緩和する必要がある。

純粋に匿名のフィードバックや評価は、無責任な、非難されるべき行動さえ生むこともある。だが同時に、すべてのフィードバックが個人に結びつくような完全な透明性が実現すると、正直さや誠実さが失われるかもしれない。良い人でいるべきだという社会的プレッシャーが批判を封じ込め、スコアを膨らませることも多い。このような状況は、力の不均衡があるときに悪化する。歯医者の予約をしている患者は、担当の歯医者を評価しづらいかもしれない。

要するに、完全な匿名性は黄金律を実践するうえでよくないが、構造的な匿名性が必要不可欠になることも多いということだ。ここで「構造的な」とは、個人の素性がフィードバックの送り手と受け手（たとえばウーバーの乗客とドライバー）から適切に区分されて隠されていながら、システムは全員をよく知っていることを意味する。経営者は、正しく判断し、システムの完全性を担保するために、詳細な情報にアクセスできる。たとえば、アマゾンの評価は評価者の身元を明らかにしないが、アマゾンのシステムはそれが誰かを知っており、黄金律の基準に対する説明責任を果たさせるための措置を講じることができる。重要なのは、匿名性を適切なレベルで保ちながら、正直で建設的なフィードバックを生み出せるようにフィードバック・プロセスを設計する、ということだ。

匿名性を最適化する解決策

●**ベインの社内フィードバック**：私たちの社内プロセスでは、回答者はそれぞれ一人につき一回、回答する権利を与えられており、匿名性が要求される場合にはそれが保証される。したがって、社員は自分が本当に考え、感じていることを伝えることができる。同様に、顧客からフィードバックを集めるときにも、個人を特定できないようにするオプションを提供している。もちろん、こうするとチームが回答者に直接連絡できなくなるため、根本的な原因を探ることはかなり難しくなる。しかし、チームのメンバー（特に最も若いメンバー）の中には非協力的と思われる、あるいは自分の上司に対するイメージが悪くなることを恐れて、本音を話さない人もいるものだ。

●**アマゾン**：アマゾンの五つ星のレビューは、率直さを奨励するために匿名となっている。同社は公認の購入プログラムやレビューの有用性をユーザーに評価してもらうことで、レビューの信頼性向上に努めてきた。だが、専門家によると、アマゾンのレビューのかなりの部分が本物ではないため、改善の余地はまだまだあるという。

●**エアビーアンドビー**：エアビーアンドビーは、ゲストとホストの双方向の評価システムによって、フィードバックから得られる価値を可能な限り引き出すことで、正直な採点を可能にしている。レビューは一定期間ブラインド（相手のフィードバックが見えない）状態が保たれた後、両者のフィードバックが同時に公開される。サイトの訪問者とエアビーアンドビー本社スタッフが見ることができる公表された評価とコメント以外に、補完機能としてのプライベートチャネルがある。ゲストはこのチャネルを使って、友好的な助言やコーチングを提供できる。たとえば自分の評判を傷つけたり、本社の監視機能に介入されたりといったことを気にすることなく、テーブルの脚がぐらついていた事実などを伝えられるというわけだ。これと同じように、ホストがゲストの問題を報告し、状況によってはエアビーアンドビーに必ず介入してもらえるプライベートチャネルも用意されている。

●**ウーバー**：報復を避け、乗客が快適に過ごせるように、乗客によるドライバーの評価とドライバーによる乗客の評価の双方で、互いに匿名性が保たれている。しかし、それぞれのスコアは本社経営陣には完全に開示されているので、経営陣は評価のための効果的なインセンティブと、必要に応じた適切なペナルティを設計するよう努めることができる。

課題6

悪い行動

黄金律は、そもそも善良な人々からなるコミュニティで最もよく機能する。ここで「善良な人」とは、他の人の生活を豊かにすることに喜びを感じ、自らも正しい生き方をしようと努力する人のことだ。だが、現実世界では自分のことしか考えない人もいる。組織心理学者のアダム・グラントは、こうした人々を「テイカー（真っ先に自分の利益を優先させる人）」と呼ぶ。(7) テイカーは世界（または自分のコミュニティ）をより良い場所にしようとはつゆにも思わず、ただ自分のためになるべく多くのものを手に入れたいと考える。

私はアダムに、世の中の何割ぐらいがあからさまなテイカーかを尋ねた。彼は「一九％」だと答えた。五人に一人！　私は本当に悪い人々の割合はそれよりも低いと思っているし、そうであってほしいと願っている。ツイッターの推計によると、ツイッターに投稿される口汚く、脅迫的で、憎悪に満ちた投稿はすべて、わずか一、二％のユーザーから発信されているという。(8) 実際の割合がどの程度であるかは別にして、悪人は容認されてはならない。黄金律が集団の行動規範として機能するためには、常日頃から悪い行動を取る顧客や同僚、サプライヤー、パートナーに対処するプロセスが必要となる。こうした違反行為を許しておくと、コミュニティが弱体化し、他の人々から活力と資源を不当に奪ってしまうことになる。企業のリーダーが黄金律を確実に実践するよう、特別な注意を払わなければならない。なぜなら、自己中心的ないじめっ子や怠け者、ペテン師がまんまとリーダーのポジションにつこうものならコミュニティの行動基準は低下し、メンバーがリーダーの規範となる道徳基準をまねるからだ。

企業コミュニティの大きな強みは、顧客、従業員、サプライヤー、投資家が相互に利益になる関係を自由に選択し、構築する自発的な集団だという点にある。しかし、こうした関係はコミュニティの活力を強化するものでなければならない。個人が有益な貢献をできない、あるいはコミュニティ全体の利益を損なう行動を取った場合には、その責任は問うべきである。リーダーは価値観と原則を自分たちの判断や優先順位に反映させ、悪人（彼らが顧客や同僚であったとしても）からコミュニティのすべての構成員を守る勇気を持たなければならない。

悪い行動を抑える方法

●**ウーバーのドライバー**：ドライバーは、乗客からのスコアが地元の同僚たちの中で下位一〇％（多くの地域で実際には四・六％以下）まで落ちると、警告を受け取る。さらに、乗客の声に基づいて改善提案を受ける。地元の経営チームの指導で改善が見られないと、顧客体験改善を専門とする企業のオンラインコースを受講するように薦められる。それでも改善しない場合、ドライバーはクビになる。

●**ウーバーの顧客**：ウーバーはドライバーからの乗客の評価も精査している。ドライバーはこのデータにアクセスして、乗車を承諾する判断に使っているため、システムは自動的に低評価の顧客を罰していることになる。極端なケースでは、顧客に同社のサービス利用を禁止することもある。オーストラリアとニュージーランドを担当する地域マネジャーによると、彼のチームは毎年数百人の顧客にこの措置を講じるという。対象となるのは、他の乗客やドライバーに暴力を働いたり、罵倒したりする顧客だ。考慮すべき特段の事情がない場合、顧客を確実に出入禁止にするには、現地のウーバーの経営幹部が顧客と電話で会話するという適切な手続きを取らなければならない。こうして、この顧客にもう一度チャンスを与えるに値するかどうかを、会社は判断している。

●**ジェットブルー航空**：たいていの航空会社は、自社の航空路線の利用を禁止する搭乗拒否リストを作成している。乗客は他の乗客や乗務員に乱暴な振る舞いをすると、搭乗を禁止されることがあるが、そのためには機長が直接介入する必要がある。ジェットブルーは最近、自分が新型コロナウイルス感染症に感染していると知っていながらジェットブルーのフライトを選択し、それによって他の乗客や乗務員をウイルスにさらしていたことが判明して話題になった。この乗客は、生涯にわたって搭乗を禁止された。

●**エアビーアンドビー**：評価の低いホストとゲストは、自由市場の仕組みの中で罰せられている。評価の低いホストは旨味のある価格を実現するのに苦労し、稼働率が低下する。悪い評価を受けた顧客は、望ましい物件を借りることが難しくなる。こうした悪質な行動が続くと、違反者は同社のシステムから排除される。二〇二一年のアメリカ合衆国議事堂襲撃事件の直後、エアビーアンドビーは、警察当局と密接に協力して、犯罪行為に関わった個人を特定し、エアビーアンドビーのサービスを利用できないようにした。

●**アップル**：私はアップルストアで働く人々に、何が変われば彼らの仕事体験が向上するかを尋ねた。従業員や他の顧客の体験を台無しにする一握りの顧客に制裁を加える方法を考えよう、という提案が数多く出された。アップルの顧客の立場に立ったシステムを逆手にとって、日常的にルールをねじ曲げる悪徳顧客が存在するのだ。ある従業員は、保証期間を大幅にすぎたスマートフォンのスクリーンの無償交換に応じないと、次のアンケートで〇点にするぞと顧客に脅迫された経緯を教えてくれた。ジーニアスバー（アップルのサービスカウンター）では、自分が消去したデータが回復できないことを知って怒り狂った顧客から、実際に頭突きを食らわされた従業員もいる。悪質な顧客には「出入禁止」リストに載るだけの理由がある。アップル製品の愛好者にとっては、それは大変な痛手のはずだ。

＊　＊　＊

私たちの世界は、たった五語の一文によって変わった。「己の如く、汝の隣人を愛せよ（Love thy neighbor as thyself.）」。市場で利用する世俗的表現のほうがよければ、「自分が接する生活を豊かにしなさい」ではどうだろう。

優れた企業は、正しい文化と環境をつくり、NPSを使って進捗状況を測定・管理することで、このパーパスを追求する必要がある。どの企業が模範になるだろうか。私は聖書の言葉に頼ろうと思う。「あなた方は、その実で彼らを見分ける」。ネット・プロモーター・スコアは、非常に好意的な口頭によるコメントも併せて、どの顧客が愛を感じているかについての有力な証拠となる。

企業組織の大きな利点は、黄金律の行動基準を実現し、強化して、顧客、従業員、投資家を悪者から守るために自分たちのコミュニティを設計するという、非常に大きな自由度をリーダーが持っていることだ。本章にまとめた革新的なアプローチは、黄金律を組織の中心的存在に据えるための実践的な方法を示している。

皆さんはこの課題を非常に手強く、そこに内在する障壁を克服するには恐ろしいほどの労力が必要だという結論に達したかもしれない。もし、そう感じたのであれば、あなたは本章を正しく理解したことになる。

では、黄金律に沿った行動は、その努力に値する価値があるのか。答えは「然り」である。これは間違いない。本書の冒頭からここまでに示された証拠からわかるように、顧客の生活を豊かにするという点で優れた実績を上げてきた企業だけが、持続的な成長と発展を続けてきた。人々に正しく接することは、すべての優れた企業と、そういう企業で働く善良な人々全員の責任であるべきだ。実際、自由市場システムの中で責任をもって事業活動をしている企業は、黄金律に則った行動を取る人々や企業にあふれた持続可能なコミュニティを実現したい、という私たちの希望に貢献している。

それでは、政府や教会、慈善団体などの非営利組織はどうなのか、と考える読者もいるかもしれない。もちろん、非常に重要な役割を担っている。だが、偉大な企業の特筆すべき点は、それが自己調達した資金で成り立っているという事実だ。そして、税金や寄付を通じて直接的に、あるいは従業員、サプライヤー、投資家のために価値を創出して間接的に他の組織に資金を提供している。政府は法の支配を確立できるが、規制および法令による基準は、旧約聖書の「汝の隣人に害を与えてはならない」という概念を繰り返しているにすぎない。勝利する企業はさらに上を目指し、隣人を愛する方法を新たにつくり出す。そういうコミュニティにこそ私は住みたいと思う。

Winning on Purpose

Be Remarkable

7

期待を超えた感動を届ける

単なる満足に終わらない差別化

先日のクリスマスに、妻のカレンと連れ立って息子のビル&アリシア夫妻の新居を訪ねた。序文で紹介したように、二人はアップルストアで知り合い結婚したばかりだ。

互いの近況について語り合ううちに、私はふと、このクリスマス休暇中に何か感動的な顧客体験を目撃したか、ビルに聞いてみた。正直なところ、アップルに関する新しいエピソードでも仕入れておければ、と思ったのだ。ところが、ビルはちょっと前にアマゾンで体験したことを話してくれた。それは、投資家と同じように、なぜ大勢のアマゾンの顧客があの会社を愛するようになったのかがわかるようなエピソードだった。

一応断っておくが、ビルの話は従来の金融資本主義的な投資家なら顔をしかめるだろう。ビルは、転勤でドバイの拠点に異動する同僚のために、アマゾンで餞別《せんべつ》の贈り物を購入した。一〇〇ドル相当の品で、アマゾンから友人の自宅に直接届くはずだった。ところが、ドバイに旅立つ日が近づいていたにもかかわらず、品物は届いていなかった。アマゾンに電話して調べてもらったところ、「当社の記録では、品物はすでに届いているはずです」とサービス担当者は言う。この時点になってようやく、大変なことになっていたことが判明した。ビルは友人の家の住所を書き間違えていたのだ。ビルは自分のミスを認めて担当者に謝ったうえで、代金を支払うので同じ物を速達便で送るように手配してくれないかと依頼した。しかし、担当者はビルが誤って入力した住所が存在していないのだから、アマゾンがそれに気づくべきだったと判断し、ビルから正しい住所を教わると、代わりの品を彼の友人宅に急いで、しかもアマゾンの費用負担で届ける手配をしてくれたという。実に素晴らしい話である。

これを聞いて、私はその一年前にアマゾンで体験したことを思い出した。ビルの体験談よりも地味だが、これも心温まるエピソードだ。それはアマゾンから来た請求書にまつわる話だった。記載されていたレンタル映画のタイトルに覚えがなく、家族の誰もその映画を見た覚えがなかった。そこでアマゾンに電話し、サービス担当者に「請求額が間違っているに違いない」と伝えた。担当者は非常に丁寧で、すぐにその金額を取り消してくれたのだが、もし興味があれば、アマゾンの課金システムで、その映画が視聴されたと思われるテレビの型番をお教えしましょうと申し出てくれた。

私はその情報を手早くメモして、少し調べてみた。すると、わが家のゲストルームに、本当に同じ型番のテレビがあった。さらに調べたところ、あるゲストが後で料金を精算するつもりでその映画を見たのに、支払いを忘れていたことがわかった。そこで、私は再びアマゾンに電話して謝罪し、その金額をもう一度請求してほしいと述べた。すると、彼女は丁寧に「それをするのは簡単ではありません」と答え、続けて記録から私が超優良顧客であることは明らかなので、その映画のレンタル料金をアマゾンからのギフトとして受け取ってもらえないかと言うのだ。ビルの話を聞いて、そのときの感動を思い出したのだ。

この話にはさらに続きがあって、そのエピローグを二つ紹介しよう。一つ目は私がテレビのレンタル料金についてアマゾンに尋ねた日の翌日のことだった。そのときの体験について尋ねる、とても短いアンケートが届いた。回答すると、今度はアマゾンからフォローアップのデジタルメッセージが届いた。このたびは、当社が地球上でお客様を最も大切にする会社になるための調査にご協力いただき誠にありがとうございました。ご想像の通り、このメッセージには目を引かれた。「ずいぶん高い志だな」と思ったことを、今でも覚えている。

そしてその年の暮れ、わが家に緊急事態が発生したときに、同じような感動的な体験をした（そう、これが二つ目のエピローグだ）。庭の池のコイが何者かにほとんど食べられてしまったのである。この種の犯罪になると、アオサギ、カワウソ、ミンク、キツネ、アライグマ、コヨーテなど容疑者はいくらでも思いつく。対策を講じる前に、まずは犯人を突き止めなければならない。昼間には侵入者の痕跡が見つからなかったので、犯人は夜間に活動しているのだろう。そこで、アマゾンを訪問し、最も評価の高かったナイトビジョン式の野生動物カメラを購入することにした。

ところが、カメラが到着してみると、取扱説明書が非常にわかりにくく、どうすれば使えるようになるのか皆目わからなかった（実にわかりにくい説明書については後述する）。私は打ちひしがれて、アマゾンのサイトを再訪して返品することにした。ただ、手遅れになる前に残りのコイを守ろうと、急いでカメラを取り付けようとしたので、配送用の段ボールを修理不能なほど傷つけてしまっていた。このとき私は、何段階もの面倒な作業を覚悟した。適当な箱を見つけ、しっかりと封をして、ラベルをプリントアウトし、車でＵＰＳストアに運んで列に並び、申込用紙に必要事項を書き込み、といった諸々のことだ。だが、アマゾンのウェブサイトで、同社が新しい便利な返品方法を考案していることに気がついた。早速申し込んでみると、リアルタイムで認証コードがメールで送られてきた。後はただ、カメラとｉＰｈｏｎｅをＵＰＳ（またはコールズかホールフーズ）の店舗に持って行き、カメラをカウンターの担当者に手渡しさえすれば、スタッフがカメラを適切なラベルを貼った段ボールに梱包してくれるという。

そこで、私は近所のＵＰＳストアに出向くことにした。カウンターにいた若い男性が私のｉＰｈｏ

neの認証コードをスキャンすると、即座に私のアカウントに返金された。荷物がアマゾンに届き、倉庫に預けられて返金されるのを待つ必要はまったくなかった。店に入ってすべての作業を完了するまで、六〇秒もかからなかったのだ。驚くべき早業だ。

それから間もなく、アマゾンに関するベインの調査レポートを読んだ。それには、アマゾンが近い将来、オンライン小売業全体の中で五〇%を超えるシェアを獲得するだろうとの予測が示されていた。そして、アマゾンの成功の重要な理由の一つは、顧客の立場に立った価格設定だと結論づけていた。おそらく、この結論は読者を驚かせるだろう。私も驚いた。アマゾンがダイナミックプライシング（訳注：商品やサービスの需要に応じて価格を変動させる仕組み）のアルゴリズムを使って、顧客に可能な限り高い価格を請求していると批判する記事を、私は何年も前から何度も読んでいたからだ。具体的には、アマゾンはビッグデータ解析の専門知識を駆使して、顧客の郵便番号、購入履歴、コンピュータの機種、インターネットブラウザの種類等々に基づいて、顧客からなるべく多くの金を引き出そうとする、というものだ。

一見、科学的なダイナミックプライシングのアルゴリズムがすでに市場で幅広く利用され、取引ごとの収益をひそかに最大化していたことを考えると、こうした批判は実にまともなことのように思われた。それは、これらのツールがエンターテインメントや旅行などの業界ですでに幅広く利用されていたからだ。読者の皆さんも航空券の購入時にこういう経験をしたことがあるのではないだろうか。特定のフライトのまったく同じ席でも、いつ検索したか、購入者がどこに住んでいるか、購入しようとする日が何曜日かによって、航空券の価格が大きく変動するというものだ。サードパーティークッキー

（訳注：表示しているウェブサイトとは別のドメインから発行されたクッキーのこと）が読者のクリックパターンをひそかに探り、利用者から最大限の収益を引き出すよう設計された秘密のアルゴリズムに情報を提供しているのだ。

実に腹立たしい行為である。そこで、アマゾンで働いた経験のある何人かの知り合いに連絡して、アマゾンが顧客に可能な限り高い値段を請求するためにディープデータ（訳注：本人の許可を得たうえで、特定の対象者の利用・消費情報を蓄積したデータのこと）と高度な技術を使っているかどうかを率直に尋ねてみた。「それはないんじゃないか」というのが、彼らの一様に示した反応だった。というのも、そのような慣行はアマゾンのコア・プリンシプルに反するからだ[1]。

ベインのリサーチは彼らの反応を裏付ける。私たちは主要な小売店で多種多様な商品を買い求め、アマゾンがその言葉をきちんと実践していることを確認した。実際、同社は（私たちの調査期間の）八〇％以上でウェブ上に最低価格（またはそれに近い価格）を維持していた。アマゾンの価格が最低価格帯に入っていなかった大半の商品は二五ドル未満のものだ。アマゾンが取り扱うほとんどの商品と同様、これは偶然の産物ではない。二〇〇一年春のある土曜日の朝、ジェフ・ベゾスが地元のスターバックスでジム・シネガルと会い、コストコの価格設定哲学について学んだことがわかっている。次の月曜日、ベゾスは自分のリーダーシップチームに、一貫性のないアマゾンの価格戦略を改めると発表した。「小売店は二種類に分けることができます。どうしたら値段を高くできるのかを考えるお店と、どうしたら値段を下げられるかを考えるお店です。私たちが目指すのは後者です[2]」

私はこの変化を直に目撃した。以前は、最適な価格を見つけ出すために、さまざまなウェブサイトを検索しては無駄な時間を過ごしたものだ。何しろ各社の価格が（アマゾンのものも含めて）まちまちだったからだ。やがて、アマゾンの提示した価格がベストでなかったとしても、それに近い価格が最適価格であることがわかるようになってきた。また、アマゾンが配送料金を正直に表示しているのもさすがだと思った。商品そのものは目玉商品並みの安値に設定し、配送料を高くして利益を確保する業者もいるからだ。なかには、注文が完了する直前まで法外な配送料を隠す業者もあった。これは、配送料の高さに気づかない顧客もいるし、だまされて不愉快になりながらも、別のサイトでやり直すくらいなら高額の配送料を飲む顧客もいるだろうという、顧客を舐めきった悪質なダマシのテクニックだ。

こうした状況は、アマゾンが顧客に真の意味で感動的なサービスをつくり出すきっかけとなった。Amazonプライムである。

プライムタイムがやってきた

二〇〇五年二月、アマゾンは年会費七九ドルの「Amazonプライム」を創設し、翌々日配送を無制限で無料にするなど、Eコマースのルールを顧客寄りに変更した（訳注：年会費、サービス内容はアメリカのもので、詳細は日本とは異なる）。当時、業界の度肝を抜いたこの提案がヒットすることは目に見えていたが、収益に与える影響を正確に予測できる者はいなかった。大ざっぱな計算を紹介しよう。Amazonプライムが導入される以前、アマゾンは翌々日配送に九・四八ドルを請求していた。アマゾンがこの送料を負担するということは、年間九回以上の注文で利用者が得する計算になる。そのため、頻繁に購入する顧客がこのシステムを乱用し、すでにかなり薄いアマゾンの利益を削るのではないかとの懸念が、社内では指摘されていた。

しかし、ベゾスはこの政策を推し進めた。社内のチームには次のように説明した。「私は、優良顧客を囲い込むための堀をつくりたいのです。優良顧客を当たり前の存在と見なすつもりはありません」[3]。革新的なソリューションでいつも顧客に感動を与え続けると、ブランドの熱狂的な支持者が生まれ、そうしたロイヤルティの高い顧客がアマゾンでの出費を増やすだけでなく、会社の評判を上げられることを、ベゾスはわかっていた。Amazonプライムのサービスを開始するときにウェブサイトに掲載した発表文で、その考え方をここに紹介する（以下は再掲[4]）。特に最後の段落に注目いただきたい。

お客様へ：

ここに当社初めての会員制プログラム「Amazonプライム」を発表できることを心からうれしく思っています。これは、お急ぎ配送サービスを「食べ放題」のように、つまり無制限に提供するサービスです。仕組みは簡単です。固定の年会費をお支払いいただければ、百万点以上の商品の中から翌々日配送サービスを無制限でご利用いただけます。会員の皆様には、一点当たりわずか三・九九ドルで（東部標準時午後六時半までのご発注分につき）翌日配達サービスも提供いたします。

Amazonプライムは最低購入金額や注文の一括化といった、注文に伴う手間を省くことができます。翌々日配送が時たまのご褒美ではなく、毎日の経験になるのです。

Amazonプライムの会費サービスを、一家族四名様まで共有できるご紹介価格（年額七九ドル）で提供いたします。

翌々日配送料が本一冊当たりで通常九・四八ドル、翌日のお届けには一六・四八ドルかかっていることをお考えいただければ、このサービスがいかにお得かを実感いただけると思います。このサービスはすべての書籍、DVD、電化製品、台所用品、各種道具類、ヘルスケア製品、日用品等、あらゆるジャンルでご利用いただけます。

Amazonプライムは、短期的にはアマゾン・ドットコムにとってはコスト高になるでしょう。けれども、長期的にはお客様のさらなる購買につながると信じており、当社にとっても良いサービスになると考えております。この最新のイノベーションをお楽しみいただけますよう祈念いたします。

お申し込みはわずかワン・クリックで完了します。

敬具

創業者兼CEO、ジェフ・ベゾス

顧客の立場に立ったこの勇気あるイノベーションは、年間二億ドルの減収リスクを背負ってでも、遅延手数料が発生する前日に顧客に電子メールを送ったディスカバーのCEO、デイビッド・ネルムスの決断（第3章）を思い起こさせる。さらに、カルバン・クラインのジーンズを、もっと大幅な利益を得られるのにもかかわらず、一四％という標準的な利幅での販売を決めたコストコの例も頭に浮かぶ。この文脈で、これをもう一度言っても悪くないだろう。自分の会社が、顧客の期待を超える感動的な存在になるために頑張れば、常に顧客の利益を最優先し、顧客の生活を豊かにする商品やサービスを手頃な価格で提供しようと懸命に努力し続ければ、顧客は喜んでその創意工夫に対価を払い、友人に伝えるだろう。

Amazonプライムの立ち上げ当時、Eコマースの世界で誰が真の勝者になるかはまったくわからなかったことを忘れないでほしい。その頃、業界の盟主だったのはイーベイで、時価総額は三三〇億ドルだった。二〇〇四年当時、アマゾンはまだ書籍と音楽の販売が中心で、時価総額は一八〇億ドルだった。

世界トップクラスの顧客調査会社のCEOは、事業分野を拡大すれば、アマゾン・ドットコム（当時はそう呼ばれていた）はすぐにでも「アマゾン・ドット・トースト（アマゾン破滅）」になるだろうと宣言した。[5] それから一五年後、アマゾンの時価総額は九〇〇〇億ドルを突破したが、イーベイは三〇〇億ドルと若干減少した。その理由は、アマゾンは商品ラインをとことん拡大しただけでなく、顧客体験の向上も飽くことなく追求し続けたからだ、と私は見ている。

Amazonプライムの顧客体験の主な改善点を要約しよう。

●二〇〇五年：Amazonプライム開始（年会費七九ドルで翌々日配送の送料が無制限に無料）。
●二〇〇六年：サードパーティー業者の発送をアマゾンが行う（そして、Amazonプライムの翌々日配送無料の対象となる）。
●二〇一一年：インスタントビデオのストリーミング再生が無料に。
●二〇一四年：アマゾン・ドットコム上でのライトニングディール（限定セール）に三〇分早くアクセス可能。
●二〇一四年：プライムパントリー（日用品をまとめて一箱にして受け取れるオンラインショッピング）サービス開始。購入金額三五ドル以上のプライム会員には配送料無料。音楽ストリーミングと無制限の写真ストレージも利用可能に。
●二〇一四年：大都市に住む会員がよく注文する商品を同日（多くは二時間以内）に受け取ることができる「プライムナウ」サービスを開始。
●二〇一七年：ホールフーズの割引、プライムワードローブ、プライム会員限定ブランド（グッドスレッズ）、アマゾンとホールフーズでのすべての買い物で五％のキャッシュバックを提供するチェースのプライム会員向けVISAカードなどのイノベーションが相次いで登場する。
●二〇一九年：ホールフーズが食料品の無料配送と集荷を開始。プライム会員の自宅内への配送を含む無料当日配送を一万以上の市町村に拡大。

一年おきぐらいに新しい画期的サービスが導入される顧客目線のイノベーションによって、

Amazonプライムは驚異的な成功を収めた。一五年間で、会員数は世界で二億人にまで成長。プライム会員は非会員の二・三倍（年間の購入金額が非会員の六〇〇ドルに対して一四〇〇ドル）の買い物をしており、ベインの調査によると、プライム会員のネット・プロモーター・スコアは一貫してすべての小売分野の中で高くなっている。一部では最高三〇ポイント高いセグメントさえある。最近、プライム会員の会費は年間一一九ドルまで上昇したが、それでも驚くほどのお得なサービスだ。たとえば、プライムの無料ビデオストリーミングは、ネットフリックス（Netflix）の三倍の数の映画を、年会費以外の追加費用なしで提供している。一方、ネットフリックスのスタンダードな会費は年間一六八ドルだが、受けられるサービスの種類ははるかに少ない。

実に驚くべきサービスだ。

「満足」だけでは感動しない

現代経営学の父と呼ばれる、著作家でコンサルタントのピーター・ドラッカーは、かつて「顧客を満足させることは、あらゆる企業の使命であり目的《パーパス》である」と書いた。(6) 失礼ながら、私はこの意見に同意しかねる。

もちろん私は、企業のパーパスの中心に顧客がいるべきだという考え方については全面的に支持するが、単に顧客を満足させるだけ、というのではハードルが低すぎる。「満足させる（satisfy）」という言葉の意味を考えよう。辞書には「誰かの期待に応えること」とある。同義語の一つがadequate。「まあまあの」「そこそこの」という意味だ。ここまで書けば、読者はもうお気づきだろう。それでは不十分だ、ということを。

ＮＰＳは「期待に応える」から「期待を超えて」へ、そして「顧客を満足させる」から「顧客を喜ばせる」へと、さらに一段上のレベルを目指す。本書を通じて強調してきたように、偉大な企業の第一のパーパスは顧客の生活を豊かにすることだ。これを達成するには、人々を単に満足させるだけではまだまだ足りない。「満足」とは「不平や不満がない」ことを示唆しているにすぎないからだ。これに対して、「顧客の生活を豊かにする」とは、顧客が愛されていると感じ、顧客の期待を超えた感動を他の人々に伝えるほどの素晴らしい経験を実現することだ。顧客を感動させなければならない。顧客を単に満足した状態から、真の意味で心が震えるほどの体験に導く必要があるのだ。この高いハードルをクリアすることで、初めて顧客を推奨者《プロモーター》、つまり再び来店し、友人を紹介してくれる貴重な資産に変えることができる。

ＮＰＳの模範となる企業は、こうした期待をはるかに上回る行為を日常的に、しかもそれを組織的かつ常に工夫をこらしながら実践している。コストコのジム・シネガルは、コストコの倉庫店舗で毎日低価格を実現するだけでは長期的な繁栄は望めない、と私に言った。

人間の脳はこの点で少しひねくれている。あるパターンを認識すると、すぐにそれに飽き始めるのだ。何か新しいもの、たとえば何か非常に素晴らしいものを見つけると、まずは興奮する。これは当

然としても、その素晴らしさが失われていないにもかかわらず、時間が経つうちに、私たちは興味を失ってしまう。(7)

私たちは、感動のあまり、友人や同僚にその体験を話したくなるほどの意外な出来事を常に求めている。だからこそ、コストコは常に新しい品揃えと驚くほどのバーゲンを用意するなどして、顧客の来店が宝探し体験になるように努力している。この会社は、発見したいという顧客のニーズに応えてくれる。「次にご来店いただくまでに売り切れてしまう可能性が高いので、今すぐ手に入れたほうがいいですよ」と（正直に）提案することで、顧客のアドレナリンを引き上げるのだ。そして、その提案はまぎれもない真実なので、顧客は押し付けられ、あるいは操られていると感じることもない。実際、コストコではどんな商品も簡単に返品できるので、購入後に後悔する心配はない。

最初こそ驚き、感動するものの、やがて陳腐化するイノベーションはいくらでもある。たとえば二〇〇九年、USAAは銀行として初めて、スマートフォンのアプリを使った小切手の入金を可能にした。当時、これは文字通り画期的なことだった。小切手の入金のために銀行の店舗に行く必要がなくなり、ほとんど瞬間的な資金化が可能になったことは、当時は実に魔法のように思えた。だが現在は、主要金融機関はもちろんのこと多くの中小金融機関がこのサービスを提供している。ほんの数年間で、「感動」から「当たり前のサービス」へと陳腐化してしまったのである。(8)

顧客サービスセンターでの自動コールバック技術にも同じことが起きた。私がこのサービスに初めて出合ったのは、猛吹雪のときにフライトの予約変更をしようと、サウスウエスト航空に連絡したときのことだった。サウスウエスト航空に電話する直前まで、私は別の航空会社に電話して三五分間も待たされていた。その後にかけたサウスウエスト航空の音声自動応答システムは、保留状態で私を待たせる（家族との食事をまたフイにさせる）代わりに、担当者の手が空きしだい折り返し電話をしてくれると伝えてきて、私の順番を確保してくれた。そして、私は折り返し電話の時間帯さえリクエストできた。このときの感動は忘れられない。もちろん、今ではこのサービスも当たり前になっているから、もはや心を動かされることはない。一方で、ある会社ではこのサービスさえ未だに使・え・な・い・で・い・る。永遠に自分の番が来ないと思えるほど電話の列に待たされ、明らかにうそくさい（「あなたさまのお電話が当社には重要なのです！」）録音メッセージや、皮肉にも恩着せがましい（「ご質問への回答は、まったくお待ちいただくことなく当社のウェブサイトで簡単に得られることをご存じでしたか」）録音メッセージにはいらいらさせられっぱなしだ。

そう、ここでもイノベーションの必要性がなくなることはない。昨日の「感動」は今日には「あくび」となり、明日には最低限の許容水準となる。私たちの飽くなき欲求を満たし、心が震えるようなイノベーションを組織として継続して提供できるようになるためにはどうすればよいのだろうか。ほとんどの企業にとって、その答えを得るには、限りなく無限の創造的才能の宝庫である認知的な超資源を利用するしかない。それは最前線の現場で働く従業員とその顧客の頭脳である。

ジェニーの質問

私は娘のジェニーと三人の息子たちに、E・B・ホワイトの信条を長く説いてきた。ホワイトは雑誌『ニューヨーカー』誌の伝説的な書き手であり、良い文章を書くための文字通り偉大かつ不朽の手引書『英語文章ルールブック』（荒竹三郎訳、荒竹出版、一九八五年）の（ウィリアム・ストランク・ジュニアとの）共著者である。

ストランクとホワイトが残した重要な名言の一つは、「単純さが力を解き放つ」ということだ。この哲学は、わずか二つの質問で構成された、もともとのネット・プロモーター・システム調査に反映されている。それは①「あなたが（当社の製品またはサービスを）推奨する可能性はどれくらいありますか（〇〜一〇）」と②「あなたがそのスコアをつけた理由は何ですか（自由形式での説明）」だ。『フォーチュン』誌のシニアエディターであるジェフリー・コルヴィンは、NPSがなぜ顧客の成功のための卓越した指標になったかを分析し、このシステムが広く受け入れられた最大の理由は「世界で最も短い顧客調査」に基づいて組み立てられた「冒涜的《ぼうとく》」なほどに過激な単純さにあると結論づけた。[9]

ジェニーが関わり始めたのはここからだ。当時、ジェニーは大手のワインと蒸留酒の小売チェーンに勤めていて、同社のNPSフィードバックの管理を担当しており、これについて私と話をしたいと言ってきたのだ。「お父さんはたぶん気に入らないと思うけど、私たちは二つの質問を三つにしたの」と、彼女は言った。

そうか。「それで、三つ目の質問は何かね」

ジェニーは、自分が困難な課題に挑んでいることを知りながら、気さくにほほ笑んだ。「『お客様の経験をさらに特別なものにするために、私たちにできることはあるでしょうか』よ」

私は信じられなかった。自分の娘が、私が生涯かけて取り組んできた仕事の土台を崩そうとしているのだ。

私の「質問のなし崩し的な増加《クエスチョンクリープ》」との個人的な戦いは、NPSが誕生した頃にまで遡る。新米の実務者は、個別企業の事情に調査内容を合わせるべきだという名目で、追加の質問をすべり込ませればシステムを改善できると結論づけることが多い。質問を一つ追加するとそれが二つ、三つ、四つと増えていき、いつの間にか、記入することが面倒なアンケートになるのだ。それはあたかも、よくある膨大な市場調査に似ている。顧客の時間がそれほど重要ではないことを前提としたようなつくりなので、顧客はいら立ちのあまり削除キーを打ち込み、対話が始まる前に終わってしまう。

顧客がそれについて言うべき重要なことがあるのなら、二番目の質問の自由回答欄に書き込めばよいではないか、と私は娘に言った。ほとんど舌打ちしたいくらいの気分になって、こう諭した。「ジェニー、その質問は事柄を複雑にするよ。力を吸い込み、エネルギーを奪っていく闇の力だ。E・B・ホワイトもあきれるだろう」

だが、私と妻のカレンは他人から何か言われたからといって簡単にあきらめるような子どもに育てていなかった。尊敬と優しさを実践し、ただし気概を持って生きるよう教えたのだ。ジェニーは私に自分の判断の裏付けとなる証拠を示してくれた。そして、彼女が正しいことが判明した。質問②に回答するとき、推奨者はたいてい次のようなコメントをする。「フェアファクスの店舗での買い物は本当にすてきな体験でした。レジ係のアンジェラと接していると、いつも私たちが歓迎されているという気になります。素晴らしいサービスをありがとう」。もちろん、これは非常に重要なフィードバックだ。店長は次の店内ミーティングでアンジェラを讃え、見事な仕事ぶりを全員の前で認めるとともに、優れた顧客サービスの価値を示すことができるからだ。

だが、ジェニーはそのフィードバックから、自分のチームが何をすればもっと良くなるか、という明確で一貫したヒントを得られなかった。第三の質問「お客様の経験をさらに特別なものにするために、私たちにできることはあるでしょうか」はこうして生まれた。彼女は質問③を二種類の顧客に向けている。質問①に「九」または「一〇」と答えた顧客、つまり推奨者《プロモーター》と、「七」または「八」と答えた顧客、つまり今は満足しているが、競合他社に目をつけられたら要注意という中立者《パッシブ》だ。

質問③に対して、ある推奨者は、最近来店したときにお気に入りの地ビールが見つからなかったと書いていた。店長はすかさずこの顧客に電話し、アンケートに答えてくれたことへの礼を述べた。そのうえで、その顧客がお気に入りの地ビールをサービスデスクの後ろに隠しておいたので、次の来店時には購入してもらえると伝えた。我々がベインで「クローズド・ループをつくる」と言っているのはまさにこのことであり、ジェニーの考えた質問によって、この貴重な顧客を心から喜ばす機会が実現したのである。

今や私が「ジェニーの質問」と呼んでいるこの三つ目の質問は、さまざまな状況の中で有益であることが証明されている。自分たちのことを最もよく知り、その成功を望んでいる顧客から学ぶ機会を得られるからだ。これは本当である。推奨者はあなたの会社のビジネスをよく──場合によってはあなたよりもよく──知っているので、「ジェニーの質問」をすることで、彼らの善意と創造的な知性を刺激するのだ。

とはいえ、ジェニーと三人の息子たち（クリス、ビル、ジム）には、何であれ質問を追加するのは本当に難しいと警告しておいた。私たちは、NPSのシンプルさを崩したくない。その雄弁な提唱者であるE・B・ホワイトを墓の中で憤慨させたくないのだ。

チックフィレイは期待を超えた感動を目指す

チックフィレイと最も密接に働いていた数年間、私は同社の店舗運営責任者の年次集会に何度か参加する機会に恵まれた。ある年のミーティングでは、聖書からの一場面を再現したビデオが流された。それは今でも私の記憶に焼き付いている。ローマ法の定めでは、現地のユダヤ人は、軍隊が自分たちの町を通り過ぎるときには、ローマ人兵士のガイド兼荷物運び《ポーター》として、一ローママイル──現在の一マイルよりも少し短い──彼らの重い荷物を運ばなければならなかったそうだ。負担の大きいこの義務について尋ねられると、イエスはユダヤ人たちに、義務を怠るのでも、ましてや憤慨するのでもなく、喜んでその荷を受け取り、しかも求められた一マイルではなく、二マイル運ぶように助言したという（そう、「セカンドマイルを行く（＝もう一段の努力をする）」という表現は、この逸話に由来している）[10]。

この場面が呼び水となって、チックフィレイの「セカンドマイル・サービス・プログラム」が始まった。これは店長と彼らのチームを促して、顧客を単に満足させるのではなく、喜ばせるためには何ができるかを創造的に考えてもらうプログラムだ。その後数年のうちに、チックフィレイの経営陣はこれを「感動を生む」取り組みと呼ぶようになり、一時期は各店のＮＰＳスコアを「感動を生むためのスコア《ビー・リマーカブル・スコア》」と呼んでいた。サービスの名称はともかく、当時重要だったのは、顧客を喜ばせ、店に何度も足を運んでもらい、友人や家族を連れてくるような真の推奨者へと転換するために、チックフィレイの現場チームの創造力を解き放つことだった。

そして、このプログラムはうまくいった。続いて起きたのは、各地の店長とそのチームが実現した感動的なイノベーションの数々だった。ペパーミントのミルクシェーキは店舗発のアイデアで、休日前後にかなりの人気商品となった。チキンナゲットを開発したのも別の地方店だった（爆発的にヒットした）。別の社員は、ドライブスルーにいる飼い主にドッグビスケットを配るという提案もあった。提案は他にもまだまだあって、数え上げたらきりがない。

時には、本社スタッフが有望なアイデアを試し、その後、他の店舗でも容易に実施できるように改善したものもある。成功事例があれば本社が注目し、関連する統計データを共有することも怠らない。

だが、社内で生まれ育ったイノベーションを他の店舗でも実践するよう本社が強制することはほとんどない。各店舗の立地、客層、チームの力量に合いそうなものを各フランチャイジーが選択し、採用していく。

私は、フロリダのメキシコ湾岸にあるゴルフ場で一ラウンド回った後、その近くにあるチックフィレイに末息子のジムを連れて行ったときのことを今でもよく覚えている。当時はマサチューセッツ州にある自宅付近にはチックフィレイの店舗がなく、ジムにそのチェーン店がいかに特別かを自分の目で見てほしかったのだ。私は、当時発売されたばかりのスパイシーチキン・サンドイッチを注文した。トレイを持って席に着くと間もなく、フレンドリーなウェイトレスが、私たちが料理を気に入っているか様子を見に来て、「飲み物のおかわりはいかがですか」と声をかけてきた（ジムは、ファストフード店でそのような無償のサービスを経験したことがなかった）。さらに、通常はサラダにかけるブルーチーズドレッシングをサンドイッチと一緒に試されてはどうかと尋ねてきた。「ぜひお願いします！」。私がやや興奮してうなずくと、彼女はカウンターの後ろに戻ってサラダドレッシング用カップを一つ持ってきてくれた。「ルール違反なんですけどね」とウェイトレスはいわくありげに言ったが、私がこの組み合わせを絶対気に入ると思ったそうだ。そして、その見立ては正しかった。

私は自分が時々チックフィレイについて書いたり、スピーチやセミナーで同社を例として取り上げたりしていることを彼女に話した。そして「感動的なイノベーションにふさわしい新しいアイデアを何かご存じないですか」と尋ねた。「ええ、もちろん知っています」。彼女は明らかに情熱をこめて言った。「私たちの店長は、ありとあらゆる素晴らしいアイデアを思いつくんですよ」。そう言って、とてもクリエイティブなアイデアを次から次へと教えてくれた。三〇分後に車に戻った際に、彼女の言ったことを忘れないように数分かけてメモ書きしなければならなかったほどだ。

特に一つのアイデアが今も印象深い。彼女の説明によると、店長が地元のホームデポの店長と知り合いで、彼を説得して土曜日朝に開催する親子の工作プロジェクトに材料と専門知識を提供してくれるようになったそうだ。最初のプロジェクトは鳥の巣箱で、これが大成功だったので、彼女の店はそのイベントを何度も開催した。その後は植木箱やモデルカーのレース用トラックなど新しいプロジェクトが次々と追加された。土曜日の朝食セットは、毎回売り切れになったそうだ。

この話をベインのダラスオフィスの同僚たちに話したところ、そのうちの一人が「チックフィレイはわが家のお気に入りレストランになりました」と言った。正確には、彼の三歳の息子のお気に入りで、「毎週欠かさず家族で行くイベント」になっているという。だが、この話で最も興味深かったのはその理由だった。家族で初めて店を訪ねたときに、あるスタッフがわが子に特別に親切にしてくれた、というのだ。胸につけていたバッジによると、彼の名前は「ホセ」。そのときは、キャスター付きの大きなバケツを使ってモップで床掃除をしていたのだが、男の子はその道具に大いに興味を惹かれたのだという。ホセは、お子さんに床掃除を手伝ってもらってもよいかと尋ねて了解をもらうと、男の子をモップに乗せてレストラン内を歩き回った（ホセは少年に、床を完璧にきれいにするには、君がモップの上に乗ってくれるとちょうどよい重さになるんだと説明した）。その後はお店に行くたびに、ホセは彼の息子を名前で呼んで、そのときにしていた仕事が何であれ、それを手伝わせるようになった。ナプキン入れにナプキンを詰めたり、ストローを追加したり、雨の日に傘を差し出したりといった具合に……もうわかるだろう。ベインのパートナーである私の同僚は、家族全員が食事も、サービスも店の雰囲気も気に入ったのだが、本当に感動的だったのはホセだったと言って話を締めくくった。

また、その店の店長は、バレンタインデーにタキシードを着て、予約限定の特別ディナーサービスを提供した。彼はそれぞれのテーブルにテーブルクロスを敷き、赤いカーネーションの入った花瓶をしつらえ、各席を回って自らバイオリンでセレナーデを演奏し、来店客の特別な夜を演出した――しかも特別割引価格で。別の店長は毎月のイベントを始めた。「パパと娘のデートナイト」だ。

父親が、特別に飾られたレストランに娘を連れて行く予約をして、特別な時間を過ごす。なかには、娘と二人きりでは、それほど長い時間を過ごしたことがない父親がいるかもしれない。そこで、気まずい雰囲気にならないように、レストランは「今日カフェで一緒に座った子について話してくれるかい」といった会話のきっかけをつくるためのシートを用意した。

私のめいっ子夫婦は、二人の子どもを地元のチックフィレイで開かれる「火曜・ファミリー・ナイト」に連れて行く。ピエロ、魔術師、ガラクタ集め競争、キッチンの裏側見学ツアーなど、多種多様なプログラムが実施されてきた。料理は子どもたちにはおなじみの工作物、たとえばＣＭキャラクターの牛の顔を組み立てる折り紙セット(11)と一緒に運ばれてくる。だが、私のめいの息子がそのレストランを愛している最大の理由は、来店のたびに名前で呼んで出迎え、ライトセーバー（訳注：映画「スターウォーズ」シリーズに登場する武器）で友好的な（しかし活発な）戦いを挑んでくる店員のデュエインにある。大人からこうして認められることは、息子にとって特別なことだったようで、彼は家族のクリスマスカードの送り先リストにデュエインを入れてくれと言って、譲らなかったぐらいである。

最近のことだが、私は、イエスが「二マイル運べ」と言ったビデオを制作した同社の経営幹部マーク・モライティキスに電話した。ちょうどその頃、マークは社員向けに「将来のキャリアパス」の設計を担当していた。私は、本書に紹介できるような感動的な経験について何か新しい話はないかと尋ねた。すると、新型コロナウイルス感染症危機の初期、顧客がレストランに入ることが許されず、大半の店舗が大幅な減収に見舞われていたときに、ある店長が行った非常に効果的な取り組みを教えてくれた。その店では売上高が二〇％も伸びたというのだ。

いったい何をどうしたというのだろう。彼は創造力を駆使して駐車場を四つのドライブスルーに改造し、それぞれのレーンを緊急スタンドにして、各レーンにｉＰａｄを取り付けた。すると、顧客は自分の車にいながら、フェイスタイム機能を使ってレストランの中にいる従業員と、窓越しに手を振りながら直接対話することができるようになった。

クリエイティブな店長による素晴らしいイノベーションをもう一つ紹介しよう。コロナの影響で一時休止していた「テディベア・オーバーナイト・エクスペリエンス（テディベアの一泊宿泊体験）」だ。この店は、平日の夜に来店客数が減少したため、読み聞かせ会をやっていた。これは、家族の交流の場であると同時に、小さな子どもたちに読書の練習もしてもらうという、楽しくてためになるイベントである。夕方には保護者たちが来店して読み聞かせに参加し、物語が終わると子どもたちは初めて「お泊まり」をするテディベアを寝かしつけて保護者と一緒に家路につく。そして翌朝、全員が店に戻ってきて、テディベアと一緒に朝食を食べる。感動的で、実に見事な演出ではないか！

最後に、マークはカリフォルニアで店長を務めるショーン・ヨークがつくったポッドキャストのシリーズを聞いてみてくれと私に言った。ポッドキャストで、ショーンは自分がチックフィレイの店舗で培ったリーダーシップ哲学について語っている。チームメンバーを刺激して、彼らが互いに、そして特に顧客に正しく接するためのヒントや行動といったようなことだ。ショーンも彼のレストランも、このポッドキャストの制作にかなりの時間をかけたはずだが、直接的に利益をほとんど得ていないことを考慮すると、これは驚くべき寛大な行為であり、その結果、小企業を営むほとんど誰もが役に立つと思うようなガイドができあがった。

このポッドキャストのタイトルは、〝Love Works Here（愛がここで働いている）〟だ。

デジタルイノベーションの力

それでは、これまでの章で紹介したいくつかの会社を再訪して、デジタルソリューションが、顧客体験を向上、いや実のところ根本的に創造し直した無数の例を確認することにしよう。

この点でワービー・パーカーほど素晴らしい仕事をした企業はない。同社はこの一〇年間で眼鏡とコンタクトレンズの購入プロセスを革命的に変えた。創業したのは四名のウォートンMBAホルダー（うち二名はベイン出身）で、期待を超えた感動を目指して、ネット・プロモーター哲学を新しいビジネスモデルの中核に据えた。創業者たちが目にしたのは、できるだけ高い値段をつけ、コミッション

（販売手数料）ベースの営業部隊を使って積極的なマーケティング活動を行いながら大したサービスを提供しないという、旧態依然としたメンタリティにとらわれていた業界だった。

在庫品はガラスケースに厳重にしまい込まれていたため、フレームは歩合制の販売員の助けを借りなければならなかった（そうなると、顧客にとって幸せな結果になることがまずないことは指摘したと思う）。ワービー・パーカーは、コミッションと営業経費を廃止すれば、カスタム処方眼鏡を一本九五ドルで販売して利益を上げられると考えた。同じ製品が業界内で四〇〇〜五〇〇ドルで売られていた時代のことだ。しかし、同社が目指したのは価格競争ではない。顧客体験を通じて顧客に感動を与え、熱心な推奨者《プロモーター》をつくり出すことだ。そのために、顧客体験《カスタマージャーニー》のすべてのステップを完全に再構築したのである。

ワービー・パーカーから初めて眼鏡を注文したとき、私は操作しやすいウェブサイトのおかげで、自分に合いそうなフレームをいくつか見つけることができた。それから数日後、一切の手数料も義務もなしに、私が選んだ上位五つの候補の商品が箱に詰められて送られてきた。私は自宅でくつろぎながら誰に邪魔されることもなく商品を試着することができ、鏡でチェックして、家族からどれが似合うか意見を集めた。そして、自分に最も似合うと思ったフレームを注文し（ワービー・パーカーのアプリ上で数回クリックしただけである）、サンプルのフレームを着払いの返送用ボックスで送り返すと、数日後にはカスタムレンズが装着された新しいフレームが送られてきた。箱の中には、私が購入したことで、眼鏡が無くて困っている人に一本の新品眼鏡を寄付しますというワービー・パーカーからの断り書きが入っていた。信じられないサービスだ！

当然のごとく、私はワービー・パーカーを多くの人々に薦めた。娘のジェニーもその一人で、彼女もロイヤルティの高い推奨者になった。同社の共同CEO、デイヴ・ギルボアは、私たちに限らず、ワービー・パーカーの新規顧客の大半は既存顧客の紹介によるものだと教えてくれた。さらにその多くは、無償のサンプルボックスから複数のフレームを買うのだという。

私はペロトンの姿勢にも感銘を受けている。顧客（同社は「メンバー」と呼んでいる）とサポート担当者の意見にしっかりと耳を傾け、メンバーがどういうときに「感動」したかを確かめようとしている。たとえば、エクササイズの最中に流れていた曲の詳細を知りたいという要望が複数のメンバーからサポートチームに寄せられたときには、トラックラブ（Track Love）を導入した。画面をワンタッチするだけで音楽を楽しみ、それを自分のアップルミュージックかスポティファイのプレイリストと同期できるサービスだ。

さらに、会員プロフィル欄に地理的な情報を入力するのではなく、#BlackGirlMagic（「黒人女性の素晴らしい力」）や#RNといったハッシュタグを挿入してグループプライド（集団でのトレーニング）を自ら組織したり、リーダーボード（訳注：自分の記録の推移や参加している教室全員の中での位置づけ等を確認するための成績表などを記した個人記録情報）上でお互いを讃え合ったりするメンバーがかなりいることに着目した。そこで、ペロトンはメンバーが自分のプロフィル欄に一〇個のユニークなハッシュタグを追加できるタグ（Tags）というソフトウエアを導入した。その結果、メンバーは大学の同窓生、故郷の誇り、特定の企業や業界で働く従業員、お気に入りの趣味、トレーニングスタイルなど、共通の興味で結ばれたさまざまなコミュニティとつながれるようになった。このプラットフォームは、メンバーのタグでトレンドとなっているクラスを表示し、新しいコミュニティを見つけやすくし、メンバーコミュニティをスムーズに拡大できる。この機能を導入して以来、三二万五〇〇〇以上のタグが追加された。たとえば、#BlackGirlMagicは二万九〇〇〇人以上のメンバーで構成される最大級のタググループに成長した。

ペロトンは、グループプライドを促進するだけでなく、特定のタグのメンバーに連絡して、ペロトンの経営陣やインストラクター、および他のメンバーと対話する仮想コミュニティも主催する。最初の仮想コミュニティイベントは、#BlackGirlMagicとペロトンのCEO、ジョン・フォーリーとの懇親会で、二〇二〇年夏に開催された。数百人の出席者から寄せられたフィードバックは圧倒的に肯定的で、このイベントのネット・プロモーター・スコアは九四%だった！ 参加者のコメントを一つ紹介しよう。「CEOの話を直接聞ける素晴らしい機会でした。BGMグループの一員になったことで、私はペロトンで過ごす時間がとても有意義になりました。一緒に走っている人がいる、応援してくれる人がいるということを知っているだけでも、全然違うのです。このグループが私を見てくれ、私の話を聞いてくれる。そういう機会をつくってくれたペロトンに感謝します」。実に感動的な体験だ。

チューイーも、顧客を継続して感動させるデジタルイノベーターの別の事例を提供してくれる。「あらゆるやりとりで期待を超える」ことにこだわっていると宣言し、その通りに売上高の約七〇%が自動発注システムで処理されている（このほうが顧客にとっても、チューイーにとってもはるかに便利で楽だ）。アマゾンを含む多くの企業が同じような仕組みを用意しているが、チューイーは他社を圧倒する。(12) そして、毎回の自動出荷の直前に、親切な警告メールを送信してくれる。顧客は、そのメールに直接返信すれば出荷タイミングを修正したり、遅らせたりすることができる。また、チューイーは注文に追加する豊富な品目を確保している。食品からおもちゃ、移動用ケージまで、そのアイテム数は六万五〇〇〇種類に及び、この二年間で品数は三〇％増加した。さらには、獣医師による初診をオンラインで受けられる「獣医とつながろう」を最近開始するなど、サービスも充実している。

顧客は、ペットの品種、体重、食餌内容、生年月日などのプロフィルをアカウントに設定することができる。すると、チューイーのレコメンデーションエンジンが働いて、顧客のペットが喜びそうな商品を紹介してくれる（ちょうどネットフリックスが、視聴傾向の似た顧客の評価に基づいて映画を推奨するのとまったく同じである）。このデータがあるおかげで、知識の豊富な顧客サービス担当者は、三六五日二四時間態勢で、地元のペットショップでしか期待できないような、カスタマイズされたアドバイスを提供できる。

チューイーには一〇〇名を超えるスタッフによる「ワオ（感動）！」チームもあって、顧客を喜ばすために革新的なアイデアを考え、実行している。「ワオ！」チームは、オーナーとペットとの絆をよくわかっているので、ペットが亡くなって注文をキャンセルした飼い主に花束やお悔やみを送ることもある。「ワオ！」チームが感謝の気持ちを示そうと、ペットの似顔絵を手書きで描いてサプライズで贈ると、顧客はとても喜んで、称賛の言葉を添えてさまざまなＳＮＳに投稿する。それが結果として、チューイーにとって何より信頼のおける力強い宣伝となっている。

イノベーションの敵を打ち負かす

大手企業は、コストを抑制する目的もあって、財務、オペレーション、マーケティングといった部門に分かれ、それぞれにサイロ（細分化された縦割り構造）が形成されることが多い。こうしたサイロ内では業務プロセスに忠実に沿って、規範からの逸脱を徹底的に排除して完璧を目指すことが多い。

この方法は、品質の標準化とコストダウンにつながることから、製品によっては、たとえばよくある大量生産品のような場合には理に適っている。しかし、複雑な製品やサービスの場合、サイロ内で完璧さを執拗《しつよう》に追求しても、イノベーションと創造力が抑えつけられて、かえって逆効果になりかねない。有意義なイノベーションの多くは、このような機能的な境界を越えなければならないのだ。

これは単なる理屈ではない。NPSを始めてからの数年間、官僚主義的な多くの大企業はNPSプログラムを批判者《デトラクター》の「修正」（つまり予防や転換）にもっぱら力を注いだ。その結果、各社はNPSプログラムを、不具合の減少を目指した品質イニシアチブと密接に結びつけるようになった。確かに、サービスの欠陥や人間関係のトラブルを減らすことが顧客満足の維持につながるという理屈はある。

だが、ここでまた「満足させる」という厄介な言葉に戻ってくる。もし単に満足させるだけでなく、それ以上のことをしたいとしたらどうだろうか。もし、顧客の期待を超える感動的な体験をつくり出して顧客を感動させ、推奨者《プロモーター》に転換させなければならないとしたらどうだろうか。

サイロ化した官僚組織の大半は、この問題に苦心してきた。推奨者《プロモーター》を増やすための最初の取り組みは、既存の推奨者を特定し、質問②に寄せられたコメントから良い事例を見つけ出し、そこに描かれた事例を重視して、まねすることに重点が置かれることが多い。しかし、それだけでは十分ではない。顧客を何度も感動させるには、自分たち、特に自社の現場チームが変化と実験を促す必要がある。そして、そのことを勝者は理解している。信頼性の高いプロセス、つまり製品の品質が非常に重要であることに変わりはないが、それに加えて「感動工場《ワオ・ファクトリー》」とでも呼ぶべき、着実なイノベーションの積み重ねが必要なのだ。

この課題は、コンプライアンスが幅広く要求される規制の厳しい業界で最も深刻だ。すでに窮屈でサイロ化した組織にプロセスの標準化と官僚的な管理が加わると、どれを取っても同じようなコモディティ商品のレシピができあがる。そんなものでは顧客も、従業員も、ましてや投資家も喜ばない。では、このレシピが実際に使われているのはどこだろう。どうも、伝統的な銀行ぐらいしか見当たりそうにない。銀行業界は、リスク回避の考え方や複雑な業務モデルに縛られて、意思決定や進歩が遅れているように見える。

こうした背景もあって、私がファースト・リパブリック・バンクの支店を初めて訪れたときの感動はとても大きかった。まず、営業担当者は、私が代表電話に電話をかけたときに対応してくれた人と同じ人で、おかげで私は自動音声対応地獄に陥らずに済んだ。彼女は知識が豊富で、私のどのような要望にも何とか応えようと懸命に努力してくれた。また、焼きたてのクッキーを試食（そして持ち帰り）させてくれたばかりでなく、ファースト・リパブリックの新規口座開設のお礼に、私の自動車のシートに水滴がつかないという新品の傘をプレゼントしてくれた（そして水滴は実際につかない）。署名用のテーブルには数多くのペンが置いてあり――チェーンは一切ついていなかった――木製の陳列用ケースには、顧客が小さな活字を読めるように、さまざまな度数の老眼鏡も用意されていた。その後間もなく、数カ月に一度、各支店でレセプションを開催し、顧客とスタッフ全員との交流を深めていることを知った。しかも、規模の大小にかかわらず、さまざまな記念日を祝っている。先日も、CEOから同行の創立三五周年を記念する電子メールをもらったばかりだ。そのメールでは、二つの文章が印象に残った。「長年にわたる成長は、決して私たちの目標ではありませんでした。むしろ、数十年にわたって、一人ひとりのお客様に卓越したサービスを一貫して提供し続けてきたことの直接的な結果なのです」

このように、顧客との最初の接点で「感動」を生むためにファースト・リパブリックが投資を惜しまないのは、新規顧客に「自分は正しい選択をした」と思ってもらうことがいかに重要かをよくわかっているからだ。これは真実である。顧客体験の中でも最も強烈な印象として残るエピソードの一つは、最初の歓迎の言葉だからだ。もし、あなたのブランドが重要な瞬間に喜びを生み出し、顧客が歓迎されていると感じ、大切にされていると信じ、ここが自分の居場所だと結論づけてくれれば、素晴らしい関係が始まるばかりでなく、関係を続ける可能性が高まるだろう。そう、最初の言葉は、その後に続くあらゆる体験にとっての高い基準となり、期待値になるのである。一方で、前もって大きな勝利を収めておけば、その後の体験を顧客が肯定的に受け入れやすくなるという利点にもなる。マルコム・

グラッドウェルは、第一印象の果たす圧倒的な役割をテーマに一冊の本を書いた。お膳立てをして、その後の関係全体に影響を及ぼすというのである。[13]

感動を生むための「BILT（ビルト）」

第一印象を決めるチャンスは一度きり——これは真実だ。Eコマースへの急速な移行が進むなかで、企業はこのことをますます難しく感じており、新しい顧客に対して魅力的で温かく、個人的なもてなしを提供しようと苦心している。だからこそ、ベインのダラスオフィスのパートナーであるビル・ウェイドがBILT（ビルト）を発見したというニュースに大いに喜んだ。ビルトは顧客の歓迎、組み立て、説明《インストラクション》という一連の顧客体験をデジタルの喜びに転換する、トップクラスの評価を受けた工作用マニュアル動画アプリだ。

私は、何年も前に購入した製品の、判読不能のひどい取扱説明書を思い起こしていた。その小冊子には、小さなフォントで印刷されたひどい英語を含む七カ国語の説明文が、意味不明なイラストとともにちりばめられていた。ビルトを使うと、こうした面倒はすべて省ける。音声とテキストによる台詞《プロンプト》つきの3Dアニメーションを使って、よくある落とし穴を避けるためのヒントを示しながら、設定やインストールの理想的な手順を示してくれるのである。[14]ビルトは、ユーザーが自分のスマートフォンで選択済みの言語で自動的に説明してくれる。

Eコマースのブームで、組み立て前の製品をフラットパック（平たい箱）にして効率的に出荷することが増え、完成品の持つ極めて重要な第一印象を与えるということが難しくなってきた。素人が組み立てなければならない物が日々増え続けているのである。グーグルマップが自動車の道順案内に革命を起こしたように、ビルトは説明書と組み立ての世界を変えられるのではないか、と私は思った。

私は試しに無料アプリをダウンロードし、自分があたかも新しいバーベキューグリルを買ったばかりのつもりになってみた。以前、昔ながらの紙の説明書を使ってグリルを組み立てようとしたときのことを思い出すと、今でも妻と私はやれやれと首を振ってしまう。あのときの経験は、紙の説明書を使って子どもたちの遊具セットを組み立てたことと並んで、我々の四十数年間の結婚生活の中で最悪の思い出として、今でもはっきりと覚えている。ビルトのアプリは、組み立てを夢のような体験に変えてくれた。ビルトは製品概要を簡単に説明した後で、必要な工具を写真で紹介し、同梱されている部品のリストを示してくれる。完成までの所要時間が表示され、その後、音声と文字を駆使した、実にわかりやすいアニメーションで組み立ての手順を順を追って説明してくれるので、私は自分のペースで組み立て始めることができた。自分のスマートフォン上で画像を拡大したり、指で画像をドラッグして回転させたり、タップして詳細情報を確認したりといったことも自由自在だ。

ビルトには、領収書や保証書、登録証などの情報を管理するための仮想ファイリングキャビネットも用意されている。このアプリのおかげで、返品やカスタマーサポートへの問い合わせは大幅に減り、小売店にとっても、メーカーにとってもコスト削減になるだろう。アプリはユーザーが各ステップにどれだけの時間を費やしたかを測定し、説明書と製品設計の改善で対処すべき問題点を明らかにする。説明文の更新はリアルタイムで行われる。製品リコール時に必要となる、説明書の再印刷や配布を回避できることで、いかに大きな節約になるかを想像してほしい。それだけにとどまらず、ビルトは紙の説明書を不要にし、最終的に紙資源の浪費を最小限に抑えることになるだろう。

何て素晴らしいんだ、と私は考えていた。だが、私の心を本当に捉えたのは、説明用キットの最後にポップアップしてくる画面だった。それは、顧客に製品やサービスに関する評価とその説明を求める二問のNPS調査だった。特定のSKU（製品管理番号）と製品登録に連動した顧客の声を宝の山と言わずして何と呼ぼう！

早速ビルトのCEO、ネイト・ヘンダーソンと会ったところ、驚いたことに、彼は私が『ネット・プロモーター経営』で提示した原則に基づいて会社を設立したと言うのだ。ネイトは、入社希望者にあらかじめ私の本を読むように指示し、面接の席では何を学んだかを話し合うのだという。そして『究極の質問』について話しているときに、入社希望者の目が輝かなければ、当社には向いていないということです」と説明してくれた。同社のミッションは、「ユーザーの夢の実現を後押しして彼らに自信をつけさせ、我々の提供するブランドの推奨者に変えてしまうような顧客体験を創造すること」だ。何と驚くべき発見だろう。NPSの原則に基づいて設立された会社が、他の企業のNPSスコア改善に向けての努力を全面的に支援する、まさにNPSブースターロケットではないか。

USAAのボブ・ヘレスに倣って、顧客のために世界をより良くするというNPSの哲学に本気で取り組んでいる企業に出合うと、私はその成功を助けようとする。ビルトのときには、私は同社にかなりの額を投資し、取締役になると同時に、友人たちに同社の製品を薦めた。しかも、このときの投資判断に当たっては、第5章で説明した新しい統計ツール「プロモーター獲得成長率《アーンド・グロース・レート》」を初めて本格的に利用したことを申し添えておく。確かに、ビルトの売上高は年率一七五％以上で伸びていたが、多くのサービス型ソフトウエア（ＳａａＳ）スタートアップと同様、事業運営がキャッシュを食いつぶしている状態だった。私が本当に注目したのは、ビルトのＮＲＲ（訳注：既存顧客の売上を前年比で維持できているかを計る指標のこと）が一五〇％を維持していることと、大半の新規顧客が推奨と紹介によるもので、その結果、プロモーター獲得成長率が一六〇％になっていたことだ。この事実を見て、私は同社が持続的に成長できると確信し、投資額を倍増させた。そう、このように自社の顧客を愛することは、投資家を大切にすることでもあると、この例は示している。そして、顧客を愛していることを示す最高の方法は、本当の意味で感動的な顧客体験を実現すること、しかも、それを継続することなのだ。

Winning on Purpose

Be Persistent

8

こだわり続ける

強い企業文化を醸成するシステムを構築する

私が世界のどこよりも気に入っている場所の一つは、マサチューセッツ州ケープコッドにあるわが家の庭である。

もはや「ガーデニングにとりつかれてしまった」という表現でも足りないほど、私はこの庭の手入れに没頭している。本書の執筆に使っているコンピュータは『ガーデンズイラストレイテッド』誌の束の上に乗っかっていて、その下には、読み古した『ディア氏の愛した頑強な木と低木』というタイトルの図鑑が注意深くバランスを取って置かれている。プリンタの上には種や球根、希少植物の古いカタログ類が山積みで、下には最近読んだ『イングリッシュ・ガーデン』誌が敷いてある、といった具合だ。

手短に言い訳をしておくと、私にはまだガーデニングについて学ぶべきことがたくさんあるのに、熱意がないから思いとどまっているというわけではない。二〇年近く前に、近所の人たち（と愛すべき友人たち）が、私たちの家の間にある空き地を売ることに同意してくれたときには大喜びしたものだ。自宅から急斜面を降りていくと、ケトル（釜状凹地）と呼ばれる窪地に到達する。数万年前、堆積した氷河が自身の重さによって地中奥深くに押し込まれた。やがて氷河時代が終わると氷の塊は溶け、その後におわん型のくぼみが残った。それがケトルだ。私たちがその土地を購入した頃には、そのくぼみは雑草とイバラがうっそうとして、ほとんど足を踏み込めない場所になっていた。

なぜ、私がそれほどに庭を愛しているのか。第一の理由は、芸術、科学、そして自然史のすべてが庭に集約されているからだ。ガーデニングを通して、私たちは自然の驚くべきシステムをより身近に感じることができる。たとえば、わが家の石垣を飾る繊細な地衣類には、協力と競争の力が具現化されている。地衣類とは、菌類と藻類の共生植物のことで、何世紀にもわたって生き残ることができ、大気圏外のような過酷な環境にさえ耐えられるほどの強靭な構造をしている。また、先日見つけた粘菌は、単細胞生物の集合体であることが判明しているが、それぞれの個体があたかも互いに連絡を取り合っているかのように、次の餌を見つけるとそこに向かって協調して動く。私は、この驚くほどしっかりした自然のシステムを目にするたびに、自分はまだまだ知らないことばかりだという厳粛な気持ちになる。

第二の理由は、ガーデニングは生きとし生けるものすべてが、その周囲を取り囲むコミュニティと調和の取れた関係性に左右されることを、常に思い出させてくれるからだ。そして第三に、ガーデニングには忍耐が求められる。これは、将来のより大きな成果のために、目先の欲求を辛抱するという意味の心理学用語「満足遅延耐性《ディレイド・グラティフィケーション》」の究極的な実践である。今日美しく見えるものは、おそらく何年もかけてじっくりと手入れをしてきた結果だ。つまり、庭は即効性を求める人たちのためのものではないということだ。化学肥料のような近道は束の間の成果をもたらすかもしれないが、結局は庭の健康と生命力を弱めてしまう。一方、アブラムシ、木や果実に穴を開ける害虫、腹をすかした各種の動物、ハリケーンの強風、病気など、自然は何度も歯向かってくる。いくら撃退しても、毎年押し返してくるのだ。

そして、庭に出て作業をするたびに新しい発見をする。やや道徳的に聞こえるかもしれないとあらかじめ断っておくが、私は何事も「始めたときよりも少しは良い状態にして残す」ということを人生哲学の一つとして生きてきた。これは、私が自分の両親から受け継いだ性分だ。近所づきあいでも、教会の聖歌隊でも、盲人協会でも、キワニスクラブ（訳注：グローバルに活動する民間の社会奉仕団体で、世界三大奉仕団体の一つ）でも、両親はいつも「奪う」のではなく、「与える」人たちだった。いつも物事を良くしようとする人たちだった。

そう、二〇年前にこの手に負えない雑草の生い茂った鉢のような庭を、私と家族の責任で何とかしなければならなくなったとき、私たちはすぐさま仕事に取りかかった。遅々として進まない時間のかかる作業だったが、何とかやり遂げた。努力を費やしただけのことは十分にあったと思う。今では、草木の生い茂る窪んだ庭は、子どもたちの結婚式といった家族のイベント、近所の人々のための演奏会、ハーバード大学クロコディロス（男声アカペラコーラスグループ）が毎年開くOB会の会場として、魔法の舞台と化している。そして将来は、私の孫たちにとってのお気に入りの遊び場や隠れ家になってくれればと切に願っている。

庭の中心にあるコイの池は、ここを訪ねてくる子どもたちみんなの一番の人気スポットだ。夜中にこっそり水辺に降りてきて、夕食用のコイを獲っていく悪者の話を前章で紹介したが、あの池である。池をつくった理由？　何よりもまず、コイは美しく、庭の光景に彩りと動きを与えてくれる。だが、伝統的な中国美術では、コイは粘り強さの象徴であることも知り、私はうれしくなった。コイは淡水が海に流れ出るアジアの汽水域（訳注：淡水と海水が混ざり合った塩分濃度の低い区域）の河口で進化した。コイの体には生きるために淡水、なかでも肝臓と免疫系の機能を最適化するために、若干塩気のある淡水が必要である。淡水の川の流れは絶え間なく海洋に向かって流れているため、コイは常に水流に逆らって泳がなければならない。さもないと塩分の多い海に流されて死んでしまうからだ。

＊＊＊

なぜ、粘り強さにそれほどこだわる必要があるのだろう。それは忠誠心《ロイヤルティ》をつくり上げる土台となるからだ。逆流や手っ取り早い解決の誘惑に打ち勝つには、常にエネルギーを費やす必要がある。しかも、それを根気よく継続しなければならない。今日の企業組織で圧倒的に主流となっているのは、財務指標とガバナンスに基づくシステムである。しかも、これまで指摘してきたように、ほとんどの組織には顧客ロイヤルティの構築という課題にさほど関心を持たない従業員が次々と入社する。その結果、節操のない近道を通ることを潔しとせず、顧客ロイヤルティの追求にこだわり続ける、揺るぎない信念を持ったカルチャーキャリア（企業文化の担い手たち）への圧力はますます高まることになる。

そこで、私の庭にある二つ目の特徴、「忠誠心《ロイヤルティ》ベル」を紹介する。

わが家のガーデニングプロジェクトの第一段階が完了する頃、妻のカレンと私は二人の思いをこめた象徴的な仕上げに着手した。フィラデルフィアにある著名な「自由の鐘」と同じ寸法の鐘を特注でつくったのだ。自由の鐘には「全土に自由を宣言せよ」[1]という聖句が刻まれているが、私たちの鐘には、ただ「忠誠心《ロイヤルティ》ベル」の一語と、すぐその下に私たちの名字（それよりもずっと小さなフォントで）が彫り込まれ、現在はコイの池から丘を登った小山に置かれている。

柱として鐘を支える二つの花こう岩は、一つが「自由」、もう一つが「知恵」を表現している。私たちは、自由は貴重な贈り物だが、それ自身が目的になってはならないと考えている。なぜなら、いったん自由を手に入れると、次はそれで何をやるべきかを決めなければならないからだ。自由を利己的、あるいは無責任に利用して、何よりも自分の利益を追求する、いわば無節操な存在になることは、その贈り物を無駄にすることになる。しかし、自由に対して知恵を働かせれば、自分の人生を何のために役立てたいのか、ひいては、どのような理念、組織、そして人々が自分の忠誠《ロイヤルティ》に値するかを選択できる。

そろそろ、読者は私が言おうとしていることの輪郭がつかめたのではないだろうか。逆流の中で顧客ロイヤルティを構築し、これを維持するという困難な課題を克服するには、途方もない粘り強さが必要になる、ということだ。ここでの「粘り強さ」とは、特定の原理や諸原則を不屈の精神で貫くことを意味する。私たちは何を目指しているのか、これらの基本原則《プリンシプル》を守ることがなぜ顧客ロイヤルティに値するのか、人生の中で困難な教訓を学んでいくなか、なぜその理解を深めていく必要があるのか、といったことをとことん、粘り強く考え、実践し続けなければならない。

そして、もう一つの重要な要素がある。組織が顧客を愛し、チームに敬意を払い、投資家を尊重し、黄金律を守り、目覚ましいイノベーションを目指して努力し続けたいのであれば、つまり顧客資本主義をとことん追求し続けたいのならば何をしなければならないか。それは、チームが間違った方向へと向かおうとする圧倒的な潮流と闘い、それに打ち勝てるようなシステムとプロセスをつくり、活用することだ。それだけである。そのようなシステムがなければ、予算会議や毎週の売上目標、資本配分モデルといった短期利益の最大化に向けて強さを増す濁流によって、従業員のエネルギーが下流に押し流されてしまうだろう。

そしてこれは、先ほど紹介したコイの比喩に欠けているポイントを如実に物語っている。時間軸だ。

リーダーは、有害な潮流に逆らって泳ごうとするコイの遺伝的衝動が、進化によってチームの一人ひとりに染みこむまで気長に待っているわけにはいかない。これは、有能なリーダーは自分のチームを正しい方向に導くシステムをつくらなければならないということだ。もちろん、志を同じくする従業員をなるべく多く雇うことは必要だ。だが、組織が成長し、大勢の新たな従業員が入ってくると、リーダーは創造力を発揮して、「顧客を愛する」というパーパスに正面から取り組む黄金律の文化を定着させ、強化するシステムを構築しなければならない。そのようなシステムをつくり、育てるための権限と視点を持つのは最上級の経営者だけだからだ。彼らは企業コミュニティにおける庭師の親方にならなければならないのだ。

　ここは重要なポイントなので、少し言葉を変えてもう一度言わせてほしい。偉大な組織は偉大な基本原則《プリンシプル》の上に構築されている。しかし、組織のリーダーが、自社のチームを下流へと押しやる自然の流れをはっきりと理解し、チームが正しいことをしやすく、間違ったことをしにくくなるよう、つまり世界を良くしようと上流に向かって泳ぐのを支援する実践的なシステムを構築しない限り、この基本原則は機能せず、日々の決断や優先すべき事項は実現しないだろう。

　それでは、どうやってそれを実現するのか。指針となる基本原則を広める最も効果的な（そして最も古くからある）方法の一つは、基本原則を象徴的な物や記号で表し、慣例や儀式を通じてそれを広めることだ。宗教的なお守り、旗、自由の鐘といった象徴《シンボル》が人々の感情に訴える強い影響を考えてみると、こういうことなのだ。象徴《シンボル》が輝き、人々をやる気にさせる。つまり、本章を通じて紹介したさまざまなシステムを通じて価値観が人々に刷り込まれ、強化されるのである。こうした要素が組み合わさって初めて、粘り強さが生まれるのだ。

行動によって強化される言葉の力

ここで、保険業界という一見平凡なセクターの非常に具体的な事例を挙げて、この点をさらに掘り下げてみよう。

読者は、第3章で紹介したピュア保険を覚えているだろうか。創業間もない頃に、同社の経営幹部たちは、従来の「保険会社的思考」に従うと最終的に悪い結果になりかねないことに気がついた。当時は、市場を下回る価格を提示して新規顧客を呼び込み、その分の損失を補うため、ロイヤルティの高い長期顧客に過剰な料金を課すという業界慣行が横行しており、ピュア保険の価格設定チームもそれに従おうとしていた。そのような事態を避けるため、ピュア保険はオンラインで価格設定方針を発表した。私のような既存メンバー（ピュア保険は、同社の顧客、つまり保険契約者を「メンバー」と呼んでいる）を大事にするという全体目標を関係者全員に呼びかけたのだ。この取り組みは現在も続いており、年次報告書をはじめ、料金体系を伝えるための連絡が定期的に行われている。最後に、メンバーが五回目の契約更新時には保険料削減プランを、そして一〇年経過後は分配金（実質的には保険料のさらなる値下げになる）を提供している。

もちろん、このメッセージは外部に向けられたものではあるが、ややもすると道を踏み外しかねない価格設定チームを含む社内関係者にも、定期的に原則を思い起こさせる役割を果たしている。

私は、ファースト・リパブリック・バンクからも、同行の本質的価値観《コア・バリュー》を強調した年次報告書を受け取っている。そこには、ファースト・リパブリックが顧客の生活にどのような影響を与えてきたかについての体験談が多数掲載されている。(2) なお、同行から私宛てに届いた電子メールには、「お客様のご体験は当行の体験です」という見出しがついていた。これこそ、顧客中心主義について語るには、かなり説得力のある方法だと感動した。最近の報告書には、顧客の物語の後に、「私たちは何者で、何に価値を置いているか」というタイトルのセクションが追加された。タイトルが示唆するように、このセクションはファースト・リパブリックの上級幹部と取締役の経歴で構成されている。その後に、企業としての価値観のリストがイラスト付きで掲載されている（図表19）。

それぞれの価値観の下に書いてある短い文章を読んでほしい。同時に、価値観が記載されている順番の示唆する優先順位の意味にも注目してほしい。「正しいことをする」と「圧倒的なサービスを提供する」が最上位に並び、「成長する」とか、「楽しむ」が下位にあるのは偶然ではないと思う。さらに、こうした価値観を印象づける象徴《シンボル》である見事なイラストにも注目してほしい。二〇〇〇年代初頭、創業者で会長兼CEOのジム・ハーバートは、組織が成長を続けるなかでサービス志向の文化を維持するには、こうした価値観を明確に表現することが必要不可欠だと感じた、その成果である。

ファースト・リパブリックのCOO（最高執行責任者）、ジェイソン・ベンダーは、このプロジェクトがスタンフォード・ビジネス・スクールを出て入行したときに経験した最初の仕事の一つだったと

注：ファースト・リパブリック・バンクの許可を得て再掲載した。

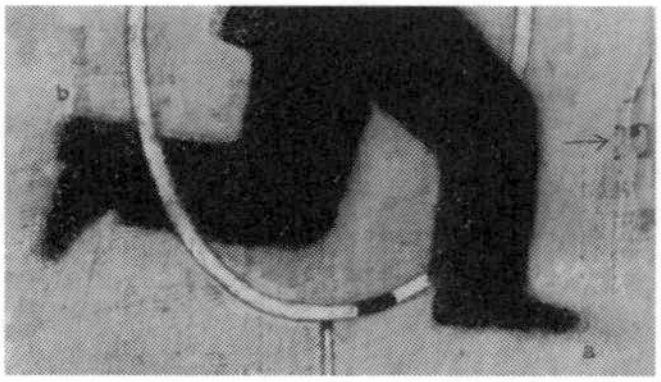

圧倒的なサービスを提供する

私たちは、ご期待を超えるサービスを、思いがけない方法で提供することを常に目指しています。私たちは、正しいと思うことだけをお引き受けします。携わっているビジネスは資産管理（ウエルス・マネジメント）と銀行業ですが、私たちの成功はひとえにサービス、圧倒的な顧客サービスを提供できるかどうかにかかっています。

前進する、機敏に動く

組織には２種類あります。確認に時間をかける組織と、実行に時間をかける組織です。私たちは実行する組織です。行動と決断力を重視し、迅速に動く者に最高の機会が訪れると認識しています。

責任を持つ

ファースト・リパブリックでは、自分自身の仕事をうまくこなすだけでは十分と見なされません。お客様にご満足いただくことが全員の仕事なのです。したがって、もし何か直さなければならないことがあれば進んでそれに取り組み、その問題を「自分事」と捉えて解決に取り組みます。

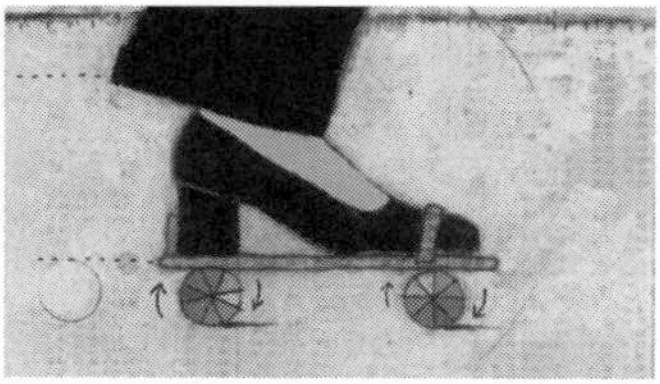

楽しむ

私たちは、誰でも仕事を楽しめばよい仕事ができ、お客様も違いを感じられることを知っています。実に単純なことです。

図表 19◉ファースト・リパブリック・バンクの本質的価値観

正しいことをする

ファースト・リパブリックでは、物事を正しく行うよう努力しています。もちろん、企業は人の集合体ですから、間違いが起こることも認識しています。したがって、私たちの使命は正しい行いをすることです。誠実に行動し、責任感を持って行動し、誤りを正し、経験から学びます。

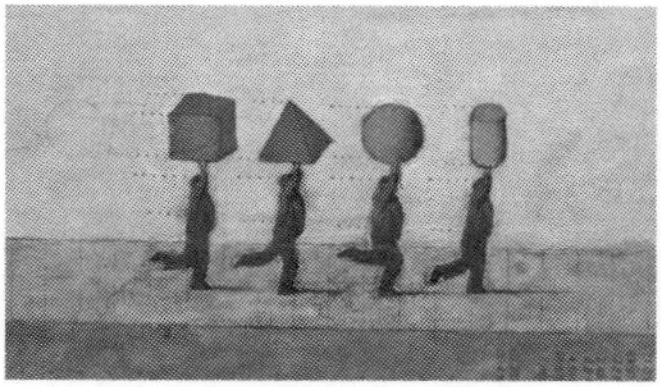

チームを尊敬する

ファースト・リパブリックでは、誰もが違いを生み出します。そして自分の貢献には価値があると胸を張って仕事をしています。多数の力は一人よりも大きいことを皆知っているので、協力に高い価値を置いています。

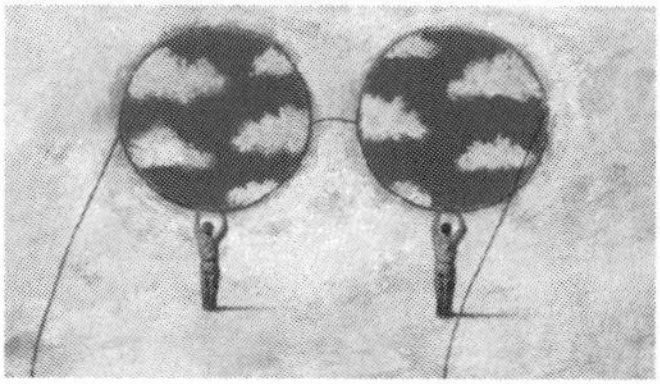

前向きに考える

私たちは、お互いを信頼できる環境の中で率直で柔軟な対応を心がけています。当行で働くのは、物事を前向きに捉える人々ばかりです。私たちの目標は、「何ごとも『イエス』に向かって努力する」です。

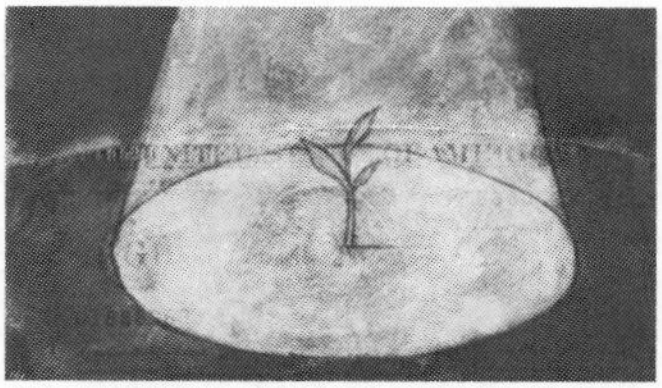

成長する

私たちは、創業以来著しい進化を遂げ、自らを成長させながらパーパスを広げてまいりました。ファースト・リパブリックは変化を受け入れます。行員一人ひとりに成長し、貢献する機会があります。当行で働く人々には高く舞い上がってほしいと願っています。

FIRST REPUBLIC BANK / *It's a privilege to serve you®*

説明してくれた。「私は、CMO（最高マーケティング責任者）のダイアナ・スネディカーとともに、全国一〇〇人以上の従業員を訪ねる長期出張の任務を与えられました。何も大それた理念を探していたわけではありません。ただ、私たちを本当に私たちたらしめているものは何かを人々に問いかけただけです」。その結果、何が自分たちの文化を特別にしているかを説明するリストができあがった。これは二人が従業員から聞き出し、抽出したものだ。

ファーストサービス・レジデンシャル（FirstService Residential）にも、似たようなリストがある。同社はマンションと戸建て住宅の不動産管理で北米のトップ企業だが、同社が価値観を明確にしたうえで、その下に人々を結束させることは、ファースト・リパブリックよりもはるかに難しかった。というのも、創業者ジム・ハーバート個人の価値観に基づいて設立されたファースト・リパブリックとは違い、ファーストサービス・レジデンシャルはそれぞれ独自の文化や価値観を持つ全米各地の独立業者を多数買収して誕生した企業だからだ。

二〇一三年、CEOに就任したチャック・ファアロンが直面したのは、まさにこの課題だった。最初に取り組んだのは、全社を共通の価値観とシステムで結びつける単一の文化をつくることだった。チャックからの力強い働きかけを受けて、地域チームが集まって徹底的な議論が交わされ、図表20に示したリストが作成された。これはさまざまな文書に幅広く掲載・宣伝され、現在は全地域のオフィスの入り口の壁に飾られている。

ここでもまた、シンプルで宣言的な企業理念《バリューステートメント》が、象徴的なイラストで補強されている。その力強さに注目していただきたい（私個人としては、「心をこめてお手伝いします」がリストのトップにあ

図表 20◉ファーストサービス・レジデンシャル：私たちの価値観

ファーストサービス・レジデンシャル：
私たちの価値観

心をこめてお手伝いします

私たちは、地域社会の一人ひとりの皆様に奉仕できることを誇りに思います。親しみのある笑顔でドアを開けるときも、問題解決に取り組むときも、心をこめてお手伝いをする。これが私たちの信条です。

常に高みを目指しています

私たちは、何に取り組む場合でも、常に最高レベルを実現することに情熱を注いでいます。優秀な人々を採用し、教育し、雇用し続けることで、私たちはこの業界におけるサービスとプロ意識の基準を設定します。

正しいことをします

ファーストサービスは地域社会のために最善のことをする——お客様は私たちをそう信じてくださっています。私たちの行動はすべて、自分たちの倫理観に基づき、お客様の最善の利益を目指して行われています。

自分事として取り組みます

私たち一人ひとりが責任を持って行動します。どんな困難にも、忍耐強く、誠実に、そして率直にコミュニケーションを取りながら、解決までのお手伝いをします。

改善を怠りません

私たちは経験から学びます。思い込みを廃し、協力的で、常に改善への道筋を探し求めています。

素晴らしい人間関係を築きます

尊敬、信頼、効果的なコミュニケーションに基づく関係は、私たちの成功の土台です。

ることをうれしく思う)。こうした宣言文が、会社の主要な職場の入り口の通路に、大きく引き伸ばされて壁に貼られ、力強い象徴《シンボル》となっている姿を、頭の中に思い浮かべてほしい。

チャック・ファロンはリーダーシップチームを再び集めて、チームがこれらの価値観を実践していることを示す行動を定義するようメンバーに求めた。すると、チャックいわく「『良い』とはどういうことか」を定義するのに役立つ一五のサービス基準が生まれた。たとえば、リーダーシップチームは、「心をこめてお手伝いするため」に、緊急でない電子メールの依頼であっても迅速に、具体的には一二時間以内に返信する必要があると決めた。ファロンは、次に「ファーストコール」として知られる毎日のハドルシステムをつくった。この小人数のミーティングでは、チームメンバーは、こうした価値観やサービス基準のいくつかを実践した際の自身の経験（あるいは課題）を詳しく話す。もともとは、ザ・リッツ・カールトン(The Ritz-Carlton)共同創業者のホルスト・シュルツが始めたものだ。シュルツは、価値観は、チームが定期的に、しかも構造化して整理されたうえで、それについて語らないと本当の意味で生きてこないという中核的な考え方に基づいて、立ったまま日々の打ち合わせを始めた。そして、チームメンバーがある原則によってどのような影響を受けたのか、自分自身の体験談を語るのが最も良いプロセスだと考えた。

もう一つ、チャックが試している決め事は、四半期に一度はいつもとは違うやり方でハドルを行うというものだ。チームメンバーはそれぞれ、チームが最もよく実践できていると思う価値観を選び、なぜそう思うのか、その理由を説明する例を挙げるよう依頼される。次に、最も改善が必要な価値観を選んで、ここでも図解で説明する。こうしたプロセスを通じて、各チーム（大きなチームの場合には各ユニット）は、よく実践されている価値観と、改善が必要な分野に注目する。そうすることで、その価値観は個人的なものであると同時に、全員で共有されるようになる。そしてこれが何度も、時間をかけて繰り返されるという事実は、本章の中心テーマである「こだわり続ける」を反映している。

基本原則の発表が持つ力を示す例として私が気に入っているのが、ディスカバーのいわゆる『カルチャーブック』だ。[3] 本書ですでに紹介した通り、ディスカバーは徹底した顧客志向でクレジットカードと決済ネットワークを提供している。『カルチャーブック』は、数年前、シカゴ北部にある本社を訪ねて幹部役員にインタビューをしたときに最初に渡された資料の一つである。同社の基本原則を宣言した一四〇ページに及ぶ鮮やかなオレンジ色の小冊子で、ディスカバーの全従業員に配布されている。これらの原則は、並べるとＤＩＳＣＯＶＥＲという単語になるように、言葉と綴りが定められている。

- ●正しいことをする（Doing the right thing）
- ●イノベーション（Innovation）
- ●単純明快（Simplicity）
- ●協力（Collaboration）
- ●正直（Openness）
- ●ボランティア精神（Volunteerism）
- ●情熱（Enthusiasm）
- ●尊敬（Respect）

それぞれの価値観は、各業務でこの原則をどのように実践しているかを語った従業員の体験談とともに示されている。

その後の取材を通じてわかったのだが、この『カルチャーブック』はあくまで最初の一歩にすぎなかった。たとえば、「最優秀顧客担当者」の受賞者が受ける栄誉。本社スタッフの出迎えを受けて四階建てのアトリウム（訳注：吹き抜けの中央大ホール）に入ると、彼らは二階、三階、四階からの同僚たちによる一斉のスタンディング・オベーションで迎えられる。リーダーたちは、基本原則を強化しようと、このような制度や儀式を次々とつくっているのである。受賞者は、次の基準に従って同じ職場の仲間たちから推薦され、投票によって決定される。

- その従業員の行動と結果は、常に他の従業員の模範となっているか。
- 私たちの文化の中で高い評価を得ているか。
- 職場の仲間たちは、受賞を心の底から喜んでくれるか。
- その従業員は、ディスカバーに対して強い誇りや感謝の気持ちを持っているか。

この大喝采は、受賞者と彼らが選ばれた価値観に基づく選考プロセスへの敬意を表している。そしてこの儀式は、ディスカバーがカスタマーサービス担当者の役割をいかに重視しているかを示すものでもある。経営陣全員が、毎月数時間にわたってカスタマーサービス担当者の通話に耳を傾け、そこから学んだことは何か、どのプロセスや技術の変更が担当者の仕事をやりやすくし、結果として顧客を喜ばすことに役立つかを議論するプロセスも同様だ。

ディスカバーの基本原則は、経営陣の賞与システムにも表れている。マーケティングとオペレーションを担当する経営幹部は、毎年顧客からの苦情件数を一〇%減らすことで賞与を支給される（他の役員との）共同目標を掲げている。ここでも、イノベーションや尊敬といった価値観を、すべてのチームが最優先するような実践的なシステムの構築が求められているのである。

アマゾンの一四の基本原則〈リーダーシップ・プリンシプル〉

アマゾンも基本原則という堅固な礎の上に成り立っている。(4) しかも興味深いことに、リーダーこそがこれらの原則を体現すべきだという点を、同社のウェブサイトに基本原則《プリンシプル》のリストを掲載してハッキリと示している（訳注：以下はアメリカ本社のウェブサイトを日本語に訳した）。

Customer Obsession（お客様へのこだわり）

リーダーはまずお客様を起点に考え、お客様のニーズに基づき行動します。お客様から信頼を得て、維持していくために全力を尽くします。リーダーは競合他社にも注意を払いますが、何よりもお客様を中心に考えることにこだわります。

Ownership（オーナーシップ）

リーダーはオーナーです。長期的視点で考え、短期的な結果のために、長期的な価値を犠牲にしません。自分のチームだけでなく、会社全体のために行動します。「それは私の仕事ではありません」とは決して口にしません。

Invent and Simplify（創造し、単純化する）

リーダーはチームにイノベーション（革新）とインベンション（創造）を求め、それをシンプルに体現する方法を常に模索します。常に外部の状況に目を光らせ、あらゆる機会を捉えて新しいアイデアを探し出しますが、自分たちが生み出したものだけにとらわれません。私たちは新しいアイデアを実行に移すとき、長期間にわたり、外部に誤解される可能性があることも受け入れます。

Are Right, A Lot（正しい判断力）

リーダーは多くの場合、正しい判断を下します。優れた判断力と、経験に裏打ちされた直感を備えています。多様な考え方を追求し、自らの考えを反証することもいといません。

Learn and Be Curious（学び、好奇心を持ち続ける）

リーダーは学ぶことに貪欲で、常に自分自身の向上を目指します。新たな可能性に好奇心を持ち、探究します。

Hire and Develop the Best（ベストな人材を獲得し、育成する）

リーダーはすべての採用や昇進において、評価の基準を引き上げます。優れた才能を持つ人材を見極め、組織全体のために積極的に開花させます。リーダー自身が他のリーダーを育成し、コーチングに真剣に取り組みます。私たちはすべての社員がさらに成長するための新しいメカニズムを創り出します。

Insist on the Highest Standards（常に高い目標を掲げる）

リーダーは常に高い水準を追求することにこだわります。この水準を高すぎると感じる人は多いかもしれません。リーダーは求める水準を絶えず引き上げ、チームが品質の高い商品やサービス、プロセスを実現できるように推進します。水準を満たさないものは実行せず、問題が起こった際には確実に解決し、徹底的な再発防止策を講じます。

Think Big（広い視野で考える）

視野が狭いと、自分が想像する以上の大きな結果を得ることはできません。リーダーは大胆な方針と方向性を示すことによって成果を促します。お客様のために従来と異なる新しい視点を持ち、あらゆる可能性を模索します。

Bias for Action（まず行動する）

ビジネスではスピードが重要です。多くの意思決定や行動はやり直すことができるため、過剰な調査や検討は必要としません。計算されたリスクを取ることに価値があります。

Frugality（質素倹約）

私たちは少ないリソースで多くのことを実現します。倹約の精神は創意工夫、自立心、発明を育む源になります。スタッフの人数、予算、固定費は多ければよいというものではありません。

Earn Trust（信頼を得る）

リーダーは注意深く耳を傾け、率直に話し、誰にでも敬意をもって接します。たとえ気まずい思いをすることがあっても、自分の間違いは率直に受け入れ、自分やチームの行動を正当化しません。そして常に自らを、そしてチームを最高水準のものと比較し、高みを目指します。

Dive Deep（現場業務に精通する）

リーダーは常にすべての階層の業務に気を配り、詳細な点についても把握します。頻繁に現状を検証し、指標と個別の事例が合致していないときには疑問を呈します。リーダーが関わるに値しない業務はありません。

Have Backbone; Disagree and Commit（信念を持ち、反対意見は毅然と主張し、決定したら全力を注ぐ）

リーダーは、自分が同意できない決定に対しては、たとえそうすることが面倒で労力を要することであっても、敬意をもって異議を唱えなければなりません。信念を持ち、容易にあきらめません。安易に妥協して馴れ合うことはしません。しかし、いざ決定がなされたら、全力でコミットして取り組みます。

Deliver Results（結果を出す）

リーダーは、ビジネス上の重要なインプットに力を注ぎ、適正な品質でタイムリーにやり遂げます。たとえ困難に直面しても、立ち向かい、決して妥協しません。

リーダーシップ・プリンシプルの前文にはこう書いてある。「私たちは、新規プロジェクトのアイデアについて議論するときも、問題解決に向けた最善のアプローチを決定するときも、毎日リーダーシップ・プリンシプルを使っています。それはまさに、アマゾンの独自性を支えている要因の一つです」よくぞ「独自性」という言葉を使ってくれたと、私は感心している。私は最後の一文が本当でなければよいのにと思う。上記のような価値観にこだわるのは当然のことで、それを実践している企業が異端なはずはないではないか。しかし、残念ながらこれは事実だ。今後は、もっと多くの企業がこの道のりをたどって、アマゾンを独自でない存在にしてほしいものである。

前文の前半部分も真実だと思う。アマゾンの現・元幹部へのインタビューを通して、私はこうした基本原則《プリンシプル》が本当に毎日議論され、採用からトレーニング、昇進、そしてもちろん顧客への対応に至るまでの一つひとつの経営プロセスに徹底的に組み込まれていることを確信した。そして、この極めて包括的な原則には、収益拡大や利益目標に関する言及が一言もないことに留意してほしい。どこを見渡しても、金融資本主義的な考え方に支配されがちなこの世界にあって、これはすがすがしい。また、いくつかのアイデアは、別の言葉で繰り返されていることにも注目したい。たとえば、リーダーは『『それは私の仕事ではありません』とは決して口にしません』と「リーダーが関わるに値しない業務はありません」、リーダーは「あらゆる機会を捉えて新しいアイデアを探し出します」「学ぶことに貪欲で」「新たな可能性に好奇心を持ち」「あらゆる可能性を模索します」といった文言だ。人々に価値観を染みこませるときには、意図的な繰り返しは力強い助けとなる。

だが、その圧倒的なパフォーマンスにもかかわらず、アマゾンの一四カ条の基本原則《プリンシプル》には問題がある。黄金律が見当たらないのだ。どこを見ても、「従業員に優しく親切にする」とか、「従業員の安全と幸福を深く願う」といった言及がない。「人々を大切に扱う」についても一言もない。アマゾンのモデルで、その成功に持続性があるのかについて、私が疑問に思う点があるとすれば、それは従業員が素晴らしい生活を送れるような、真に働きやすい職場になることに全力を傾けていないことだろう。(5)

実際、二〇二〇年の時点で、年次報告書に掲載された株主への（CEOとして最後の）手紙を読むと、ジェフ・ベゾスはこの懸念をわかっていたようだ。(6) 同社は、アラバマ州ベッセマーの施設で実施された労働組合結成の是非を問う投票で、労組結成を七一％の反対で否決したばかりだった。それでも、この経験がベゾスに影響を与えたことは明らかで、株主への手紙では、「私たちは従業員の皆さんのために素晴らしい仕事をする必要があります」と述べたうえで、次のような決意を発表した。「私たちは、地球上で最もお客様を大切にする会社になりたいと常に願ってきました。私たちはこの気持ちを一切変えません。この気持ちが私たちをここまで育ててくれたのですから。しかし私は今日、これに加えて、次のことを約束します。私たちは、地球上で最も働きたい会社、そして地球上で最も安全な職場になります」

アマゾンがこの方向に文化を変えていけるかどうかは、時間が経たないとわからないが、これほどの巨大企業になると、経営陣が誤った判断を下し、利益を優先させて、愛に反した行為に走ってしまう機会は日常的にあるはずだ。最近、『ウォール・ストリート・ジャーナル』紙は、アマゾンがスマートスピーカー（訳注：AIが搭載された音声操作スピーカー）とビデオドアベル（訳注：スマホで操作できるインターホン）の競合他社の広告掲載を拒否してビジネスを妨害した（そうでなければ、各社製品の検索件数は大幅に伸びていたはず）と報じた。[7] 同紙はまた、アマゾンの従業員が自社の競争条件を有利にするために、マーケットプレイスのプラットフォームからデータを抜き出しているというアマゾンマーケットプレイスの出品者からの告発も掲載した。こうした違反が黄金律に則る形でどれくらい早く解決するか（解決するはずである）を見れば、上場企業としての絶え間ない財務的圧力の下で、アマゾンの

訳注：本書の英語版の執筆後、アマゾンがリーダーシップ・プリンシプルを更新し、新たに二つの項目が付け加えられたことに言及しておきたい。まさに先ほど指摘した黄金律に関わる点が補強されたのだ。一五カ条目に、「職場環境をより安全に、より生産的に、より実力が発揮しやすく、より多様かつ公正にする」「誰もが仕事を楽しめるようにする」という項目が加えられている。アマゾンが今後も持続的な成功を続けるためには、従業員を大切に扱うことが欠かせないと気づいた証左と言えるであろう。

Strive to be Earth's Best Employer（地球上で最も働きたい職場になるために努力する）

リーダーは、職場環境をより安全に、より生産的に、より実力が発揮しやすく、より多様かつ公正にするべく、日々取り組みます。リーダーは共感を持ち、自ら仕事を楽しみ、そして誰もが仕事を楽しめるようにします。リーダーは自分自身に問いかけます。私の同僚は成長しているか？　十分な裁量を与えられているか？　彼らは次に進む準備ができているか？　リーダーは、社員個人の成功に対し（それがアマゾンであっても、他の場所であっても）、ビジョンと責任を持ちます。

Success and Scale Bring Broad Responsibility（成長に伴う影響に責任を持つ）

アマゾンはガレージで創業して以来、成長を遂げてきました。現在、私たちの規模は大きく、世界に影響力を持ち、そして未だに、完璧には程遠い存在です。私たちは、自分たちの行動がもたらす二次的な影響にも、謙虚で思慮深くありたいと思います。私たちは、社会、地球、そして未来の世代のために、日々成長し続ける必要があります。一日の始めに、お客様、社員、パートナー企業、そして社会全体のために、より良いものをつくり、より良い行動を取り、より良い企業になるという決意を新たにします。そして、明日はもっと良くできると信じて一日を終えます。リーダーは消費する以上に創造し、常に物事をより良い方向へと導きます。

基本原則《プリンシプル》がどれほど持ちこたえられるかがわかるはずだ。

もし、パンデミックによって多くの企業が苦しんでいる間に、巨大企業の成功が加速していたとすると、彼らに何の不手際がなかったとしても、他社を搾取する憎むべき相手と見なされかねない。ベゾスがこのことをずっと以前から認識していた節はある。たとえば、アマゾンの売上高が一〇〇〇億ドルを超えたとき、ベゾスは「アマゾン・ドット・ラブ」と題したメモをつくって配布し、「恐れられるよりも、愛される会社にしたい」と宣言し、「小さな相手をたたきつぶすのはクールじゃない。自社ですべての価値を独占するのはクールじゃない」と書いた(8)。ベゾスがCEOの座をアンディ・ジャシーに譲った今、この新世代のリーダーたちが黄金律の基本原則《プリンシプル》を守ることにどれだけ本気か、いずれ世界は知るだろう。

こうした重要な警告やただし書きを念頭に置く必要があるが、顧客中心主義を目指す企業は、基本原則《プリンシプル》を明示的かつ体系的に、そして粘り強く実践しているアマゾンの事例を見習うべきだ。アマゾンが掲げる最上位のプリンシプルは「お客様へのこだわり」だ。それに続く原則の多くは、たとえば「創造し、単純化する」にせよ、「常に高い目標を掲げる」にせよ、「お客様へのこだわり」を支え、強化するものだという点を明記しておく。

「粘り強さ」も、アマゾンで働く管理職に必須の資質だ。ここに紹介するのは、私とアマゾンの元幹部との会話から抜粋したもので、アマゾンの「リーダーシップ・プリンシプル」が同社の経営システムの中にどう取り入れられているかを説明してくれる。

●求職者は、「リーダーシップ・プリンシプル」に基づいて面接を受ける。
●勤務初日から、これらの原則に基づいたトレーニングを受けることになる。
●従業員が誰かを面接する場合には、経験やスキルよりも相手が「リーダーシップ・プリンシプル」をクリアしているかどうかを重視して、これに基づいて、厳格に「イエス」か「ノー」かを投票しなければならない。
●同僚に提供するフィードバックは、「リーダーシップ・プリンシプル」に基づいて行われる。
●全員参加のミーティングは、「リーダーシップ・プリンシプル」がテーマになる。
●従業員の昇進用書類は、該当する候補者が「リーダーシップ・プリンシプル」に照らしてどのようなパフォーマンスを発揮しているかに基づいて記述される。
●「リーダーシップ・プリンシプル」に則った行動をしていないと、「退職勧奨」の憂き目に遭う。
●これらの基本原則《プリンシプル》に従って働くことについては、アマゾンでは選択の余地はないし、単なる推奨でも「あったらいい」というレベルの話でもない。「アマゾニアン」になるための基礎、優れた存在になるための絶え間ないコミットメントの表明なのだ。それに一〇〇％従うか、そうでなければ出て行けということだ。

アマゾンの各種経営システムは、顧客中心主義を強化する点でも連動している。たとえば、経営幹部への昇進には、リーダーは顧客の生活を向上させた一連のイノベーションの実績を示す必要がある。だが、そのようなイノベーションを実現するには、もちろん資金が必要だ。そして新たな取り組みの資金調達を管理するには、イノベーションの斬新さや利点を説明するプレスリリースのシナリオを書き上げなければならず、しかもそのイノベーションは、ジャーナリストから報道する価値があると見なされるほどのレベルでなければならない。そのサービスはどのように提供されるのか、どのような経営資源が必要か、どのようなスケジュールで進めるかについての想定質問（と回答）も用意しておく必要がある。要するに、イノベーションの立案者はこれが顧客をどう感動させるのか、そしてそれを期限内に、予算内で実現するのに何が必要かを自分が理解していることを示さなければならない。このようなかなり高いハードルを何度も越えて初めて、その人物は経営幹部にふさわしいと見なされるのだ。

新しい世代のリーダーたちが、アマゾンの歴史の新章を描き始める様子を、私は注意深く見守っていきたいと思う。かつてアップルでは、ティム・クックが創業者のスティーブ・ジョブズからバトンを受け継ぎ、顧客と従業員を大切に扱う姿勢を一段と徹底させた。アマゾンにおける今回のリーダー交代も、できればアップルのときと同じようにうまくいってほしいものである。アップルの成功は持続的成長だけでなく、圧倒的なネット・プロモーター・スコアによっても証明されている。

一方、アマゾンのNPSスコアは将来の暗雲を指し示している。それが今の真実だ。なぜなら、アマゾンの相対的な顧客NPSのランキングは、ほとんどの小売セグメントでズルズルと下がってきているからだ。毎年一〇の産業セクターを分析しているベインの小売業界グループによると、二〇二〇年にアマゾンがNPSリーダーになったのは、わずか一セクター（家庭用家具）だった。二〇一七年以降、NPSリーダーの地位は、ほとんどのセクターでアマゾンの競合他社が占めた。しかも、各セクターのトップはそれぞれ異なる。要するに、新CEOのジャシーと彼のチームには、しなければならないことが山のようにある、ということだ。願わくは、彼らの基本原則を黄金律に一致させて私の期待に応え、これまで以上の粘り強さでそれを守り続けてほしいと思う。

言葉以上のもの

当たり前のことをあえて言うと、人を鼓舞するような価値観のリストを公表するだけでは不十分だ。粘り強い行動も、それらを象徴する物や儀式も、基本原則《プリンシプル》とシステムはもちろんのこと、何と言っても、企業のリーダーが示す模範によって支えられなければならない。経営者や従業員の行動がどこまで徹底して原則を体現しているか、ということだ。

エンロン（Enron）の内部崩壊を思い出してほしい。同社は無節操に利益を追求して、経営幹部が何人も刑務所に入った。かつては飛ぶ鳥を落とす勢いだった企業が、口だけ達者で、何も実行しない企業であったことが明らかになったのだ。たとえば、ある年の年次報告書でエンロンが公表した四つの企業価値を見てみよう。

●コミュニケーション——私たちは、意思疎通をする義務があります。

●他者への敬意——私たちは、自分がそうしてほしいように他の人々に接します。
●誠実さ——私たちは、お客様や見込み客と、率直に、正直に、そして誠実に協力し合います。
●卓越性——私たちは、自分たちが行うすべてのことにおいて、最高のものでなければ満足しません。(9)

同社に何が起きたかを知ったうえでこれを読むと、気が滅入ってくるのではないだろうか。だが、アーサー・アンダーセン（Artheur Andersen）に比べればまだまだ可愛いものである。従業員八万五〇〇〇人を抱える巨大会計事務所が、エンロンとのつながりのおかげで、ウエイスト・マネジメント（Waste Management）（訳注：産業廃棄物処理）、サンビーム（Sunbeam）（訳注：電気製品製造）、ワールドコム（WorldCom）（訳注：電気通信業者）とともども、ほぼ一夜にして崩壊した。アーサー・アンダーセンには創立者から何世代にもわたって受け継がれてきた強固な価値観があったにもかかわらず、その惨劇は起きたのだ。

●誠実さと正直
●「ワンファーム・ワンボイス（全員一丸となった協力体制）」哲学に基づくパートナーシップモデル
●共有されたメソッドによるトレーニング(10)

つまり、偉大な企業を他社から差別化するのは、それがどんなに雄弁で高尚であったとしても、「価値観の表明《バリューステートメント》」ではないことは明らかだ。むしろ、こうした基本原則《プリンシプル》が組織全体に生き、息づくための強固なシステムを構築するのが、リーダーの能力だ。そして、特に困難な状況に置かれたときに、これらの基本原則を実践して模範を示そうという強い意志を示すのがリーダーシップチームなのだ。果たしてリーダーは、苦しいときに自分自身の個人的な利益よりも、基本原則とチームの成功を優先するだろうか。

問題は、実際にその瞬間が来るまで決してわからないということだ。新型コロナウイルス感染症の危機がファーストサービスの現場チームを襲ったときに、私は同社の取締役会がすぐさま取締役と経営幹部の役員報酬を削減した事実に感銘を受けた。この危機を乗り切るうえではもちろんのこと、次の危機（それがいつ来ようとも）に備えるうえでも、このような行動は非常に重要だと私は考える。危機的な状況での人員削減を避けようとリーダーたちがいかに努力しているか、そして現場の人員削減を余儀なくされたときにいかに手厚い補償をするか、すべての従業員が固唾を呑んで見守るだろう。これも当たり前のことをあえて言うが、リーダーが基本原則を社内に徹底させるには、自ら目に見える犠牲を払う以上の方法はない。

スティーブ・グリムショーは、このことをよく理解していた。だからこそ、キャリバー・コリジョンがパンデミックで業績が落ち込んだときに、自分たちの報酬を削減したのだ。対象は年俸一〇万ドル以上の者全員だった。競合他社が営業店の最大半分を閉めるなか、キャリバーは全店舗の営業を継続すると明言した。そして、週当たりの受注量が少なすぎて、標準的な販売奨励金では修理工の基本給をカバーできなかったにもかかわらず、健全な額の基本給を保証した。自動車修理業界がパンデミック前の水準に戻れば、パンデミック期間中にキャリバーが増やした市場シェアはさらに拡大を加速するだろうと私は見ている。なぜか。キャリバーがその基本原則を実践していることを、リーダー自らがすべてのステークホルダーに、従業員にも、業者にも、保険会社にも、顧客にも示したからだ。

粘り強さへの道

ベインは、そのミッションである「私たちはクライアントとともに、優れた新しい業界スタンダードを定め、高い価値を創造できるように支援する」という顧客中心主義を常に前面に押し出してきた。そして、このミッションを力強く提示し続けるために、すでに説明したように、長年にわたってさまざまなシステムを導入してきた。いくつかの点をもう一度強調させてほしい。たとえば、ウイークリーハドルでは、自分たちの仕事がクライアントに価値をどれだけ提供できているか、チームメンバーに評価してもらえる。また、「アニュアル・リザルト」と呼ばれるチャレンジでは、世界中のオフィスの中で、どのチームがクライアントに最高の成果をもたらしたかを競い合って表彰される。

私たちのミッションを支えるもう一つの基本原則は、「ベインを働きがいのある会社にする」ことだ。この原則を支援するために、「自分のチームで働くことを社内の同僚たちにどの程度薦めますか」を毎週チームメンバーに尋ねている。その結果を基にハドルで議論が行われるので、各チームは自分たちの問題の多くを解決できる。さらに、毎月のオフィスミーティングでは集計結果が報告され、チームのランク付けを行う。スコアは、コーチングからチームの人員補充に至るオフィス経営上の主要な判断材料になるとともに、オフィス全体のコンサルタント全員に共有される。ただ、オフィスがむしろ注目するのは、チームの楽しさと、生産性を高めるというチャレンジのほうだ。しかし、あらゆるシステムの中でおそらく最も強力なのは、半年ごとにチームによるリーダーシップの質についての投票が行われ、チームから支持を得られないリーダーは、大きな権限のあるポジションに昇進できないという制度だろう。

繰り返しになるが、価値観は、それがたとえ強力なものであっても掲げられただけではまともに機能しない。そう、先ほど強調した通り、リーダーは模範となる行動を取ることで、価値観を実践しなければならない。さらに、効果的なシステムを構築することで、文化的な価値観を補強することも必要だ。こうしたシステムが粘り強さを生む。すなわち価値観とは、たとえ人々がその影響力や蓄積された力を意識していなくても、三六五日二四時間、いつもどんなときにも、心に響いている鼻歌のようなものに他ならないのである。

何も私の言うことを鵜呑みにしなくてもよい。次に紹介するのは、テイマー・ドーナーがベインのボストンオフィスの新代表に任命された直後に行われ、『ボストン・ビジネス・ジャーナル』誌に掲載された彼女のインタビューの抜粋である。

ノースウェスタン大学で欧州の思想史を研究したテイマー・ドーナーは、一九九九年にベイン・アンド・カンパニーに入社した。入社当時、彼女は六カ月で辞める心積もりだったという。「人類学的な探検をしようと思っていたのです。ビジネスに携わる人々の生態を観察し、その後、会社を辞めて職場に関する『偉大なるアメリカ小説』を書こうと思っていました」

だが、彼女は辞めなかった。それから二〇年が経ち、ドーナーは今、ベインのボストンオフィスの経営を任されている。従業員数が一〇〇〇人弱の巨大コンサルティング会社では最大規模のオフィスで、自ら共同で立ち上げたブランド・ポジショニングとブランド戦略グループを率いる。短期間の探検のつもりが長期滞在を決意した理由は、「ベインの文化です」と彼女は語った……

同僚たちはいわゆる「社畜」とはほど遠い人たちで、賢く、楽しく、勤勉であることがわかったのだと言う。「私は当社に来てすぐに、価値観の一致を感じました。私が好きな人は、誰もが尊敬し、憧れる人たちであり、その人たちが昇進していったからです。反対に、嫌だなと思った人々は組織からすぐにいなくなりました」[11]と振り返る。

ドーナーの言う「価値観の一致」とは、表面的には彼女自身の価値観と、新しい同僚たちの価値観が予想外に一致していたことを指している。だが、もっと深いところでは、長い間にベインのシステムに蓄積されていた価値観に彼女が気づいていたのだと、私は思っている。どうして自分の憧れた人々が昇進し、嫌った人は追い出されたのだろう。それは、価値観が社内で明確に示され、粘り強く組織的に強化されてきたからだ。ベインが三〇年前に瀕死の状態から立ち直れたのは、新しい優れた戦略的取り組みがあったからではない。サーバント・リーダーシップの精神で、顧客が素晴らしい成果を上げるのを支援する、という中核的なミッションに立ち戻ったからだ。加えて、このミッションを支える基本原則《プリンシプル》を粘り強く強化するシステムを設計したからでもある。だからこそ、ドーナーのような人々がベインに残り、この会社をそれまでよりもずっと働きやすい場所にしようと決意してくれたのだ。

読者はおそらく、ベインを特殊なケースとして否定したくなるかもしれない。ビジネスの世界というのはしょせん、名門大学でいくつも学位を得た高給取りの集う排他的クラブではないか、と。しかし周囲をよく見渡せば、ベインと同じ基本原則とそれを補強するシステムで成功した会社はいくつもある。たとえば、ファーストサービス・ブランズの子会社で、北米最大のフランチャイズ方式による住宅用・商業用塗装業者サータプロ・ペインターズ（CertaPro Painters）の経営陣は最近、取締役会(私は同社の取締役を務めている)に対してビジネス戦略の更新案を提示した。同社がコーポレートカラーとして金色を選び、あらゆる広告と看板にこの色を使っている理由は、黄金律を実践する企業であることを伝えるためだという。

だが、もっと大きな全体像があることを忘れてはならない。実際には、ファーストサービス・ブランズのグループ企業は、どこも次の価値観を実践しようと努力し続けている。

●約束したことを実行する。

●個人を尊敬する。
●自分の仕事に誇りを持つ。
●継続的な改善を実践する。

CEOのチャーリー・チェイスに、これらの価値観が選ばれた理由を尋ねると、「単に黄金律のさまざまな側面を反映したにすぎません。塗装、家屋査定、修復、床材、そして子会社のカリフォルニア・クローゼットで同様に実践されていることです」と答えた。

チャーリーの言う通りだと思う。成功した企業の本質的価値観《コア・バリュー》のリストはどれも、黄金律がそれぞれの事業環境で働く従業員にとって、実践的で理解しやすい構成要素に分解したものにすぎない。ファーストサービス・ブランズに、こうした価値観を強化して持続させるためのシステムと儀式をどのように構築したのかを尋ねると、チャーリーは「こうした価値観をまず、次の『サービスの基礎サービス・ベーシックス』に落とし込んで、チームがこれらの価値観を実践しているときに確認できるようにしたのです」と答えた。

●あなたの言動を「ブランドプロミス」と一致させる。
●私たちのブランドを、プライドをもって打ち出す。
●私たちのアクションすべてにおいてブランドへのロイヤルティ創造につなげる。
●すぐに実行する。

● 顧客に同じ話を何度もさせない。
● 顧客の共感を得られるように努力し、顧客と意思疎通を図り、協力する。
● 顧客体験《カスタマーエクスペリエンス》の全体を通じて、顧客からのフィードバックを得る。
● 常に準備を怠らず、現場に待機し、個別のニーズに応える。
● 顧客の資産と好みを尊重する。
● 顧客とともにプロジェクトの完了を確認し、喜び合う。

チャーリーは、ここに掲げた理想を実現するために、最も優れた仕事をしている人々を毎年表彰するイベントについても説明してくれた。「黄金律賞《アワード》」と呼ばれるこのイベントは、同僚たちの推薦により、各ブランドから計四名の受賞者（顧客対応営業チームメンバー一名、顧客対応製造チームメンバー一名、フランチャイズの店長一名、本社スタッフ一名）が選出される。受賞者は毎年開催される「ファーストサービス・ブランズ経験《エクスペリエンス》サミット」に参加し、ステージに立って本質的価値観《コア・バリュー》とサービスの基礎《サービスベーシックス》を振り返りながら、自らの物語を語る。こうした体験談を通じて、黄金律を実践するとはどういうことか、同社グループの従業員と役員が目指すべき卓越性の基準がどこにあるのか、明確に定まっていくのだ。

金融アナリストがチャーリーやその上司であるスコット・パターソンに、ファーストサービスがなぜそのビジネスラインのすべてで競合他社の多くを上回る成長を遂げ、高い業績を上げているのか、あるいは総株主利益率で驚くほどの実績を上げているのか（驚くなかれ、住宅不動産管理、塗装、住宅修繕、オーダー家具といった成熟したビジネスラインで成り立っている会社が一〇年以上にわたってアマゾンやアップルと同等のリターンを上げている）を尋ねるときに通常期待する答えは、私たちのチームは黄金律の実践に誰よりも熱心に、しかも粘り強く取り組めるよう努力しています、といったことではない。ところが実は、それが答えの大きな部分を占めていることに、聞き手も気づくことになる。

愛と粘り強さ

賢明なリーダーは、ナイアガラの潮流が、お気に入りのコイを圧倒的な勢いで下流に押し流そうとしていることをわかっている。従業員、顧客、投資家、社会の圧倒的多数は、ビジネスの第一のパーパスは利益だと思い込んでいる。どんなビジネスや哲学が流行し、説かれても、人々はリーダーの言うことよりも、リーダーが実際に取っている行動が真実を表していると信じている。経営者がいつも予算を立て、資本を配分し、成功を測り、主に財務数値に基づいてボーナスを払っている様子を見ているからだ。したがって、もし経営者であるあなたが、顧客を愛そうというメッセージを真剣に受けとめてもらいたいのであれば、黄金律を強化する文化、儀式、システムを慎重に設計して、その言葉を裏付けなければならない。

多くの結婚式で読まれる､愛に関する有名な一節を紹介して本章を終えることにしよう。これは《コリント人への第一の手紙》からの抜粋である。

愛は寛容であり、親切です。愛は決してねたみません。また、決して自慢せず、高慢になりません。決して思い上がらず、自分の利益を求めず、無礼なふるまいをしません。愛は自分のやり方を押し通そうとはしません。また、いら立たず、腹を立てません。人に恨みをいだかず、人から悪いことをされても気にとめません。決して不正を喜ばず、いつも真理を喜びます。愛は、どんな犠牲をはらっても誠実を尽くし、すべてを信じ、最善を期待し、すべてを耐え忍びます。

顧客への愛の場合、献身的に取り組むリーダーからの組織的な支援が何度も何度も繰り返されなければ、愛は持続しないということは明らかだ。それが私の考えである。

Winning on Purpose

Be Humble

9

謙虚であれ

ネット・プロモーター3.0と、その先へ

ベインでは、どのコミュニケーションにおいても、まず結論を述べ、常に前向きな発言で締めくくって行動を起こすよう教える。

第9章では、この助言に従ってみようと思う。まずは結論から。本当に顧客中心主義になるためには、そこに至るまでの道のりに対して謙虚になるべきだ。本章では、最新の「ネット・プロモーター3・0」実現に必要な項目を列挙したチェックリストを提供する。読者はこれを参考に、その道のりがどの程度のものか把握してほしい。ここに示すのは、私がこの二〇年間、顧客資本主義の先端で走る多くのリーダーとともに働き、観察する中で得た学びのエッセンスである。

とはいえ、まずは本書の中心的な思想に戻ろう。黄金律を十分に、正しく理解することで、顧客資本主義を支える根本的な原則を会得し、良き利益を持続的に生み続ける基盤を築くことができる。読者は、本書の第六章「黄金律を重んじる」が、牧師であり神学校の教師であった私の旧友とのランチで始まったことを覚えているだろうか。このときの議論を通じて、私は二つの非常に重要な教訓を得た。そのうちの一つはすでに紹介した通りだ。非常に聡明で思慮深い私の友人が「己の如く、汝の隣人を愛せよ」という言葉が、ビジネスとどのような関連性があるのか、深い疑念を表明したことだ。

彼が本書を読んで、当時とは異なる結論に達することを願うが、少なくとも、私が彼の警告を心に刻んだことはわかってもらえるのではないだろうか。とはいえ、顧客のために世界をより良い場所にすることが成功するビジネス戦略ではないし、ましてや勝利する組織の第一のパーパスになるはずがない、という友人の言葉にはほとんどの人が共感するだろう──私は不本意ながらこの点は認めざるを得ない。ビジネスは他者への奉仕ではなく、利己心に基づいて成り立っていると考える多くの人々の目には、おそらく私の主張が救いようのないほどに甘いか、中途半端に映ったことだろう。顧客の生活を豊かにすることが、企業の第一のパーパスとして、他のすべてのステークホルダーへの義務よりも優先されるべきだという考え方は、従来のウォール街の人々にはまったく馬鹿げているように思えるに違いない。

しかし本書をここまで、つまりほとんど最後まで読んでくれた人であれば、未来は顧客資本主義のものだと信じている少数の忍耐強い集団に加わる準備ができているのではないだろうか。もしそうなら、歓迎する。そして、あなたも選りすぐりの集団の一員であることを意識してほしい。何しろ、顧客の生活を豊かにすることを自社の第一のパーパスと考えている経営者は、わずか一〇％にすぎないのだから。

ここでもう一度、牧師をしている私の友人との会話に戻り、その折に感動した二つ目の教訓を紹介しよう。レストランを出るときに、私はそれまで長く悩んでいた聖書に関する難問を告白した。イエスが山の上で群衆を前に弟子たちに話したとされる素晴らしい説教「山上の垂訓」（《マタイによる福音書》）の中で、どうしても私には理解できない箇所があったからだ。「柔和な人たちは、幸いである。彼らはこの地を受け継ぐであろう[1]」

「柔和な」だって？　本当だろうか？　柔和さが人生の必勝法？　真逆ではないか。私の経験では、信念を持ち、それに忠実な人々は、困難に直面してもおとなしく折れたりしない。世界をより良い場所にしたいのならば、自分たちの信念を貫くために勇気をもって立ち上がらなければならないのではないか――私はそう打ち明けたのだ。

今にして思えば、友人は私が狼狽するのを面白がっていたと思う。「そんなに思い悩むのはやめたまえ」と彼は言った。「柔和な（meek）」はあまり正確な訳ではないというのが、今日の聖書学者たちのほぼ一致した見解なのだ、と。欽定訳聖書（訳注：一六一一年、イングランド王ジェームズ一世の命令で翻訳された聖書）の翻訳者たちがこの言葉を選んだのは、その一音節が、非常に詩的な解釈のリズムに合っていたからだと。そのうえで、正確な翻訳は「柔和な（meek）」よりもむしろ「謙虚な（humble）」だと断言した。「謙虚な人たちは、幸いである。彼らはこの地を受け継ぐであろう」と。

こうすると、いくぶん詩情は薄れるものの、意味は明確になる。リーダーに謙虚さがないと、ロイヤルティを獲得するための必要条件である真のサーバント・リーダーシップは望めない。そして組織全体に謙虚さがないと、学びと成長を妨げる利己的な権利意識が芽生える。これを本書の主要テーマに結びつけて述べると、イノベーションと顧客体験の改善にとって、顧客からのフィードバックはなくてはならないものだが、謙虚さがないと、組織内のあらゆる層の従業員がフィードバックを優先しなくなり、これに対処しなくなる。つまり、謙虚さは、より良いサービスを提供するためには学習し続ける必要があることを明確にし、顧客中心の世界で持続的に成功するための基礎的な要素だということだ。

本書では、ジム・コリンズの『ビジョナリー・カンパニー2』と、その模範とされる企業群を紹介した。だが、すでに見てきたように、その多くがすぐに苦境に陥った。すると、コリンズは何がいけなかったのかを解明しようと試みた（この姿勢は立派である）。そして、その後に出版した『ビジョナリー・カンパニー3――衰退の五段階』で、経営者たちが傲慢になり、成功に酔い、見境なくさらに多くの獲得を追求したときに没落が始まったと結論づけた。[2] 私は、コリンズは概ね正しかったと考えている。だが同時に、傲慢さと貪欲さとは別に、これらの経営者たちは、程度の差こそあれ金融資本主義の犠牲者だったのではないか、とも思うのだ。顧客の生活を豊かにすることを通じて、従業員と顧客の資産を成長させるという長期の目標ではなく、(質や持続性を無視して) 短期の四半期業績に基づいて報酬を与えるという従来の仕組みに負けたのではないか、と。

さらに、大企業の成功がもろいのは、『ビジョナリー・カンパニー3』で紹介したほんの一握りの企業に限った話ではないという点も付け加えておきたい。巨大企業群のトップクラスにのし上がるほどの優秀な企業であれば、規模、経験、財務体質、ブランド力、そして政治力をしっかりと積み上げて現在の地位を築き上げ、今後もトップに君臨できるはずだと思うかもしれない。だが、そうではない。一〇年以上前、私はフォーチュン500企業の最盛期はわずか一七年であることを発見した。今日は創造的破壊のスピードが加速しているので、その期間はさらに短くなっているだろう。読者はブラックベリー (Blackberry)、ブロックバスター (Blockbuster)、コンパック (Compaq)、アメリカ・オンライン (America Online) といった企業を今でも覚えているだろうか。

一九九七年一〇月、「ロイヤルティ・ラウンドテーブル」の席で、私はロイヤルティ・リーダー企業のCEOたちに、なぜあれほど多くの成功企業がつまずき、倒れるのかを尋ねてみた。その場には、インテュイット、ステートファーム (State Farm) (訳注：生命保険)、USAA、ハーレーダビッドソン (Harley-Davidson)、ベイン、エンタープライズ・レンタカーのCEOに加え、チックフィレイのキャシー親子、そしてプライスウォーターハウスクーパース (PricewaterhouseCoopers) の元会長、トム・

ドナフーがいた。(3) 持続的な成功の一番の敵は、画期的な技術で武装した新しい競合他社といった外部の脅威ではなく、むしろ内側から現れることが多い、というのが彼らの一致した意見だった。本当の敵は、強欲、傲慢、自己満足、権利意識だ、というのである。この四つの大罪は、同じ罪の異なる側面を表している。それは、謙虚さの欠如だ。

ある企業が成功を享受して強力になればなるほど、強欲、傲慢、自己満足、権利意識が芽生えて、進歩が阻害される危険性が高まる。同時に、経営者の側も、顧客の声に耳を傾けるのではなく、政治的な縄張り争いや組織図の見直しといった内部の調整に目がいきやすくなる。顧客の抱える問題を解決して彼らの生活を豊かにするために新しい方法を模索するのではなく、社内の争いに無駄に時間を費やすことになるのだ。

どうすれば、この罠を回避できるだろうか。私が知っている最善の方法は、自分が接する顧客一人ひとりの生活を豊かにするというミッションを受け入れて、顧客の声に耳を傾け、彼らの行動を詳細に観察し分析することで、自分が本当にこのミッションを実現できているかどうかをしっかりと確認することだ。顧客からのフィードバックを求めて、それに基づいて行動するには、生半可ではない謙虚さが必要になるが、このことは会社が力を持ち、成長すればするほど重要となる。私たちがそう考えたのは、批判者《デトラクター》のいない企業を見たことがないからだ。これはつまり、どんなに偉大な企業にも改善の余地があるということだ。この黄金律から着想を得た「自分が接する顧客一人ひとりの生活を豊かにする」というパーパスを受け入れれば、謙虚さを保つことができる。謙虚さは、トップにのし上がることに役立つが、むしろトップの地位を維持するために、さらに決定的な役割を果たすのである。(4)

現在、フォーチュン1000企業の三分の二がNPSを採用しており、その多くがNPSスコアを投資家に報告しているのは良いニュースだ。残念なのは、NPSがスコア報告にとどまって、顧客資本主義の時代に勝ち残るために必要なネット・プロモーター・システムの仕組みの構築まで取り入れている企業があまりにも少ないことだ。そこで、「宣言《マニフェスト》」という形で、NPS3・0を構成する基本的な考え方と中核的な要素をここに宣言しようと思う。[5]

ネット・プロモーター（顧客資本主義）宣言《マニフェスト》

人々が充実した、素晴らしい生活を送れれば、世の中は良くなる。偉大な企業はその支援を行う存在であり、偉大なリーダーはそうしたコミュニティを構築し、維持する。すなわち、単に満足のいくサービスを提供するだけでなく、創造性にあふれた、思いやりのある、心のこもったサービスを通じて顧客に喜びを与え、顧客の生活を豊かにするサービスを提供する。その結果として、チームメンバー自身も意義と目的のある生活を送れるよう、彼らの背中を押す。

偉大なコミュニティを形作るのは人間関係であり、その基礎となるのは「自分の愛する人にしてもらいたいように他の人にしてあげなさい」、もっと純粋な言い方をすれば「己の如く、汝の隣人を愛せよ」という原則である。

この黄金律は、人間関係における最高水準の基準を確立する。企業がコミュニティのメンバー全員が従うべき方針や手順、文化、規則を作成し、黄金律に則った正しい行動を取れるようになると、ロイヤルティという言葉に値する人間関係の基盤ができあがる。企業が愛のある対応で顧客をもてなすことで、顧客ロイヤルティが向上する。それは、顧客が再び来店したり、友人たちを連れてきたり、より良い関係を築こうと貴重なフィードバックを提供したりといった行為に現れる。こうして、愛がロイヤルティを生み、それが持続的で利益ある成長の原動力となって、会社、チーム、チームメンバー一人ひとりに栄光への道を照らし出す。黄金律の基準を最も忠実に順守するコミュニティは、このシステムによって経済的繁栄を享受するのである。

したがって、偉大さを目指すべての組織の第一のミッションは、顧客の生活を持続的に豊かにすることを第一のパーパスとし、メンバー全員が黄金律に従って扱われる（そして、黄金律を守る責任を負う）コミュニティの構築であるべきだ。

リーダーは、このミッションを果たすために次のことをしなければならない。

●**第一のパーパスを受け入れる：**リーダーは、顧客の生活を豊かにすることが組織にとって最も重要、すなわち第一のパーパスであることを明確にする。そして、この理念上の「北極星」が、優先順位、意思決定、妥協点をどのように導くべきかをチームメンバーに教え、個人と組織の成功への道を照らす。

●**愛をもって導く：**リーダーの第一の任務は部下を大切にすることだ。チームを鼓舞して顧客第一主義を徹底させ、そのために十分な時間、教育、資源を割り当て、チームの成功を実現させなければならない。さらに象徴《シンボル》や言葉、行動を通じて、黄金律の原則や価値観を実践し、説き、教えるなど、愛情あふれる文化を体系的に強化するメンバーのロールモデルにならなければならない。

●**チームを鼓舞する**：チームメンバーは、顧客の生活を豊かにするというミッションにやりがいを感じ、黄金律に反する方針や行動を根絶しなければならない。また、「どんなときにも正しいことをする」努力が支持されていると確信していなければならない。

●**NPSを適切に算出するための環境を整える**：顧客および同僚からのタイムリーで信頼できるフィードバックをサポートするシステムとテクノロジーは、購買行動、サービス利用状況、オンラインでのコメント、評価、カスタマーサービスとのやりとりなどのあらゆるシグナルを取り込むことで、調査を補強する。しかし、アンケートにうんざりしてデジタルボットやデータサイエンス、アルゴリズムへの依存度を高めていくと、世の中はデータフローであふれかえることになる。そのような世界でフィードバックを適切に収集し、とりまとめ、配分するには絶え間ないイノベーションが必要となる。

●**絶え間ない学びを育む**：リーダーは、黄金律を尊重するための前提条件として、フィードバックを愛する文化を醸成しなければならない。そのためには、フィードバックを与え、集め、受け取るための最も効果的な技術《テクニック》を習得するトレーニングや、フィードバックに安心して対処できる環境などが必要である。

●**プロモーター獲得成長の経済性を定量化する**：リーダーと従業員は、さまざまなトレードオフや投資判断を評価するため、（CFOによって提供・承認された）顧客ベースの会計指標を理解し、これを利用できなければならない。

●**「感動」を定期的に再定義する**：リーダーと各チームは、「自分が愛されている」と顧客一人ひとりに感じてもらうためには、どれだけの進歩とイノベーションが必要かを謙虚に認識しなければならない。リーダーは、期待を超えた製品や体験で顧客に喜びを与えるための新たな方法を常に考案する努力を怠ってはならない。どの個人も、チームも、グループも、顧客が再び来店して友人を紹介してくれるほどの体験をつくり出すやる気と責任を感じなければならない。

NPS3・0への到達ステップ

私の宣言《マニフェスト》は、とりわけ財務的な考え方が定着している老舗企業のリーダーには、気の遠くなるような内容かもしれない。付録Aに掲載したNPS3・0要件の包括的なチェックリストを見ると、ほとんどすべてのリーダーが謙虚な気持ちになるだろう。だが、第5章で説明したように、「NSPで後れを取った企業は投資家に真の価値を提供できない」。もはやこの点が明白な事実を伴って明らかになっている以上、顧客を愛するという方向に方針転換を図るには、ベスト・プラクティスに向けたチェックリストすべてを取り込む必要がある。顧客愛の勝者に照らして、自分の組織が今どのような立ち位置にいるかを明確に評価できるように、私たちはNPS3・0診断ツールを作成した。これは当社のウェブサイトNetPromoterSystem.comで公開している。

私はかつて、ベインの同僚やクライアントと一緒にNPS革命を積極的に推進したいと考えていた。だが、この一〇年で私自身も少し謙虚になったと思う。ビジネスの世界における成功の定義と測定方法を変えるには仕組みをつくっただけではダメで、この運動に、勇気あるリーダーたちにもっと参加してもらう必要があることを実感したのである。金融資本主義から顧客資本主義への移行を早めるためには、すべてのステークホルダーを含む強力で幅広いコミュニティを構築しなければならない。そのためには、次の要素が必要である。

●**投資家とCFOはプロモーター獲得成長の経済性を把握せよ**：財務会計と、それに付随する財務計画と財務分析は、顧客ベースの会計を組み入れなければならない。これは、ほとんどの企業で最も価値ある資産、つまり顧客との関係の健全度を測定できる信頼性の高い会計方式だ。顧客ベースの会計は、とりわけ以下の数値を追跡しなければならない。優良顧客《アクティブカスタマー》の数とその加入時期、各期の購入金額の増減、セグメント別・取引年数別の離反件数、取引年数別の顧客一人当たり売上高、新規顧客数、顧客獲得費用である。さらに、新規顧客のうち、プロモーター獲得（紹介、推奨、口コミ等）による顧客の割合と、お金をかけて（広告宣伝、販促活動、コミッションセールス等で）獲得した顧客の割合が重要になる――要するに、顧客一人当たりの生涯価値を推計するために必要なあらゆる要素だ。

●**顧客評価サイトとEコマース用プラットフォームの顧客評価の信頼性を高めるべく努力せよ**：顧客評価サイトは正当で適切、そして、より有用性の高い評価を提供するためのソリューションを革新しなければならない。たとえば、レビュー分析アプリのフェイクスポットは、二〇二〇年時点でアマゾンレビューの四二％が偽物《フェイク》だと推定している。(6) 多くの産業では顧客一人ひとりの嗜好が大きく異なるため、評価を適切なものにするには、各顧客にとって最も適切な評価者に焦点が当たるように、評価内容を吟味して整理する必要が出てくると、私は予想している。

●**投資家は（未認証の）自己申告NPSスコアに異議を唱えよ**：すでに述べたように、第三者の監査を受けないまま顧客フィードバック・スコアを報告している企業は多い。企業の顧客資産の価値を理解したい投資家は、この測定基準がどのように導き出されたかを理解し、信頼できる一貫した手法を要求する必要がある。

●**取締役会は真の顧客擁護者になれ**：取締役会は、組織の方針と実務が顧客を大切にする態勢を整える責任がある。これは、単に法令違反をしないことよりも高い基準である。取締役会は、既存の指名・ガバナンス委員会、監査委員会、報酬委員会に加えて、「顧客委員会」の設置を検討すべきである。企業が人工知能（AI）中心の顧客対応を提供し、そのリスクを受け入れるとともに、この手の監視は重要性をさらに増すだろう。企業は「倫理的なAI」や規制要件を超えて、顧客愛に基づく黄金律基準までハードルを引き上げなければならない。この委員会が真の説明責任と影響力を持つためには、信頼できるNPSスコアが必要になるだろう。このデータは、将来的にはベインのNPSプリズムのようなサードパーティから、あるいは信頼できる社内プロセスを経て入手できるようになるはずだ。だが、そのためには、顧客ベースの会計が強固になり、顧客愛の測定指標で監査に耐えうる、つまりプロモーター獲得成長などの公表や役員賞与の決定に最も適した報告指標を実現する必要がある。

● **取締役会は、長期的な視野で行動する経営者に報いよ：**経営陣は、顧客を大切にする判断を下すときには、短期的な投機家の妨害から保護されなければならない。総株主利益率（TSR）が最も高いのは、NPSスコアが最も高い企業であることから、長期投資家の利益は経営陣に顧客を愛するよう促すことによって満足度が最も高くなる。役員報酬制度は、長期投資の株主に真の価値を提供するリーダー、つまり株式市場の平均的なリターンというハードルを上回るTSRを実現したリーダーに手厚い賞与が与えられるように設計する必要がある。TSRに加えて、顧客と従業員の実績、すなわち顧客NPSと従業員NPSも何らかの形で報酬制度の一部に組み入れられるべきだ。

● **従業員はより厳しい選択眼を持ち、自分たちが正しい生活を送れるような支援を雇用主に要求せよ：**特に労働力がミレニアム世代とZ世代へと移行するとともに、従業員たちは働きがいのある仕事を要求するようになった。本書に登場する企業が獲得した従業員ロイヤルティについては、読者は何度も耳にしたことがあるだろう。アリゾナ州フェニックスのコールセンター運営会社から上海のユーザーエクスペリエンス設計会社、そしてマドリードのフードデリバリー業者に至るまで、優秀な従業員たちは働く場所を自分で選ぶことができる。どの職場を選ぶかは、自分たちが正しい生活を送れるかどうかに深く関わってくるので、職業選択は賢く行わなければならない。当然、正しいデータを使うことも必要だ。

私がここで説明した道をたどるには、かなりの努力が必要なことはわかっている。すると、おそらく読者の謙虚さが頭をもたげて、自分の能力ではとてもそんな努力はできないと思うかもしれない。私の回答はこうだ。それは努力に見合う価値はあると。なぜか。金融資本主義から顧客資本主義への移行を早めようとする努力は、あなたとあなたのチームに最もやりがいのある道を提供し、勝利を後押ししてくれるからだ。顧客愛の勝者の圧倒的なTSRを覚えているだろうか。そこに至るまでは決して平坦な道のりではなかったが、そうした企業のリーダーたちは努力に見合う価値があったと言うだろう。

それでは一例を紹介しよう。

まずは他の人たちに奉仕《ファーストサーブ・アザーズ》しよう

私がファーストサービスのCEO、スコット・パターソンに初めて会ったのは二〇一一年の秋、NPSロイヤルティ・フォーラムに彼が参加したときだった。同じ車でホテルまで戻ったのだが、その車中で、スコットはNPSをどう利用すれば、自分の会社のリーダーたちが顧客とさらに強い関係を築けるかについてもっと知りたいと言っていた。時価総額が七〇億ドルを超え、二万五〇〇〇人の従業員を擁するファーストサービスは、北米最大の不動産管理会社（訳注：分譲マンションと戸建住宅の管理組合）で、サータプロ・ペインターズ（塗装業）、カリフォルニア・クローゼット（家具）、センチュリー・ファイアー（Century Fire）（訳注：防火／消火設備）、ファースト・オンサイト・レストレーション（First Onsite Restorations）（訳注：建築修理／リフォーム業）などの、いわゆるエッセンシャル不動産管理サービスを提供する子会社群も抱えている。長年の間に、各社が優れた顧客ロイヤルティをどのように構築してきたのか、リーダーシップ哲学がどのようにしてファーストサービスを導いてきたのかなど、私は多くのことを学ぶ機会に恵まれた。同社のビジネスは、次のハッシュタグに見事に要約されている。#FirstServeOthers（まずは他の人たちに奉仕しよう）。

ある日、私はファーストサービスの創業者兼会長のジェイ・ヘンニックから、マイアミのビスケーン湾を見下ろすレストランで、天蓋に見立てたヤシの木の下で朝食を摂らないかと誘われた。あの朝食は、彼が私を同社の取締役に迎え入れる長いプロセスの始まりだったが、当時の私はそのことを知らなかった。私は、ジェイと彼が設立した会社について知れば知るほど惹きつけられていた。それは、ジェイと彼の仲間たちが、私と同じくらい顧客ロイヤルティを大切にしているように思えたからだ。

ファーストサービスがネット・プロモーター・システムをグループ会社全部に導入し始めたのは二〇〇八年のことだ。しかし、実はジェイはその何年も前から、顧客を大切に扱って顧客ロイヤルティを獲得することの大切さを学んでいた。彼は、一五歳のときに始めた地元のアパートのプールの監視員という仕事を、高校在学中に数百人の従業員を抱えるプールのメンテナンスビジネスへと発展させた。「プール少年から億万長者へ」というタイトルの、ジェイについて書かれた最近の記事では、ジェイが弁護士としてのキャリアを追い求めながら、いかにしてプールビジネスを副業として続けていたかが説明されている。[7] 一九八九年、ジェイはある不動産管理会社（ファーストサービス）の株を取得して法律事務所を辞め、フルタイムでこのビジネスに専念することにした。

定例取締役会に参加するためトロントに通い、ファーストサービスについて多くのことを知るにつれ、私にはこの会社の提供する顧客愛の事例がいかに魅力的であるかがわかってきた。私が会った役員は皆、優れた顧客ロイヤルティの構築を非常に大切だと考え、自分たちのビジネスの中でNPSを最大限に活かすにはどうすればよいかを学ぼうとする熱意にあふれていた。その努力の結果は、優れた顧客ロイヤルティ獲得の経済的利益に関する見事なケーススタディとなっている。図表10（一九五ページ）を見ると、ファーストサービスのTSRが、過去一〇年でアマゾンやアップルと肩を並べていることがわかる。だが、同社の快進撃はそのはるか前から始まっていた。株式がナスダックに上場したのは一九九五年。当時、北米市場に上場し、時価総額が一億ドルを超える企業は二八〇〇社あった。その後二五年間のTSRを比較すると、ファーストサービスは年率二二％近くに達し、全体の中で第八位（上位〇・三％）となった。一九九五年にファーストサービスの株式に一〇万ドルを投資すると、二〇一九年には一三六〇万ドルになる計算だ。今にして思えば、ジェイがあと数年早く私を朝食に誘っていてくれたらなぁ、とつくづく思う。

この驚くべき実績は、どのようにして実現したのだろう。読者はすでに答えをよくご存じのはずだ。ロイヤルティを燃料とする成長エンジンの動力を得て、優れたキャッシュフローを生み出してきたからだ。ジェイは彼の経営チームとともに、愛にあふれたキャッシュマシーンを利用して、長年にわたってさまざまな企業を買収した。なかでもコリアーズ・インターナショナル（Colliers International）は、事業用不動産専門の仲介サービスと不動産投資サービスで圧倒的な実績を誇る。コリアーズが独立企業としてやっていける規模まで成長したとき、ジェイは同社を独立した公開会社としてスピンオフさせることを提案した。そうすれば、同社自身の取締役会からも適度に監視できるし、同社のグローバルな事業用不動産仲介サービスや不動産投資サービスを理解し、評価してくれる独自の長期投資家をつかむこともできるはずだと主張したのである。

なぜ、このスピンオフの話が異例なのか。それは、今日の多くのCEOにとって、謙虚さは自然には身につかないからだ。彼らは、会社の規模を大きくして、スイスのダボスで毎年開催される世界経済フォーラムや、オーガスタ・ナショナル・ゴルフ・クラブでのマスターズ・トーナメントの観戦、国際的な映画祭の開幕式、アカデミー賞授賞式といった、注目度の高い、自己顕示欲をくすぐってくれるイベントに招待されるほどになりたいと努力している。そして、役員報酬コンサルタントも、会社の規模が大きくなるほど、CEOの報酬も当然増やすべきだと図々しくも主張する。(8)

ジェイ・ヘンニックやスコット・パターソンといった分別のある(そして謙虚な)リーダーは、オーナーのメンタリティの重要性をよくわかっており、各事業のリーダーのインセンティブが長期投資家のそれと一致するよう心がけている。(9) 具体的には、各事業のリーダーが自分たちの経営する事業に十分な株式を持てるようにすることを基本理念としたのだ。このアプローチは、たまたま同じ企業の傘下で運営されている多くの無関係なビジネスに株式持分を分散させないためにも効果を発揮する。たとえば、マイアミにいるカリフォルニア・クローゼットのフランチャイジーにとって、ファーストサービス・ブランズの株を持つよりも、地元にあるフランチャイズ本部の株を所有するほうがはるかによいからだ。この同じ規律は、CEOのスコット・パターソンをはじめとする経営幹部全員に至るまで徹底している。経営陣の賞与は、会社が一株当たり利益の意欲的な成長目標を達成したときにのみ支払われる。この仕組みによって、顧客と従業員だけでなく、長期投資家も敬意をもって扱われることになる。

ジェイは大株主としての権利（多議決権株式〔訳注：株主総会での一株当たりの議決権が数倍与えられる株式のこと〕で強化されている）を活かして、部下であるビジネスリーダーたちが自信をもって長期的な戦略を実行し、成功に向けた正しい手段に集中できるよう援護射撃した。(10) だから、役員たちは顧客愛の哲学に基づく強靭な戦略を構築できる。その証拠として、新型コロナウイルス感染症がファーストサービスの主戦場である不動産サービスセクターに及ぼした衝撃的な影響について考えてみてほしい。コロナ禍の渦中にあっても、同社は何とか走り続けることができている。

「ファーストサービスは小さな成長エンジンを多数持っていて、各支店長は、自分自身の小さなエンジンの成功に基づいて評価され、報酬を与えられているため、従業員というよりオーナーのように振る舞っています」と、スコットは説明する。この組織構造は、サービスとロイヤルティに基づいた顧客重視の考え方とも重なり、たとえ上場企業であっても、ファーストサービスのような体制をとれば、弾力的な勝利戦略を提供できることを証明している。

謙虚であること

これだけの圧倒的な実績を持ったリーダーからは、謙虚さはさほど期待できないかもしれない。だがジェイとスコットは現在も学び、成長し続けている。私がプロモーター獲得成長率の開発を計画しているとスコットに説明すると、「フレッド、そいつは素晴らしいアイデアだ。ファーストサービスの考え方を完全に反映しているよ」と絶賛してくれた。

スコットは自社の素晴らしい業績について、「現地オーナー主義」に裏打ちされた顧客サービス文化の育成が大きな要因であると考えている。各地のマネジャーは、スコットの言うオーガニックな成長を生み出すことの重要性を理解している。離れていった顧客を取り戻すには莫大な費用がかかること、そして既存顧客の紹介と口コミで新規顧客を獲得することがいかに効率的かもわかっている。スコットの試算によると、ファーストサービスが提供する不動産管理サービスの新規顧客の半分は紹介によるものだ。また、カリフォルニア・クローゼットとサータプロでは、どちらも確度の高い見込み客の七〇%が紹介によるものだという。各地のフランチャイジーは、紹介による見込み顧客は確度が高い、つまり良いビジネス関係につながる可能性が高いことを知っている。(11)

ファーストサービスなどの企業は、監査に耐えうるプロモーター獲得成長率を追跡・公表することによって、自社のロイヤルティ成長エンジンがいかに強靭かを投資家に理解してもらえるようになるだろう。顧客中心主義の文化がもたらす持続的な優位性を投資家に納得してもらうのは確かに大変だ、とスコットは認める。「何事も数字で捉える癖がついてしまっているので、私の言葉など馬耳東風なんですよ。私たちの優れた実績には何か裏があるはずだと考え、秘密を教えてほしいと何度も尋ねてきては、当社の将来を評価しようとするのです」。このようなことから、スコットはプロモーター獲得成長を科学的に測定し、評価する手法が開発されれば、ファーストサービスにとって非常に有利になると見ている。そして、将来信頼できる厳格な基準が確立し、利益を上げながら成長を続ける同社の姿を投資家が安心して見守れる日が来るのを心待ちにしている。

ファーストサービスは、善良な人々と付き合うことで（そうした人々がまた別の善良な人々を紹介してくれることを含めて）本当に良いことが起きることも改めて教えてくれる。

ここで、第1章の冒頭でスティーブ・グリムショーのキャリバー・コリジョンを紹介した裏話を披露しよう。実は、ファーストサービスの取締役会にスティーブを招くのを手伝ってほしいと、ジェイとスコットから頼まれていたのだ。最終的に、スティーブは我々の仲間に加わってくれた。だが、キャリバーでの目覚ましい実績、そして最近CEO職を後任に譲り、会長という時間的制約の少ないポジションに就いたことで、時間の使い方としては他にも多くの選択肢があったのではないか。就任の打診をするために最初に電話をしたとき、そう考えたことを今でも覚えている。そこで「あなたの貴重な時間を割いてまで、ファーストサービスの取締役になろうと思う理由は何ですか」と尋ねてみた。彼の答えはこうだった。「いいですか。ジェイ・ヘンニックとスコット・パターソンはこんな偉大な事業

ですよ」

本当にスティーブの言う通りだ。私がファーストサービスの取締役に就任した主な理由も、確かにそうだったからだ。ジェイ、スコット、そして同社の経営チームと時間を過ごしたことは、文字通り目からウロコの経験で、顧客資本主義に対する私の理解をより明確にしてくれた。そしてもちろん、（私を含む）投資家も驚くほどの利益を得ている。しかし、私がこの会社に魅了され続けているのにはもっと深い理由がある。そこで働く従業員と顧客への影響が強烈だったからだ。

ここで、ハリケーンや火災、洪水などの後に危機に瀕した顧客を救おうと、ファーストサービスの従業員たちがいかに劇的な行動を取ったかを紹介しよう。何しろポール・デイビス・レストレーション（Paul Davis Restoration）とファースト・オンサイトの本業は災害復旧と修復なので、この手の話はいくらでもあるのだ。この会社だけではない。隣人が悲惨な、あるいは命が脅かされるような状況に陥っているのを見ると、勇敢に立ち上がる人々は多い。いや、人間とは本来はそういうものであり、たとえ相手が見知らぬ人だったとしても同じ行動を取るだろう。幸運なことに、私たちには危機に直面しているときに助け合う何かがあるのだ。しかし多くの人々は、平凡な日常生活の中でこのような愛情を示すことが苦手だ。そのため、つい怠け者の自分、あるいは利己的な自分に陥ってしまう。そしてこの点こそ、偉大な企業が他社と一線を画す理由なのだ。システムやプロセス、測定、説明責任、リーダーシップによって強化された愛のある対応の文化は、チームメンバーが最高の自分自身になれるよう絶えずサポートし続ける。

ファーストサービスが従業員に対して、黄金律の実践をどうやって促しているのかを示す、一見平凡な例をいくつか紹介しよう。まず、私自身が最近顧客として経験した事例だ。私は、フロリダにあるマンションのメインベッドルームのクローゼットに新しいラックと棚を設置しようと、カリフォルニア・クローゼットに作業を依頼した。[12] 担当者は時間通り到着すると、手順をわかりやすく説明してくれ、必要な作業を行い、後片付けと掃除を済ませた。彼らは予想よりも早く作業を終わらせると、長いコーヒー休憩のためにドアを飛び出すことなく、家周りのことで何かできることはないかと尋ねてきた。

実はキッチンカウンターが傾いてしまい、何を置いても転がるか滑って居間側の床に落ちてしまうので、直してくれる人がいないかと何週間も探していたのだ。修理業者を頼むには規模が小さすぎる。そこで、自分で補強器具を買って直そうとしたのだが、すぐに自分には手に負えないとあきらめた。壁の中にある金属製の支柱を見つけ、カウンターを水平になるまで押し上げると同時に、壁の中に隠れている電線や配管に当たらないように器具を取り付ける方法がわからなかったのだ。私は行き詰まっていた（そしていらついていた）。

「アシスタントと一緒に、喜んで修理させていただきます」。カリフォルニア・クローゼットの作業員がそう言って、作業に取りかかり、二〇分ほどで完了した。追加料金を払うと申し出たが、その必要はないと言う。そのとき、彼の若い同僚が驚いた表情をしたことに、私は気がついた。[13] 担当者は、この瞬間を若手社員への良い教育の機会と捉えたのだろう。わが家の玄関を出てエレベーターに向かう途中で、「お客様に親切にすることは、ビジネス上十分に意味があるんだ」と、説明をしているのが聞こえた。スペイン語で話していたので私の推測になるが、おそらく彼はアシスタントに顧客に喜んでもらう方法を探すことが賢いビジネスのやり方であり、正しい生き方だ、と話していたのだと思う。

この話をファーストサービス・ブランズのCEO、チャーリー・チェイスにしたところ、彼はまったく驚かなかった。ファーストサービスは、決められた仕事以外にも、できる範囲で顧客に尽くす努力をするよう従業員を指導しているという。そして、ファーストサービスの取り付け作業員に関する最近のイェルプ（訳注：飲食店や商業施設、店舗全般に対する口コミ投稿サイト）レビューを送ってくれた。

カリフォルニア・クローゼットの新しいレビュー――パーム・デザート

★★★★★ 2/5/2021

これはカリフォルニア・クローゼットで受けたサービスに直接関係する話ではないのですが、駐車場で私の車の助手席側の前輪タイヤがパンクした音にたまたま気づいてくれたのが、同社の素晴らしい従業員の方でした。ちょうど私がコンビニを出たところで、彼は私にそれを教えてくれると、駐車スペースの一つに車を停めるよう提案し、さらにパンクしたタイヤをトランクにしまってあった緊急用スペアタイヤに交換するのを手伝ってくれたのです。その親切な方はマシュー・Hというお名前でした。私が途方に暮れて何をしていいかわからなかったまさにそのときに、マシューが手を差し伸べてくれたのです。……そして、タイヤ交換を手伝ってくれた後も、次にどうすればよいかを教えてくれました。私にとっての最悪の日が、こんなに心の温まる一日になったのです。マシューにはもちろんのこと、こんなに素晴らしい若者を雇っているカリフォルニア・クローゼットにも感謝の気持ちでいっぱいです。こんな人には滅多にお目にかかれるものではありません。素晴らしい人たちだ！　最高です！

チャーリーはマシューの上司に連絡し、なぜ彼は見ず知らずの人を助けるためにあれほどの時間を割いたのかを尋ねた。実は、マシューの社歴はそれほど長くなく、主任に昇進したばかりだった。上司の報告によると、「マシューは、正しいことをすると力が湧いてくるような気持ちになると言っていました。私たちはマシューを主任として信頼しており、正しい判断をしてくれると考えています。彼は、状況をきちんと説明しさえすれば、私たちが応援することをわかっているのです」

ファーストサービスは、従業員が正しいことをしやすい雰囲気づくりに腐心している。サータプロの経営陣は、塗装担当者たちが常に意識できるよう、顧客に感動を与えられそうな事例集を作成した。その中から二つの例を紹介しよう。吹き抜けの階段の塗装で、天井の照明の位置が高くて手が届かない場合、塗装担当者たちは作業が終わると、はしごを取り外す前に電球の交換を申し出る。玄関ドアに真ちゅうのドアノッカーがついている場合は、「真ちゅうを磨きましょう」と提案する。この手のリストはいくらでもある。

こうした小さな親切にはほとんどコストがかからないが、顧客が喜ぶことはもちろんのこと、仕事を成し遂げたことを誇らしいと思う笑顔の従業員もたくさん生み出す。さらには、顧客は友人にそのことを伝え、追加の仕事を依頼するという好循環を生む。その結果としてもちろん、投資家はファーストサービスを愛するようになる。だが、最も大きな利益を得るのは、#FirstServeOthers（まずは他の人たちに奉仕しよう）に基づく生活、この世界をより良いものにする生活を経験することになる数千人の従業員と数百万人の顧客だ。
私は、チャーリーが本書草稿のこの部分の正確さをチェックしてくれた後で、私にくれたメッセージをぜひ掲載したい。

フレッド、あなたの本に書かれていることは、正に私たちが日々実践しているテーマです。「謙虚であれ」「人々に黄金律を実践する力を与えよ」、そして「人々にやる気を起こさせて導け」ということですね。しかし、あなたはこの姿勢が現実的な問題を引き起こすかもしれないことに気づくべきです。それは、私たちが現在、対応しきれないほどのお客様を獲得しているという事実です。黄金律を実践すると、誰もが予想する以上のスピードで事業を成長させる推奨者《プロモーター》が生まれます。その人たちの需要を満たすための人材を確保することが、本当に難しいのです！

将来への展望

私は本書の冒頭で、いくつかの特別な日々を紹介した。ビジネスで勝つとはどういう意味なのか、

（ビジネスと人生の双方で）成功をどう測るのか、そして愛とロイヤルティの間にはどのような関係があるのか――こうしたことについて、私が理解を深めていった日々である。ビジネスにおける勝利とは、ビジネス活動によって生活が豊かになった人々がどれだけ増えたかで測ることができる。本書を通じて、私のこの信念を明確にお伝えできたかと思う。ビジネスで勝利する最善の方法は、リーダーがチームを鼓舞して顧客を愛することだ。

では、どうやってそれを測るのか。自分は愛されていると顧客が感じたときに示すロイヤルティの高さだ。それは①何度も購入する、②購入金額を増やす、③シェア・オブ・ウォレット（またはカテゴリー）（訳注：顧客の同商品カテゴリーへの支出総額に占める自社のシェア）の拡大、④従業員に対する敬意をもった対応、⑤建設的なフィードバック、そして何といっても⑥友人や家族、同僚への推奨といった行為によって示される。この世界観は、過去四四年にわたる私のベインでの仕事を通して、また一人の顧客、投資家、取締役、父、そして今や祖父としての経験を通じて進化してきた。顧客資本主義という新しい考え方を、驚きをもって体験した特別な日はこれまでにもたくさんあった。

ここ数年の間に、私たちが特別な、転換点とも言える時代に生きていることが明らかになったと思う。急激な変化があまりに多くの「特別な日」を生み出し、その積み重ねが時に困惑するほどの影響を及ぼす、そういう時代だ。クラウドコンピューティング、巨大テクノロジー企業、スマートフォンアプリ、デジタルイノベーション、ビッグデータ解析、そしてＡＩが、パンデミックを引き金として顧客と従業員の双方に生じているライフスタイルのパターンや優先順位の変化と融合している。その結果、企業が顧客をよりよく愛する（または搾取する）方法が地殻変動を起こしている。今後はどうなるのか。私はここにすべての答えを持っているわけではないが、自信をもって言えるのは、それらが時間とともに明らかになり、NPS4・0以降のものに結実していくということだ。しかし私たちは、過去四〇年間の変化を顧客資本主義のレンズを通して見てきたことで、この素晴らしい新世界を正しく歩むための有益な提案をできるのではないかと思っている。

多くの産業で、顧客取引の大半がデジタル化されるだろう。前述したように、アメリカの銀行では、デジタルが全取引のすでに八〇%を占めるようになった。その結果、AI、アルゴリズム、ボットに誘導されるアプリとセルフサービス店舗（ATM、セルフレジ）を中心とする「デジタル窓口」とも言うべき、新たなサービス労働力が生まれている。すると、企業リーダーは次の重要な問いについて自問自答する必要がある。どうすれば、私たちのボットがお客様を間違いなく愛せるようになるのだろう。もしボットの学習モデルが財務会計数値の最適化、つまりなるべく高い価格と低コストで、なるべく多くの商品を売ることに基づいて組み立てられていたら、私たちは大変な苦境に陥ることになる。どうにかして、顧客ベースの会計とNPSとプロモーター獲得成長との（正の）相関係数が財務会計数値よりも優位に立ち、これらの指標が私たちのデジタル学習モデルに完全に統合されるようにしなければならない。ボットが顧客を愛し、顧客の生活を豊かにする方法を学ぶには、ネット・プロモーターのフィードバック・ループ（訳注：フィードバックを受けて、ロイヤルティ改善のサイクルを回すこと）がなければならないのである。

本書で取り上げた模範的企業のいくつかは、この分野で先行している。ありがたいことに、アマゾンはコストコ式の価格戦略を採用したが、もしそうでなければ、私たちの個人的な生活、選好、買い物習慣など、あまりにも多くのデータにアクセスできるコンピュータサイエンティストによって、電子財布が空っぽにされていたかもしれない。アップルが、利益を最大化するために顧客データを利用しようとせず、顧客データのプライバシーを守ることにしたのも幸運だった。

企業の意図がどんなに素晴らしくても、デジタル世界への移行には新たなリスクが伴う。リーダーは、自分たちの組織が顧客の生活を豊かにするために存在していることを明確にし、このミッションがデジタル窓口に確実に統合されるよう、細心の注意を払わなければならない。ただし、組織文化をしっかりと受け継ぎ、黄金律に忠実に従って判断しながら利害調整を図り続けられる人はデジタル窓口ではぐっと少なくなるだろう。

デジタル窓口に最終的に力を与えるのは、データと意思決定モデルだ。読者がそのようなモデルを使ったことがあるのであれば、二つのことをご存じのはずだ。第一に、モデルのインプットになるデータの品質が重要であるということ。第二に、どんなモデルも明確な制約条件と、それ以上に明確な目的関数が必要であること。言い換えると、モデルが最適化する軸はただ一つに絞られる必要があるということだ。ここを間違えると大変なことになる。テクノロジーはもちろん、ビジネス界のさまざまなリーダーがそのリスクを理解し始めたことで、倫理的ＡＩという概念が出現するようになった。これは重要かつ必要なことだ。私たちには、ボットが決して害を及ぼさないようにするための境界《レッドライニング》が必要だ。金融サービスやヘルスケア、いや、率直に言って、どんな業界でもデジタルによる顧客の排除を受け入れるわけにはいかない。機械は判断力があるわけでも、人々を大切に扱うわけでもない。また、特定の顧客を優先的に扱うことを避ける能力も持ち合わせていない。誰かのプライバシーを侵害した場合の代償の大きさも理解できないので、漏洩した顧客データを買ったり盗んだりする悪質な行為に顧客を簡単にさらしかねないのだ。

だが、倫理的ＡＩは目的があまりにも狭すぎる。私たちが目指すべきなのは、ＡＩの究極の目的が（ご承知の通り）、顧客の生活を豊かにするという「愛のあるＡＩ」なのだ。これがいかに困難なことかを考えてみてほしい。今日、ほとんどのモデルは会計上の数値の最大化を目指す目的関数に従って制約条件なく動いている。だからこそ、ハリケーンのときには飛行機のチケット代が急騰するし、病院の自動請求システムが可能な限り高い金額を（それを支払えないような人にさえ）請求するのだ。黄金律を機械の意思決定マトリクスに組み入れる方法が完成するまで、企業はどうやって顧客が愛を感じ、再び来店し、友人を連れてきてくれることを保証できるだろうか。そして、この種の顧客ロイヤルティがなければ、企業は高いリターンを投資家に提供できない。機械学習が大規模に展開され、企業の経営陣が顧客サービスの頭脳（と魂）の多くをボットに委ねると、この課題はさらに大きくなるだろう。

そうなると、解決策は何なのだろう。

そう、私には明らかだ。デジタル時代にはネット・プロモーターの意義が薄れると主張する識者は多い。だが、私の見方はまったく逆だ。ネット・プロモーターの哲学とその導入を支えるデジタルツールキットの重要性は、今後ますます高くなるだろう。物理的な拠点が閉鎖され、従業員がデジタルツールに置き換わると、顧客の声は企業の意思決定者からさらに遠ざかっていくはずである。ネット・プロモーターのフィードバック・ツール（デジタル信号とアンケートの両方）を利用して、従業員とＡ

Iモデルが顧客の声に耳を傾け、そこから学べる環境を確保することが必要不可欠なのだ。ネット・プロモーターを批判する人々は、アンケート結果や顧客からのコメント、顧客へのフォローコールといったNPSの中核を成すアナログ的な記録は、デジタル技術によって必要なデータがすべて手に入る現代ではもはや時代遅れだと主張する。だが、私はそうは思わない。なぜなら、テクノロジーは、顧客がなぜそのように感じ、行動するのか、その理由を教えてくれないからだ。

もちろん、私は信号データ、予測NPS、音声感情分析、セッションリプレイ（訳注：サイト訪問者のクリック、マウスの動き、スクロールといった訪問時の行動を追跡して再生すること）、その他多くの驚くべきイノベーションの可能性にとても期待している。しかし、クリックのパターンやデジタル観測は顧客がどのように感じているかを理解し、なぜそのように行動するのかは教えてくれない。そこは、幻想を抱かないようにしてほしい。どんなに高度なデジタルダッシュボード（訳注：さまざまなデータをグラフや表にまとめ、ひと目で把握できるよう可視化するツールの総称）でも、顧客との会話ほど深いヒントは得られないからだ。AIが人間並みの知性に近づくには、まだ何年もの開発期間が必要だろう。人工的な愛が本当の愛に近づくには、もっと多くの、はるかに長い時間がかかるはずだ。機械は決して人間の愛を理解することも、これに置き換わることもできない。顧客を愛するという無敵の戦略の成否は、常に私たち人間にかかっているのである。

最後に

この章を書き終える頃、私は年に一度の定期検診のために地元のガンセンターに行く準備をしていた。この世で私が過ごせる時間には限りがあることを思い出すたびに、私は謙虚にならざるを得ない。(14)主に二つの理由で、私は自分の健康が保たれていることに感謝している。第一に、本書の完成を見届けることができたことだ。ベインでの四四年間の教訓を一連の原則として抽出し、書籍として残すことができたのだ。その原則とは、黄金律という愛のある対応に基づいた、さまざまな測定基準、プロセス、システムによって永続的に強化され続けるフレームワークだ。

第二の、もっと重要な点として、新たに二人の孫、アデライドとクレアをこの世界に迎えることができたことだ。

私が本書を書いた最大の目的は、企業が顧客資本主義時代への移行を成功させ、勝利するのを支援することだった。だがアデライド、クレア、そしてこれから生まれてくる彼らの兄弟姉妹やいとこたち、その他の家族、友人、そして隣人たちなど、老若男女を問わず多くの人々にとって、より広い意味を持つことを願っている。彼らが今後どのような人生を歩もうとも、本書のアイデアはその道のりをスムーズにし、より成功に近づけてくれるだろう。

アデライド、クレア、そしてその仲間たちは、必ず誰かの顧客になる。そのときに、本書に書かれた教訓のいくつかが、顧客を愛する努力を惜しまない真に最高のサプライヤーを発見する一助となれば幸いである。

また、彼らは人生のどこかの段階でどこかの会社の従業員になるだろう。本書の考え方は、どの企業が「雇用主としてふさわしいか」を見極めるのにも役立つはずだ。顧客にサービスを提供する役割を果たすときには、サービス精神を身につけ、本当に素晴らしい方法で自分の顧客の生活を豊かにするという目標を体現してほしい。

もしかしたら、彼らはリーダーになるかもしれない。もしそうなら、顧客に喜びを与えることを通じてチームメンバーが意義と目的のある人生を送れるように、彼らの支援をするという喜びを経験できる。誰もが黄金律に照らして恥じない行動が取れるように、社内の制度や仕組みを革新していってほしい。そして最後に、二人が投資家になった暁には、本書が彼らの投資を勝利に導く指針になるはずだ。

以上のことを総合的に考えると、顧客、従業員、そして投資家としての道徳的・経済的な力を認識する個人が増えれば増えるほど、顧客資本主義の企業の優位性は加速度的に高まるはずである。賢いリーダーはこの波に先手を打って動くだろう。顧客中心主義的な世界観に向かっていち早く舵を切り、正しい企業文化を構築するという知恵を身につけるのである。メンバー全員が黄金律に従って行動する責任を負い、生活を豊かにした顧客の数で成功が評価されるという文化だ。

なぜ、文化がそれほど重要なのか？　黄金律を実践するには、それを後押しするコミュニティが必要だからだ。本書を通じて紹介してきたような、強い文化を持ち、力強く繁栄したコミュニティだけが、黄金律の可能性を最大限に引き出す人間関係を育むことができる。いじめっ子や怠け者、詐欺師など、身近な人々の生活をあわよくば侵害しようという、悪意に満ちた略奪者はどこにでもいる。自分はこうした人々から守られていると信じることができ、そういうコミュニティの中にいると実感できるときに限って、個々のメンバーは、安心してサービスを通じた人間関係の構築に専念し、顧客の生活を豊かにするために全力を尽くすことができる。

すでに指摘したように、コミュニティがカギになるはずだ。「人生は付き合った人の加重平均になる」という格言には、間違いなく一片の真理がある。最も長い時間を共に過ごす人々との関係は、あなたの目標、規範、希望、夢、そして成功の評価方法に深く影響を及ぼすだろう。愛と奉仕の精神に基づく黄金律。そして黄金律が織りなし、つくり出す人間関係とコミュニティ。本書が読者の皆様にとって、そのようなコミュニティを探し出し、育てる一助となれば幸いである。そのような組織はあなたの生活を豊かにし、その結果、勝つべくして勝つだろう。そして、この優しい、導きの言葉は耳を傾ける人々を引き寄せて、つなぎとめるはずだ。

良い仲間と付き合って、あなたを信じて《ロイヤルティ》ついてくる人を賢く選びなさい。彼らはあなたの人生に深い影響を与え、必ずや将来、あなたの軌跡を決定づけるだろう。しかし何といっても、彼らはあなたが正しい人生を送る手助けをしてくれるだろう。しかめ面を笑顔に変え、何かを見つけたときよりも良い状態で後に続く人のために残せるような、そういう人生を。

Winning on Purpose

To Japanese Companies

10

日本企業も「顧客愛」で成長を遂げられる

フレッド・ライクヘルドらによる渾身のメッセージを受け、顧客ロイヤルティへの取り組みに対する志を新たにした日本の読者も多いのではないだろうか。「黄金律」という高邁な哲学を起点に、「顧客愛」を中心に据えた挑戦しがいのあるパーパスを設定して従業員の意欲をかきたてる一方で、NPSやEGRのような仕組みを用いてしっかりと科学的にアプローチするという硬軟織り交ぜた経営のあり方に、グローバルのロイヤルティ・リーダー企業の真髄が垣間見える。

しかしながら、日本の顧客に対峙しながらビジネスを進められている皆さんにとって、本書で書かれていることは理解できるものの、自社の現状と「あるべき姿」とのギャップを埋めながら、しっかりとビジネス上の成果につなげていくためにはどこから着手していけばよいのか、次から次へと疑問符が頭に浮かんでいるのではないだろうか。

本章は日本語版書きおろしとして、日本企業による「顧客愛」の取り組みの現状と課題を整理し、「顧客愛」というパーパスを軸に、日本企業が顧客体験を革新し、成長し続けるために本書の提言をどのように活かしていくべきかについて考察する。

「顧客愛」の取り組みは日本企業にも有効である

「顧客愛」への取り組みによりビジネスを成長させるという経営のあり方は、本書で紹介したようなグローバル企業のみならず、日本企業にも十分に有効である。

ベインが過去に日本で実施した消費者調査からも、顧客を批判者《デトラクター》から中立者《パッシブ》や推奨者《プロモーター》に変えていくことによって、より多くの自社製品やサービスを、より長期間にわたり購入する可能性が高まること、家族や知人にも口コミや紹介を通して推奨することはわかっている。日本の消費者の特徴として、一〇点満点中の「五点」に回答が偏りがちな傾向はあるが、「五点」の回答者よりも「六点」以上の回答者のほうが、購買金額や口コミを通して自社により多くの価値をもたらすことには変わりない。この事実は、批判者を減らして中立者や推奨者に変えていくことの価値を損なうものではないということだ（ちなみに、優先的に改善すべきポイントや取るべきアクションを見つけていくに当たり、〇点～四点の顧客を、より批判が先鋭化した「強い批判者」として抽出し、サーベイでのコメントやNPS以外のデータを掛け合わせて深掘り分析することは、多くの場合、有効となる）。

また、日本企業の中にも「顧客愛」にコミットし、高い水準の顧客ロイヤルティ（NPS）を継続的に実現できている「ロイヤルティ・リーダー」企業は存在し、いずれも優れた業績を実現している。今回、第2章にあるFRED株式指数の日本版として、継続してNPSが高く、顧客志向を実現できていると考えられる企業、いわゆる「顧客愛」の勝ち組企業の累積総株主利益率（TSR）と、TOPIX（配当込み）のパフォーマンスを比較してみた。結果としては、原書同様に、日本でも株式市場を概ね上回る結果となった。リターン（TSR）は年率一六％を上回り、資産額ベースではこの一〇年で株式市場の値動きに対して二倍近くに増殖している（図表21）。

図表 21◉FRED 株式指数は日本版においても株式市場を上回る

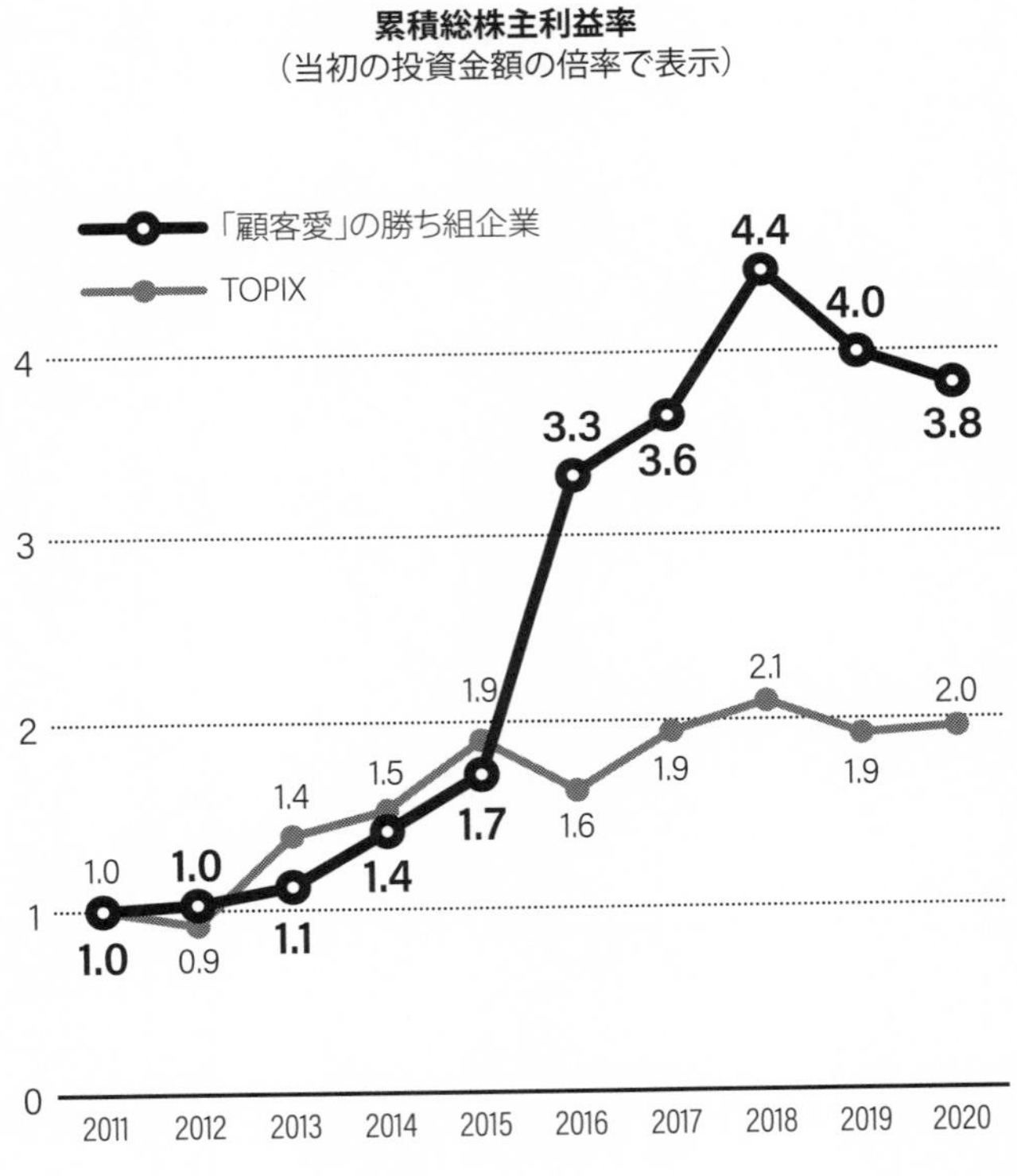

注：TOPIX は配当込みを採用。FRED 株式指数について、日本版も同様に NPS リーダー企業を対象に 2011 年 1 月 1 日～ 2020 年 12 月 31 日までのパフォーマンスを表示。うち、2011 年より後の上場企業は上場後のパフォーマンスで算出。毎年の等金額加重平均による累積リターンで計算。

出所：Capital IQ

ただ、結果もさることながら、この日本版の分析の過程で明らかになったことが二つある。一つは、継続して高いNPSを実現できている企業がそもそも圧倒的に少ないこと、もう一つはその企業の内訳を見ると、日本企業の割合が少ないことである。順を追って説明しよう。

ベイン東京オフィスで一〇年前の二〇一二年に実施した約三〇業界を対象にした大規模消費者調査において、NPSが業界一位（もしくは僅差）だった企業四〇社を対象に追跡調査を実施したところ、その後も高いNPSを維持できていた企業はわずか一一社（三割弱）だった。さらに、その内訳を見ると、日本企業は二〇一二年時点でのNPS業界リーダー企業二八社に対して、維持できていたのは五社と二割を切っている。それに対して、グローバル企業では一二社に対して六社と半数が維持できていた。また、二〇一二年時点では高NPSを実現していたにもかかわらず脱落してしまった日本企業の中には、残念ながら本書で言うところの金融資本主義の「暗黒面・闇」に囚われてしまった企業も存在する。安易な利益・成長志向への誘惑から、粉飾決算や不正会計等に手を染めてしまったのである。このことから、一時的に顧客ロイヤルティを高めることは比較的手に届きやすい目標ではあるものの、五年、一〇年という単位で「顧客愛」にコミットし続け、高いNPSを維持することは並大抵のことではないということを改めて理解してもらえるだろう。

この名誉ある一一社は、日本企業では、旭化成、アシックス、スバル、セブン-イレブン、モスバーガー、グローバル企業では、アマゾン、アメリカン・エキスプレス、アップル、スターバックス、メルセデス・ベンツ、ザ・リッツ・カールトン（マリオット）である。これは、これらの企業がそれぞれのやり方で「黄金律」を体現し、「顧客愛」を実現した結果だ。しかも驚くべきことに、グローバル企業が過半数を占めている。この事実は、これらグローバル企業には日本支社にまで顧客志向が根付いているという証しだ。だが、逆に言えば、多くの日本企業が取り組みレベルにおいて、それらグローバル企業に後塵を拝しているということでもある。なぜか。その一つに、日本企業は現場での顧客対応レベルは往々にして高いが、それはあくまでも現場の担当者の自助努力によるということが挙げられる。優れた顧客対応を組織的に仕組み化し全社展開する、あるいは小手先ではない革新を続けていく。そういったところで、グローバルのロイヤルティ・リーダー企業との差がついてしまったのではないかと思う。

また今回、日本版のＦＲＥＤ株式指数を算出するに当たっては、上記のうち日本で上場している五社に加えて、二〇一二年以降にベインが実施した消費者調査で見つかった他業界におけるＮＰＳリーダー企業も指数に加えた。その企業とは、ファンケル、ＧＭＯペパボ、さくらインターネット、スノーピーク、ニトリ、ＺＯＺＯの六社である。ＦＲＥＤ株式指数の運用理念に則ると、各社のＮＰＳが二位以下に落ちてトップから引き離されたら指数から外すことになるが、監訳者としては、これらの日本企業が継続して「顧客愛」へのコミットを続け、持続ある成長を続けてくれることを願ってやまない。

「プロモーター獲得成長」がブレークスルーの鍵となる

こうした「顧客愛」が持つポテンシャルの大きさにもかかわらず、日本企業における顧客ロイヤルティへの取り組みやNPSの活用は、まだ初期的なステージにあるというのが実感だ。本書の冒頭でも述べた通り、日本企業はNPSを既存の顧客満足度指標に追加、もしくは置き換えるものとして導入を進めているが、売上や利益などのビジネス指標とは異なり、「ついでに見ておく」指標としての位置づけにとどまっていることが多い。また、集約された顧客の声（インプット）の質×量が増加したにもかかわらず、それらの情報が必ずしも経営に活かされていない。それは、従来の経営アプローチが温存されているからだろう。確かに、それらの情報は現場のサービス改善努力のプッシュにはつながっている。だが、顧客接点のデジタル化への投資やリソースの再配置など経営レベルでの意思決定、マーケティングや商品価値設計、顧客ジャーニーの再設計といった事業の運営方針に十分に活用されているとは言えない。現場と経営の両方で、組織的に学習・改善サイクル（フィードバック・ループ）を回し、ファン顧客をテコにしたビジネス成長につなげる経営の仕組みとしての「ネット・プロモーター・システム」にまで昇華できている日本企業は、まだまだ少ないように思える。

最大のボトルネックは、NPS向上によるビジネス成長へのインパクトや、競合比較に基づく戦略上の意味合いについて、必ずしも「経営ゴト」化されていないことにある、と私たちは考えている。顧客ロイヤルティに時間やコストを投下することの意味合いについて合理的な説明をなされていなければ、「顧客愛」の価値を信じる経営トップの「鶴の一声」でもない限り、経営上の取り組み優先順位は上がらず、必要な投資やアクションの意思決定も行われないだろう。実際、私たちがこれまで支援させていただいた、日本における「ロイヤルティ・リーダー」企業はいずれも経営トップの信念（論語）とビジネス上の意味合いの理解（算盤）の両輪が回ることで、「顧客愛」への取り組みが加速されてきた。

ではどうすれば、「顧客愛」における論語と算盤の両輪が回るようになるのであろうか？　結論から言えば、本書でNPSを補完する指標として提言されている「プロモーター獲得成長（Earned Growth）」が、ブレークスルーへの大きな鍵になり得ると考えている。それは、顧客ロイヤルティへの取り組み（NPS）を、経営の最大関心事である収益や企業価値の持続的な成長につなぎこむ「要」となるからだ。

なおプロモーター獲得成長は、本書で新しく生み出された概念であるが、このうちの一部を構成する既存顧客からの売上継続率（NRR）については、本来であれば多くの企業がすでに計測していてもおかしくない指標である。ところが、二〇二二年五月時点で、日本の上場企業三八二二社のうちNRRもしくは同義の指標を公表しているのは三六社にすぎない。これでは、顧客ロイヤルティの向上を通じてビジネス成長を遂げるというアプローチに対して社内外のステークホルダーの理解を得て、取り組みの進捗を評価することは困難である。

「顧客愛」を成果につなげていくための二つのステップ

ブレークスルーを成し遂げていくために必要なステップは二つだ。まず「闘うべきフィールドを明確にする」こと。次に「闘うべき二つのゲームを経営目線で可視化する」ことである。

ステップ1：闘うべきフィールドを明確にする

顧客ロイヤルティ（NPS）の向上に取り組む際に見逃しがちな視点が、注力すべき事業や顧客セグメントの定義と選択である。リソースが限られる中ですべての顧客を満足させることは現実的には困難であり、仮にすべての顧客を満足させようとした場合でも、セグメントの違いに着目することは重要だ。そのためには、戦略的に最も重要な、自社の将来の成長をけん引すべき商品・サービスや顧客のセグメントを見定める必要がある。たとえば、ある日本企業では購買力が一定以上ある顧客を「ターゲット顧客」と定義し、ターゲット顧客のNPSを高めることに集中した結果、全社のNPSを業界首位の水準にまで押し上げることに成功した。

また、自社にとって最も大切にしたいセグメントのNPSを高めようとしたときに、何にフォーカスして取り組むかを考えることも重要である。そのためには、すべての顧客ジャーニーの中でどの顧客体験の場面（エピソード）を改善することが最も重要か（「真実の瞬間」の発見）、また重要な顧客体験について競合との優劣関係はどうなっていて、その差は何によって生まれているか（例：発生頻度、チャネルミックス、チャネルごとの体験の品質）をベンチマークして解析する必要がある。

ステップ2：闘うべき二つのゲームを経営目線で可視化する

「顧客ロイヤルティを高める」ことと、「顧客ロイヤルティの成果を獲得する」ことは、闘うべき二つの異なるゲームである。なぜなら、種はまくだけでなく、育てて収穫しなければならないからだ。

顧客ロイヤルティを高める活動はNPSによって可視化することが可能で、NPSを高めることによって、より多くの実が成る可能性が高まるわけだが、きちんとその成果を刈り取るには巧拙があり、別の努力と技量が必要となる。読者の皆さんも、ご自身が推奨者（九点や一〇点）となるレベルまで満足している商品やサービスについて、企業側からのアプローチの有無や巧拙によって、実際に買い増しや口コミを行うこともあれば、逆に何のアクションも取らずに終わった経験があるのではないだろうか？　こうした取り組みの成果を可視化するうえで有用になる指標が「プロモーター獲得成長率（EGR）」である。

NPSとプロモーター獲得成長は潜在的には互いに相関すべき指標ではあるが、実際にはそうでない場合も多い。併せて活用することで、自社の「種まき」と「収穫」がどの程度うまくいっているのか、自社の収益成長のうちどの程度がNPSを高めることからもたらされているのか（どの程度、将来に向けて持続する可能性が高いのか）を明らかにすることで、顧客ロイヤルティへの取り組みを「経営ゴト」に引き上げていくことができる。

ファンケルと資生堂の「顧客愛」

本書の日本語版の出版に合わせて、実際に日本企業におけるNPSとEGRの関係がどのようになっているのか、またそこから得られる示唆が何かを考察するために、化粧品業界を例に簡易な消費者調査を実施してみた。なお、各社のパフォーマンスを同じ土俵で比較するために、「闘うべきフィールド」の設定として、顧客と直接やりとりをする関係性が築かれている自社チャネルでのオンライン販売に絞って分析を行った。

横軸にNPS、縦軸にEGRをとり、各社をポジショニングしたところ、NPSとEGRの両方が業界内で相対的に高いプレーヤー（グラフ右上のファンケルと資生堂）、NPSは高いがEGRは低いプレーヤー（グラフ右下）、逆にNPSは低いがEGRが高いプレーヤー（グラフ左上）、両方低いプレーヤー（グラフ左下）の四つのタイプに分かれた（図表22）。当然のことながら、目指すべきは高い顧客ロイヤルティを生み出して収益成長にもつなげているグラフ右上のファンケルと資生堂のポジションである。

では、それ以外のエリアにいるプレーヤーにとって、このグラフは何を意味しているのだろうか？まずＮＰＳは高いがＥＧＲは低いプレーヤー（グラフ右下）は、ファンケルや資生堂と同等あるいは高い顧客ロイヤルティを収益成長に有効につなげられていないことを意味する。推奨者により多くの自社製品を認知・購入してもらう活動や、家族や知人への推奨を喚起するための仕掛け、また日本においては多くの業界で高い割合を占める批判者の離反抑止において、高ＥＧＲ企業をベンチマークしながら改善する余地がある。

逆に、ＮＰＳは低いがＥＧＲが高いプレーヤー（グラフ左上）は、顧客を囲い込み生涯価値を高められている一方で、将来の成長の先行指標となる顧客ロイヤルティが脆弱であり、直近は実現できているビジネス成長が今後も継続するかどうかについて疑問符がつくことを意味している。こうした企業にとっては、ＮＰＳの改善に注力することが、将来にわたっても成長を持続するための前提条件となる。

ＥＧＲの計測を正確に行うためには、自社の既存顧客の購入額が昨年からどう変化したのか、また新規顧客のうちどの程度が既存顧客からの推奨によってもたらされたのかを社内データや購入時アンケートなどを通して組み立てていく必要がある。ただ、業界によってはこうしたデータの把握がそもそも難しい場合もあるだろう。そのような場合は、データの信頼性や精度は下がるものの、本稿で実施したような外部調査パネルを活用した消費者調査を行うというのが次善の策となる。次善の策とはいえ、こうした消費者調査の結果は、化粧品業界の事例で示したような、業界内における自社のポジ

図表22◉化粧品業界(自社オンラインチャネル)におけるNPSとEGRのプレーヤー分布

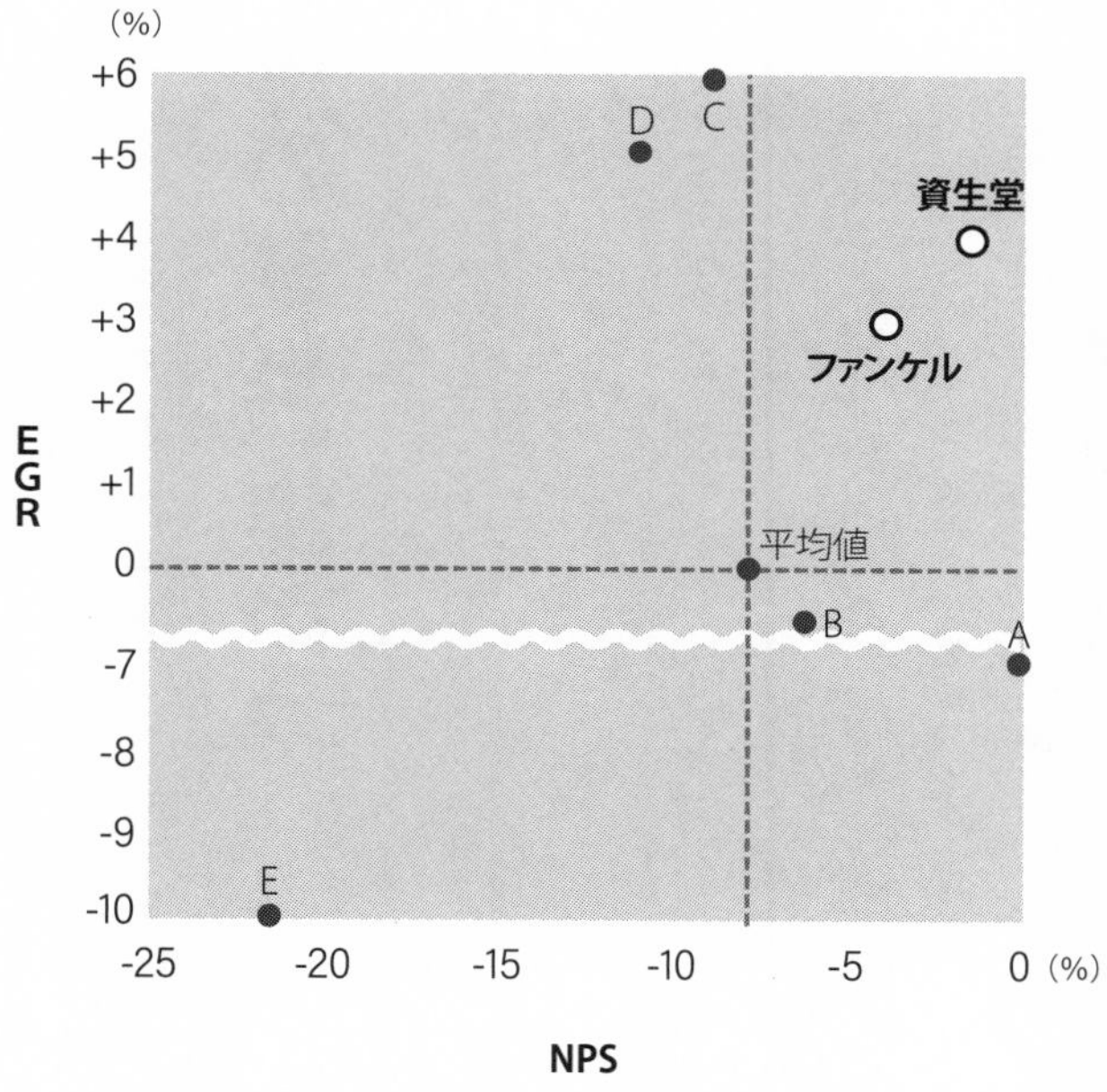

注:NPSはA社をゼロとした場合の相対値。
EGRは2020〜21年。平均値からの相対値。

出所:ベイン実施の消費者調査(2022年6月、N=1,505)

ションを把握して、業界リーダーをベンチマークしながら優先的に改善すべきレバーを見つけていくといったことにも活用できる。ＥＧＲの調査・分析手法については、まだ端緒についたばかりだが、今後、グローバル規模で急速に進歩していくことが期待される。

千里の道も一歩から

読者の皆さんの中には、「顧客への愛」を起点にした経営を自らの権限・責任でリードできる立場の方もいれば、そのごく一部の領域やプロセスについてしか影響を及ぼせない方もいるだろう。また、ＮＰＳを活用した顧客ロイヤルティの取り組みについて、現状のステージや課題感もさまざまではないかと思う。

ただ、どのような立場に置かれているのであれ、今日から未来へ踏み出すための「千里の道の一歩」には三つの共通点がある。一つ目は、自社にとって「顧客愛」とはどのような価値や意味合いを持つのかを考えて、周りに伝えることだ（ついでに本書のことを推奨していただけるなら、監訳者として望外の喜びである）。二つ目は、自社がＮＰＳ３・０の観点から何をどこまでできているのかを可視化すること。そして、最後は試行錯誤を通して学び続けることである。

本書が、金融資本主義から顧客資本主義への転換を推し進め、「顧客愛」で日本や世界をより良い場所に変えていくうえで、皆さん一人ひとりの取り組みの助けになり、同じ志を共有する仲間を増やすことにつながれば幸いである。

最後に

本書の日本語版の出版に当たって、実に多くの方々の協力を仰いだ。翻訳作業に当たっては、翻訳家の鈴木立哉氏による熱のこもった仕事なくしてここまでたどり着けなかっただろう。出版に当たってはプレジデント社の桂木栄一氏およびランチプレスの中島万寿代氏、またベイン・アンド・カンパニーのマーケティングチームの西由希子氏、有馬夕貴氏、日向加恵氏の多大なるご協力をいただいた。また、日本語版向けに追加した本章の作成に当たっては、ベイン・アンド・カンパニーの美川優太氏、山岡未知氏、夏目絢太氏、またベインのアドバイザーである久保雅裕氏に多大なるご協力をいただいた。深く感謝を申し上げたい。

ベイン・アンド・カンパニー　パートナー
大越 一樹

アソシエイト・パートナー
髙木 啓晃

Appendix

付録 A ネット・プロモーター3.0チェックリスト

付録 B プロモーター獲得成長率を計算する

付録A

ネット・プロモーター3・0 チェックリスト

いまや数千社の企業が、ネット・プロモーター・システムの中核機能《コア・コンポーネント》の少なくとも一部を利用している。NPSを構成する一連の組織ツールやプロセスは成長し、進化を続けているが、実は、ベインが発明したのはこのシステムの構成要素の一部にすぎない。我々は、一つのオープンソース・ムーブメントの立ち上げを支援し、革新的な企業がこれを実践してうまく機能している事例を観察し、そのうちの最高のものを統合したのだ。

ベインのNPSロイヤルティ・フォーラムには、時代の最先端を走る多くのイノベーターが参加しており、ベスト・プラクティスをいつも共有しながら、自社の最も困難な課題についての支援を求めている。[1] この企業グループがなければ、私たちは今日の最先端技術の本質的要素を理解できないと言っても過言ではないだろう。

以下に紹介するのは、今日のNPS経営システムを成り立たせている諸要素の要約で、私はこれを「ネット・プロモーター3・0」と呼んでいる。実践例の多くは本文で詳細に説明したので、ここではチェックリストの形でまとめることにした。皆さんの組織では、NPS3・0の要素をいくつ導入しているだろうか。一つひとつの項目をチェックし、そのほとんどに該当すれば、あなた方は、顧客の生活を豊かにしようと努力を続ける黄金律文化への道を順調に歩んでいる、と自信をもってよいと思う。

私は、このシステムを七つの主要要素と関連サブシステムにまとめ上げた。

1 第一のパーパスを受け入れる

リーダーは、顧客の生活を豊かにすることが組織にとって第一のパーパスであることを受け入れる。

リーダーは、顧客の生活を豊かにすることが組織にとって第一のパーパスであることを明確にする。そして、この理念上の「北極星」が、優先順位、意思決定、妥協点をどのように導くべきかをチームメンバーに教え、個人と組織の成功への道を照らす。

- 顧客が何をどうしたいのか、つまり顧客の目的を最優先すること、そしてすべてのステークホルダーに黄金律に基づいて接することを（象徴《シンボル》となるものや言葉、行動を通じて）コミットする。
- パーパスに忠実な戦略を立て、実行する。
- パーパスを自分の「北極星」として進捗状況を図る。

2 愛をもって導く

リーダーは、（ロールモデルとして）黄金律の原則や価値観を実践し、説き、教える。

リーダーの第一の任務は部下を大切にすることだ。リーダーは、チームを鼓舞して顧客第一主義を徹底させ、そのために十分な時間、教育、資源を割り当て、チームの成功を実現させなければならない。さらに象徴となるものや言葉、行動を通じて、黄金律の原則や価値観を実践し、説き、教えるなど、愛情あふれる文化を体系的に強化しなければならない。

- 正しい行動のロールモデルとして振る舞い、本質的価値観《コア・バリュー》の観点から主な意思決定と優先順位を説明する。
- 常に長期的な観点から判断する文化を促進し、基本原則《プリンシプル》よりも短期的な財務目標を優先する環境をつくらない。
- 製品開発から従業員の採用、顧客サービスやオペレーションのデジタル化に至るまで、あらゆる意思決定の中心に顧客を据える。
- 進歩を阻む（組織上その他の）障害を取り除く。

3 チームを鼓舞する

チームメンバーは、顧客の生活を豊かにするというミッションに専念し、支援を受けるべきだ。

チームメンバーは、顧客の生活を豊かにするというミッションにやりがいを感じ、黄金律に反する方針や行動を根絶しなければならない。また、「どんなときにも正しいことをする」努力が支持されていると確信していなければならない。

●チームは、積極的に顧客に喜びを与え、そのことがメンバーへの刺激となってさらに前向きに活動できるよう採用、教育、組織化、体系化される。

▼リーダーは顧客の生活を豊かにするチームの能力を常に確認し、チームからのフィードバックに耳を傾け、解決すべき制約条件や障害を特定し、対処すべき優先順位をつける。

▼従業員はフィードバックを愛する文化を強化し、育てるために、フィードバックの仕方と受け取り方についての教育を受ける。

▼チームは有益なコーチングを提供し、リーダーシップの評価に適切に使えるよう慎重に設計されたプロセスに従って、リーダーにフィードバックを行う。

❖ 安全が担保されたフィードバック・プロセスがあれば、従業員は諸原則がどの程度守られているか、どのような改善が必要かを安心して伝えることができる。

❖チームを悪質な顧客から守るシステム（警告、制裁、および顧客を一時的に、あるいは必要があれば一生出入禁止にするための適切なプロセスなど）を整備しておく。

●表彰・報償・昇進制度によって諸原則を強化する。

▼顧客、従業員、あるいは投資家を犠牲にして経営者が特別な利益を得ることのないよう、彼らを保護する仕組みを構築する。

▼顧客ベースの会計の結果（プロモーター獲得成長率も含む）と、競合他社に対するリレーションシップNPS（訳注：企業のブランドや商品に対するロイヤルティ）は、経営幹部の報酬に適切に影響を及ぼすべきである。

▼現場の従業員一人ひとりに関する調査結果のスコアは、学習と改善を促し導けるように、短期的な目標にしたり、個別の現場従業員の報酬に連動させたりといったゆがんだ使い方をしない。

▼どのレベルのリーダーも、高い役職に昇進するには基本原則を（同僚やチームから見て）体現している必要がある。

4 NPSを適切に算出するための環境を整える

リアルタイムNPS、シグナルその他の顧客からのフィードバックは基幹システムに統合し、学習、イノベーション、進歩を加速させなければならない。

顧客および同僚からのタイムリーで信頼できるフィードバックをサポートするシステムとテクノロジーは、購買行動、サービス利用状況、オンラインでのコメント、評価、カスタマーサービスとのやりとりなどのあらゆるシグナルを取り込むことで、調査を補強する。しかし、アンケートにうんざりしてデジタルボットやデータサイエンス、アルゴリズムへの依存度を高めていくと、世の中はデータフローであふれかえることになる。そのような世界でフィードバックを適切に収集し、とりまとめ、配分するには絶え間ないイノベーションが必要となる。

- NPSフィードバックをタイムリーかつ確実に提供するには、正しい手法と目標、そして適切な場所で測定する必要がある。
  - NPSプリズムのような信頼できる競合ベンチマークデータを活用して、主要競合他社に対する全体的な相対評価に加え、製品および顧客体験（カスタマージャーニー）レベルでのパフォーマンスも把握する。
  - 内部のリレーションシップNPS、製品NPS、顧客体験NPSを使って、特定のテーマとビジネス機会を体系的に見極める。
▼チームおよび個人での学習、コーチング、改善を主に目指して、個別の顧客接点NPSを利用する。
●顧客体験をマッピングし、優先すべきエピソードとタッチポイント（訳注：企業と顧客との接点）を特定し、欠点を修正して感動を生み出すための、明確で持続可能な戦略を活用する（結果はNPSプリズムなどの信頼できる顧客ベンチマークと比較して追跡）。
●調査を補強・代替するために、コールセンター、ソーシャルメディア、レーティング、チャット、電子メールなど、あらゆるシグナルフィールドを利用する。推奨者、中立者、批判者の分類を実際の行動に合わせて調整し、継続的なイノベーション（例：予測NPS）を活用する。
●調査プロセスを定期的にアップグレードして、顧客との摩擦の軽減に努める。その効果は、高い回答率や豊富な自由回答欄への記述に現れる。
●従来の調査に代わる、信頼性の高い調査方法を見つけるために、常に革新を続ける。

5 絶え間ない学びを育む

チームメンバーが耳を傾け、学び、フィードバックを受けて行動できるように、リズムを組み込む必要がある。

リーダーは、黄金律を尊重するための前提条件として、フィードバックを愛する文化を醸成しなければならない。そのためには、フィードバックを与え、集め、受け取るための最も効果的なテクニックを習得するトレーニングや、フィードバックに安心して対処できる環境などが必要である。

●チームの学習と改善

▼チームハドル（作戦会議）

❖チームは、機敏《アジャイル》なリズムとベスト・プラクティスを取り入れながら、デイリーハドルやウイークリーハドルを上手に活用する方法についての教育を受ける。

❖チームハドルには、チームメンバーが刺激を受け、効果的に協力するために、問題や解決策に焦点を当てた話し合いが含まれる。フィードバックをじっくり考えるために、安全な環境を提供し、率直なやりとりを促すため、メッセージを利用して匿名性が保たれる仕組みを構築する。

▼インナーループ（批判者全員と中立者・推奨者からのフィードバックを基に、現場において問題解決をすること）

▼チームメンバー（またはその上司）は批判者全員と適正な数の中立者・推奨者に働きかける。

❖チームは優先順位を設定し、自分たちがコントロールできる範囲内で問題を解決するためにフィードバックを利用する。

❖上位の判断が必要な（チーム内で解決できない）問題については、解決のための明確な責任の所在を明らかにして優先順位をつける。

▼アウターループ（チーム内では解決できない、戦略やプロセスの変更を必要とするような問題を特定し、優先順位をつけること）

❖トップダウン（経営者が顧客の電話に直接耳を傾ける）

❖すべての優先的課題に（必要な経営資源・期間とともに）説明責任を課す。

●経営者の学習

▼取締役と経営幹部は組織のパーパス、基本原則、主要な課題・障害に関する教育を継続的に受ける。

▼意思決定者が顧客と顧客ニーズを理解できるように、リーダー全員を対象に共感トレーニングを

実施する。

▼経営者は定期的に顧客からの電話や問題に耳を傾け（あるいは自ら対応し）、顧客の発言内容の詳細を読み、適切なフォローアップをする。

▼顧客調査と顧客体験シグナル（訳注：顧客や従業員の行動をデータ化したもの）によるフィードバックを部門横断的にレビューし、優先順位や行動を決定する。

❖より多くの顧客に喜びを与えるために、現場の従業員が優先課題として挙げているものを解決する。

❖守るべき諸原則（ワークライフ・バランス、持続可能性、環境や社会的優先事項への影響など）と矛盾しているとチームが指摘した方針・プロセスを修正する。

❖従業員との定期的なコミュニケーションは、彼らのフィードバックに基づいて実施された行動の報告とする（「あなたが言ったことに対して、私たちはこうしました」）。

6 プロモーター獲得成長経済を定量化する

意思決定を導き、投資家に信頼されるツールとして、CFOが認定した顧客ベースの会計を活用する。

リーダーと従業員は、さまざまなトレードオフや投資判断を評価するため、（CFOによって提供・承認された）顧客ベースの会計指標を理解し、これを利用できなければならない。

- CFOが承認した顧客ベースの会計を定量化し、投資対象の評価に活用しなければならない。
- プロモーター獲得成長経済は、戦略、顧客の獲得と維持、オペレーションに統合されるべきだ。
- 顧客ベースの会計は、顧客生涯価値の計算を可能にし、投資判断の指針になる。
- 紹介と口コミは厳密に追跡し、顧客生涯価値の計算に組み入れる必要がある。
- 監査に耐えうる顧客ベースの会計数値は、投資家に報告される必要がある。公表されるNPSスコアがどのように算出されたのかは、完全な透明性を確保しなければならない。公表されるNPSスコアは、二重盲検調査のプロセスを経て（標準的な財務数値を算出するのと同程度の厳格さをもって）算出されるのが理想的だ。その際には、顧客接点NPSなど他の手法によるNPSスコアと二重盲検実施企業群によるベンチマークとの関係を明確に理解することも必要である。

7 感動を定期的に再定義する

リーダーと各チームは、「自分が愛されている」と顧客一人ひとりに感じてもらうためには、どれだけの進歩とイノベーションが必要かを謙虚に認識しなければならない。

リーダーと各チームは、「自分が愛されている」と顧客一人ひとりに感じてもらうためには、どれだけの進歩とイノベーションが必要かを謙虚に認識しなければならない。リーダーは、期待を超えた製品や体験で顧客に喜びを与えるための新たな方法を常に考案する努力を怠ってはならない。どの個人も、チームも、グループも、顧客が再び来店して友人を紹介してくれるほどの体験をつくり出すやる気と責任を感じなければならない。

● 経営レベルでのイノベーション

▼ 経営幹部は、誰もが顧客にとっての価値を高める新製品や体験のイノベーションを生み出し、それを守ることに責任を感じなければならない。

▼ 定期的なエピソード別、および全体的なリレーションシップに関する競合ベンチマーキングにより自社の課題が明らかになり、「どれくらい上を目指すべきか」に焦点を当てる。

▼この向上プロセスを通じて、現場の従業員は、顧客の感動を高め、失望を減らすための最善の方法をとことん追求する。

▼経営チームは、資本と予算の配分プロセス（明確な説明責任と成果物の時間軸）を通じて顧客体験の向上を優先させる。

▼新しい技術を活用し、製品と顧客体験を刷新することに一貫して注力する。

●現場レベルでのイノベーション

▼従業員一人ひとりが、知的な感動を追求しながら、消費者としての個人的な視点や体験を活かして顧客と関われるような共感トレーニングが必要である。

▼「ジェニーの質問」（どうすればもっと良い顧客体験が提供できるだろうかという問題意識）を組み入れて、従業員のアイデア創出を強化しなければならない。

▼すべての従業員は、顧客に喜んでもらえるような工夫をし、その努力が適切に評価されると確信する必要がある。

▼現場の従業員は、提案されたイノベーションのコストと利益の分析方法を理解し、持続可能なベスト・プラクティスを示さなければならない。

付録B プロモーター獲得成長率を計算する

次ページ以降の図表は、プロモーター獲得成長率算出の構成要素とその重要性を理解するのに役立つはずである。どの企業の成長も、二つの異なる売上の合計によって表される。一つは既存顧客からの継続的な売上と既存顧客からの紹介や推奨、口コミによる新規顧客の売上、もう一つは広告宣伝や販促などマーケティング活動による新規顧客の売上だ。売上をこの二つの要素に分けて考えると、その企業の成長の質と持続可能性をよく理解できるし、将来の見通しも立てやすくなる。当社のウェブサイト（NetPromoterSystem.com）にも、私たちが構築したオンライン・プロモーター獲得成長率計算ツールを掲載し、これら図表の裏付けとなっている考え方について詳しく説明している。

図表23を見てほしい。標準的な会計処理をすると、この企業の対象期間の売上高は一〇〇ドルから一三〇ドル（単位は数千ドルでも数百万ドルでも構わない。重要なのは増加率で、基準年の売上高を一〇〇とすれば他のすべての計算が単純化される）へと三〇％伸びた。一番下の棒グラフは、顧客ベースの会計を用いて、顧客の増減と購入額の変化がどう作用して三〇％の売上高成長率を実現したかを

明らかにしている。これによると、この会社の売上継続率（NRR）（訳注：既存顧客の売上を前年比で維持できているかを計る指標のこと）は八五％だ（既存顧客の中に購入額を減らした顧客と増やした顧客がいて、両者の購入額を合計すると一〇五％－二〇％＝八五％。なお減少分二〇％には、既存顧客の購入額の減少分と既存顧客数の減少分が含まれる）。これに新規顧客の売上増加分の四五％を加えると一三〇％となり、三〇％の増収となる。なお、新規顧客四五％の内訳は、二〇％が広告宣伝や販促などのマーケティング活動によって獲得した新規顧客（以下、「広告依存型新規顧客」）で、二五％が既存顧客の紹介や推奨、口コミなどによって獲得した新規顧客（以下、「プロモーター獲得型新規顧客」）だ。プロモーター獲得成長率（EGR）を計算するには、売上継続率八五％にプロモーター獲得型新規顧客売上（ENCR）の二五％を加えて期初の売上高（一〇〇％）を控除する。また、この例では会社の売上高成長率が三〇％、プロモーター獲得成長率が一〇％なので、プロモーター獲得成長割合は三三％、つまり、（標準的な会計処理によって）公表されている成長率の三分の一ということになる。NPSリーダー企業は、成長するためには新規顧客を新たに集める必要がないので、プロモーター獲得成長割合は三三％よりもはるかに高くなるはずだ。

簡便法

どの企業もNRRを構成するすべての要素を算出することはできない。たとえば、システムの制約がある場合や、自動車や眼鏡のように購入サイクルが長く、事前予測が不可能なビジネスの場合、顧

図表 23◉プロモーター獲得成長率（EGR）

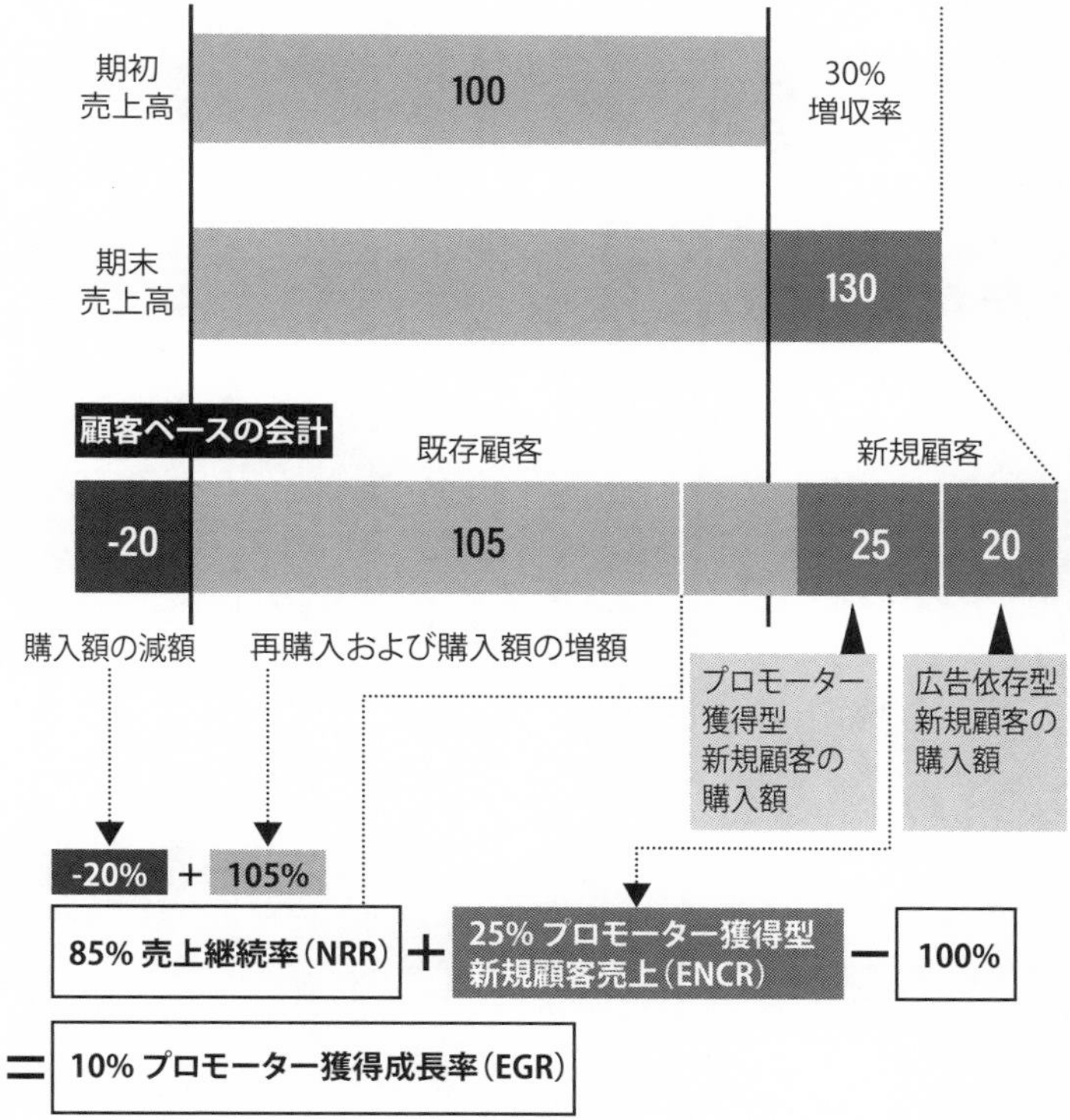

プロモーター獲得成長割合：
プロモーター獲得成長率を同じ期の名目成長率で割ると、プロモーター獲得成長割合が得られる（例：10% / 30% = 0.33）。

注：すべての割合は初期の売上高を基準にしたものである。
　　プロモーター獲得成長割合は、名目成長率がプロモーター獲得成長率を上回り、かつ両者がプラスの場合に限って意味がある。

客数の減少や顧客離れで失われた売上を定量化できないことがある。しかし、安心してほしい。プロモーター獲得成長率は、既存顧客からの今期の売上高を、前期の売上高合計（つまり全顧客からの売上高）で割るというシンプルな方法で算出できるからだ。それが売上継続率の概算値だ。

次に、(今期の売上高の割合として）プロモーター獲得型新規顧客売上の最も正確な評価をそれに加え、そこから一〇〇%を引けばプロモーター獲得成長率になる。第5章で指摘したように、プロモーター獲得型新規顧客売上はプロモーター獲得型新規顧客の売上を算出した数値なので、通常はプロモーター獲得成長に占める割合は非常に低くなる。しかし今でも、新規顧客をプロモーター獲得型新規顧客か否かで分類している企業はほとんどない。そこでベインは（とりわけメダリアのチームと連携して）、この課題を克服するための実践的な解決方法を開発した。当社のウェブサイト(NetPromoterSystem.com）にその詳細を掲載しているが、簡単に言うと、一つの質問を出発点に、新規顧客がスムーズに商品やサービスを利用できるようになるための別の構造をテストしたのである。

掘り下げる

図表24では、標準的な会計処理による売上高成長率が同じ三〇%の仮想的な二社（A社とB社）を取り上げた。顧客ベースの会計上では、両社のたどった道筋は、対照的なプロモーター獲得成長率によってまったく異なる結果となった。A社のほうが売上継続率は高く、紹介や推奨、口コミによって生み出された新規顧客による健全な増加の恩恵を受けている。一方、B社は低い売上継続率とプロモー

図表 24◉名目成長率は等しいが、持続的な成長率が異なる２社の比較

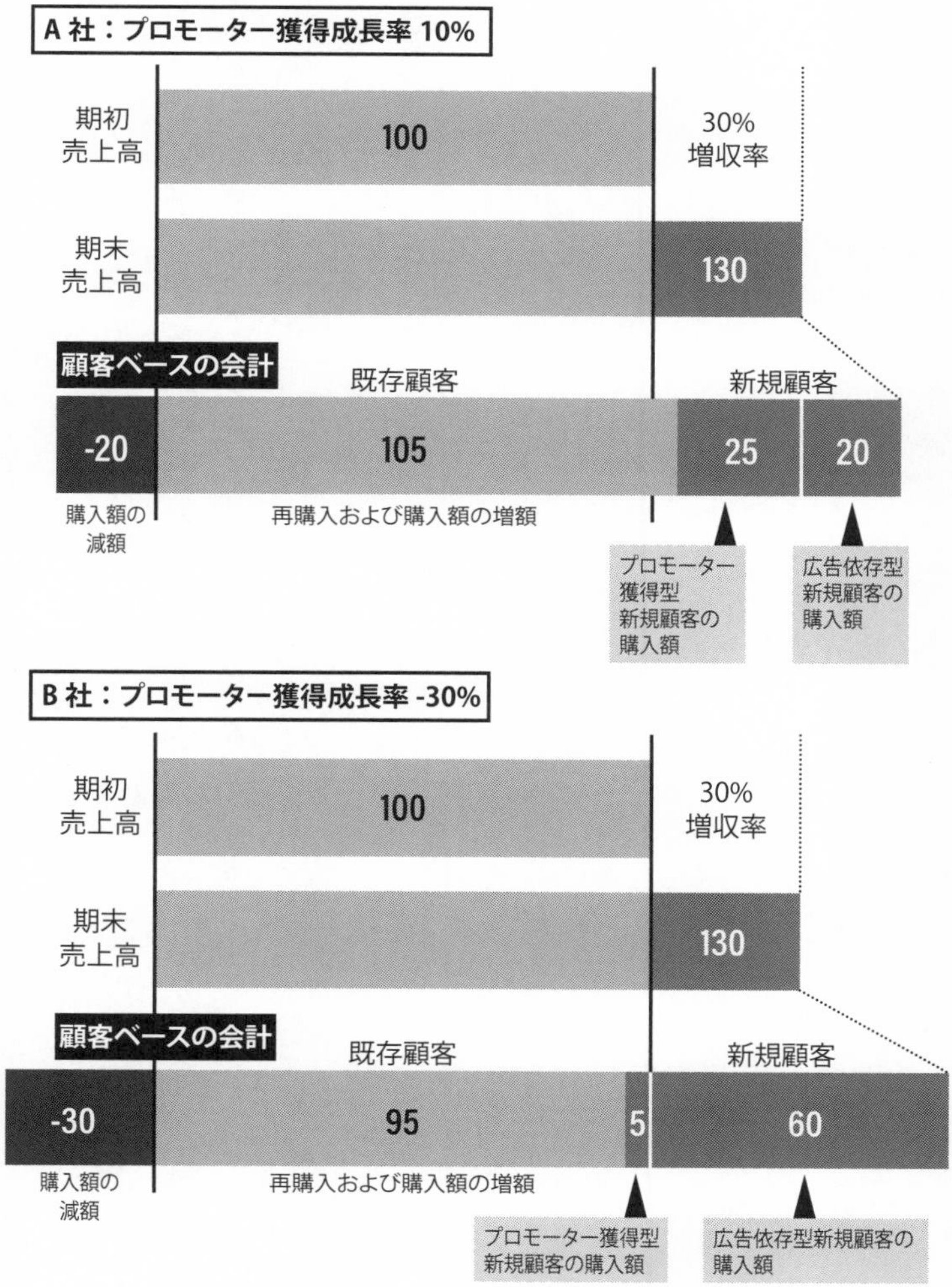

ター獲得型新規顧客のお粗末な伸びを埋めるために、広告や宣伝など別な方法で新規顧客を多数獲得しなければならない。A社のNPSは（相対スコアが算出できる場合には）B社よりも優れていると思われ、このパターンが維持されれば、A社は今後長年にわたって、はるかに高い経済性を享受できるだろう。この二社が上場企業で、株式が利益または売上高に対して同じような倍率で取引されていれば、A社の株を買い、B社の株を売るのがおそらく理に適っている。

謝辞

一冊の本をつくるという旅《ジャーニー》を初めて経験したのはもう二五年以上前になります。その折に私は貴重な教訓を得ました。それは、本を出版するという作業は、想像していた以上のチームスポーツだった、ということです。

私はこの教訓を今も学び続けています。本書は私の五冊目の著書で、いずれもハーバード・ビジネス・レビュー・プレス（ＨＢＲＰ）から出版されてきました。ＨＢＲＰの皆さんには、これまで本当にお世話になりました。特に編集長のジェフ・キーホは、当初から私の誠実な支持者であり、思慮深い助言者でいてくれました。ジェフの紹介で、ジェフ・クルックシャンクも加わってくれました。編集助手としてずば抜けた手腕を発揮し、本書の初期の段階から構想をまとめるのに大いに力となってくれました。

ベインの多くの仲間たちには、本当にお世話になりました。その筆頭は、共著者であるダーシー・ダーネルとモーリーン・バーンズ、そしてベイン編集検討委員会の皆さんです。フレッド・デブルイネ、ジェラール・デュ・トゥワ、エリック・ガートン、リチャード・ハサロール、ポール・ジャッジ、エリカ・セィーロウ、ロブ・マーキーの方々です。

特にロブは、一五年前にNPSロイヤルティ・フォーラムを立ち上げて以降ずっとリーダーシップを発揮し、ベインのNPSソリューションセットの構築に常に貢献してくれました。ネット・プロモーターの教義を、世界中にある私たちのオフィスやクライアントに広げるために精力的に活動してくれました。ステュー・バーマン（NPSロイヤルティ・フォーラムのディレクター）、リサ・クラーク・ウィルソン、フィル・セイガー、テヴィア・セゴヴィア、オルガ・グラズコヴァアラステア・コックスも大きな貢献をしてくれました。アンドリュー・シュヴェーデル、マーク・バウアー、サイモン・ヒープからは貴重なフィードバックをいただきました。マギー・ロチャーとカーティ・ヤダヴは冷静かつ丁寧にファクトチェックに当たってくれました。本書の図表の根拠となるデータ収集と分析は、ジョアンナ・ゾウが専門的な視点から監修してくれたものです。

私と一緒に会社の再建に奮闘したベインのシニア・パートナーや元役職員の皆さんのアドバイスのおかげで、あの経験についての私の理解はリフレッシュされ、豊かなものになりました。ヴァーモン・アルトマン、オリット・グラディーシュ、マーク・ゴットフレッドソン、ラス・ヘイジー、グレッグ・ハッチンソン、ダーレル・リグビー、ハリー・ストラーン、最後にトム・ティアニーからは、私の原稿に目を通し、貴重なフィードバックをいただきました。アンディ・ノーブルとクリス・ビアリーは、チックフィレイに関する最新の見方ばかりでなく、競合他社の既存店売上高に対するNPSの影響の分析を裏付けるデータを惜しみなく提供してくれました。ロン・カーミッシュとハーバート・ブラムは、アメリカの携帯電話事業の競合NPSデータを、またアーロン・チェリスは小売業者の過去のNPSデータと専門的な知見をいただきました。

ベインのダン・ブレナーはアマゾン、ユージーン・シャピロはロビンフッドでの経験からそれぞれが得た教訓を教えてくれました。ベインの元同僚で、現在はベッセマー・ベンチャーパートナーズのパートナーであるケント・ベネットからは、プロモーター獲得成長率とスタートアップ企業に関する有益なフィードバックをいただきました。ビル・ウェイドからビルトを紹介してもらい、同社のプロモーター獲得成長率を算出できました。ビルは、図表18（二二六ページ）に示したサービス型ソフトウエア（SaaS）業界のARR倍率（企業価値／年間経常収益（ARR））の基礎となる分析結果も提供してくれました。最後に、彼は当社のウェブサイト（NetPromoterSystem.com）に掲載しているプロモーター獲得成長率カリキュレーターの作成者でもあります。ありがとう、ビル。

NPSプリズム・チーム（ジェイソン・バーロ、ラフール・セティ、クイン・オルドリッチ）は、本書の分析の多くの根拠となる、他に類をみないほど信頼性の高いNPSデータを提供してくれました。NPSプリズムは、信頼できるNPSの重要性を世の中に知らしめ、企業が顧客愛という観点から、競合他社に対してどのような位置づけにあるのかを正確に知るうえで重要な役割を果たすでしょう。私は、この事業がネット・プロモーター革命を発展させるうえで欠くことのできない役割を担うと確信しています。

メダリアのチーム、特にレズリー・ストレッチ、エリザベス・カードゥッチ、アカシュ・ボーゼは私の仕事を非常によくサポートしてくれました。二人は「プロモーター獲得型」の新規顧客向けの質問票、プロモーター獲得成長率、および私たちの顧客文化診断ツールの開発と導入のためのベータ版参加企業の募集に力を貸してくれたのです。

次に掲げる企業の役員の皆様には、インタビューや電子メールでのやりとりを通じ、さまざまな貢献とご支援をいただきましたので、ここに社名と関係者のお名前を記して感謝の意を表したいと思います。

ビルト：ネイト・ハンダーソン
チャールズ・シュワブ：ウォルト・ベッティンガー
チックフィレイ：マーク・モライティキス、アラン・ダニエル
ディスカバー：ディビッド・ネルムス、ロジャー・ホックシールド、ジュリー・ロガー、ケイト・マンフレッド、デニス・マイケル、スティーブ・バイヤンズ、ジョン・ドラムンド
ファーストサービス：ジェイ・ヘンニック、スコット・パターソン、チャーリー・チェイス、チャック・ファロン、ジェレミー・ラクシン、マイク・ストーン、ロジャー・トンプソン、ローリー・ディエッツ、ビル・バートン（カリフォルニア・クローゼットのCEOを務めた後、現在はボブズ・ディスカウント・ファニチャーのCEO）、スティーブ・グリムショー（取締役）
ファースト・リパブリック・バンク：ジェイソン・ベンダー、シャノン・ヒューストン
インテュイット：スコット・クック
マリオット：ステファニー・リナルツ
ペロトン：ブラッド・オルソン、ブレンナ・ヒーリー
ピュア：ロス・ブーフミューラー、マット・シュラバイス、メリー・ロイヤル・スプリングス

カンタス航空：ロブ・マルコリーナ、アリソン・ウェブスター
T‐モバイル：カーリー・フィールド
バンガード：アル・ヴァイケル
ワービー・パーカー：デイヴ・ギルボア、カキ・リード・マッキー

『フォーチュン』誌のジェフリー・コルヴィンからは、私の初期の原稿に目を通したうえで有益なコメントをいただきました。私は、今日のビジネスリーダーたちが直面している道徳上の課題に焦点を当てるという本書の狙いが正しい、と自信を深めることができました。

アップルのケイト・ハーディングは、私の仕事への確固たるサポーターであり、第1章で紹介したボストンにあるアップルの旗艦店への訪問など、同社とのやりとりの多くを補佐してくれました。

マックス・ホブリッツェルとケイトリン・ホブリッツェルは、それぞれベインとアマゾンでの比較的新しい社員としての仕事経験について有益な視点を教えてくれました。

著名な著者、教師、そして組織心理学者であるアダム・グラントからは、今日の世界中に存在する「テイカー」（略奪者）についての研究結果を教えていただきました。シカゴ大学ビジネススクールのスティーブン・カプラン教授からは、第5章および未公開株の投資家リターンのデータに関する私の考え方について温かいコメントをいただきました。

ハーバード・ビジネス・スクール（HBS）のボリス・グロイスバーグ教授は、カリフォルニア・クローゼットのケーススタディ用教材の開発と指導を通じ、ネット・プロモーターのメッセージを伝

えることの難しさについて、重要な示唆を与えてくれました。さらに、ファースト・リパブリック・バンクも紹介していただきました。マサチューセッツ工科大学（ＭＩＴ）のゼイネップ・トン教授のご尽力で、本当に傑出した（そして愛すべき）リーダーである、コストコのジム・シネガルと知り合うことができました。トン教授の教室で過ごした時間や、ジムとともにコストコのワルトハイム店を見学した経験は、彼女の寛大な支援がなければ実現しなかったでしょう。

ロブ・マーキーがＮＰＳロイヤルティ・フォーラムで示してくれたリーダーシップについては、すでに感謝の意を表しました。ここでは、このグループの他のメンバーの皆さんにもお礼を述べたいと思います。四半期ごとのミーティングとその合間に行われたズーム・ミーティングは、ＮＰＳについての私の考えを、他のどんなリソースよりも明確にしてくれました。これらの先駆的な企業は、「ネット・プロモーター3・0」を構成する多くのベスト・プラクティスを開発し、提供する役割を担ってくれています。ロイヤルティ・フォーラムの多くのメンバーは本書の前半部分の章を読み、必要な改善点を指摘してくれました。ブルックフィールド・アセット・マネジメントの不動産グループ担当ディレクター、マット・スミスからは、顧客紹介に関する考え方やデータの定量化について貴重なアドバイスを提供してもらいました。デューク・エナジーの最高顧客責任者バーバラ・ヒギンスは、各章の改訂版を読み、思慮深い多くの編集上の提案をするために、貴重な時間をわざわざ割いてくれました。繰り返しになりますが、この一五年間でＮＰＳロイヤルティ・フォーラムに参加し、あるいは共催してくださった会社の皆様をここに紹介し、改めて感謝申し上げます。

NPSロイヤルティ・フォーラム参加／共催企業（アルファベット順）

24アワーフィットネス
アドバンス・オート・パーツ
アグレコ
アリアンツ
アメリカン・エキスプレス
アメリカン・ホンダ・モーター
アーチストーン
アリストクラット・デジタル
アセンション・ヘルス
アシュリオン
アトラスコプコ
アビッド・テクノロジー
BBVAバンコメル
ベロン
BMOファイナンシャル・グループ
ブルックフィールド・アセット・マネジメント
アメリカ癌治療センター
CBRE
チャールズ・シュワブ
チックフィレイ
シンタス
シスコ
コムキャスト
カミンズ
デリバルー
デジャルダン
ドイツポスト（DHL）
ドイツテレコム
デューク・エナジー
エーオン

イーベイ
イーライリリー・アンド・カンパニー
エルメネジルド・ゼニア
エクスペリアン・コンシューマー・ディビジョン
フェイスブック（2021年10月に社名をMetaに変更）
ファーストサービス・コーポレーション
フランクリン・コヴィー
GEヘルスケア
ゼネラル・エレクトリック・カンパニー
ギルベイン・ビルディング・カンパニー
グローサリー・アウトレット
ハネウェル・エアロスペース
ヒューマナ
INGグループ
インテュイット
ジェットブルー航空
ジョワドゥヴィーヴル
レゴ

レクシスネクシス
ロイズ・バンキング・グループ
ロジクール
LPLファイナンシャル
メイシーズ
メドトロニック
ミシュラン
ナットウエスト・グループ
ナイキ
ノキア
オラクル
ポール・デイビス・レストレーション
ペロトン
フィリップス
PNC銀行
プライスウォーターハウスクーパース
プログレッシブ保険
プロロジス

カンタス航空
ラックスペース
RSCイクイップメント・レンタル
セイフライト
シュナイダーエレクトリック
ソデクソ
ストラ・エンソ
サントラスト
スイス・リー
シマンテック・コーポレーション
トロント・ドミニオン（TD）銀行
TDカナダ・トラスト
ティーチ・フォー・アメリカ
テック・データ
テレパフォーマンス
サーモフィッシャーサイエンティフィック
T－モバイル
TPGキャピタル

フェニックス大学
バンガード
ベライゾン
ボラリス
ウエストパック銀行グループ
ザッポス

私の担当秘書であるモーラ・マクナミー・デューダスは、パンデミックによって計画を何度も練り直さなければならないという混沌とした期間中、私のスケジュールをきちんと管理してくれました。彼女の何があっても動じない楽観主義には本当に感心しました。心から感謝しています。

私の四人の子どもたち――クリス、ジェニー、ビル、ジム――は、原稿に目を通し、有益な提案をしてくれたばかりか、自分の体験談を本書に加えることを許可してくれました。

最後に、私の妻カレンは、私の書籍プロジェクトの最初から最後まで、私の相談相手としてとてつもなく重要な役割を果たしてくれました。しかもその間、外科手術を含む私とガンとの闘いを支えてくれたのです。私の人生にとって最も困難な経験となったこの期間中、彼女の勇気、判断、忍耐、知恵、愛、そしてロイヤルティがなければ、本書は生まれなかったでしょう。

推奨の言葉

本書は、ますます顧客中心になっていくこの世界で、すべてのビジネスリーダー（そしてすべてのチームメンバー、取締役、投資家）が勝ち抜くために必要な基本ツールを提供してくれる。*Winning on Purpose* は、これまでにフレッドが著してきた著作の中で最も重要なものだ、と私は思っている。すべての偉大な組織を導く第一のパーパスは顧客の生活を豊かにすることだ、と明確に謳っているのだから。

——ジョン・ドナホー（ナイキCEO）（「本書に寄せて」より）

Winning on Purpose は、顧客ロイヤルティを築き、他の人々を大切に扱うことで多くを達成するための教訓に満ちている。フレッド・ライクヘルドは、この分野の真のパイオニアであり、その実践的な考え方は、高いネット・プロモーター・スコアを獲得している。

——アダム・グラント（『ニューヨークタイムズ』紙、ベストセラー"*Think Again*"（邦訳『THINK AGAIN 発想を変える、思い込みを手放す』三笠書房、二〇二二年）著者、テッドのポッドキャスト「WorkLife」司会者）

フレッド・ライクヘルドが、顧客ロイヤルティによる勝利について、読者をぐいぐい引き込むような、圧倒的な著作を再び送り出してくれた。私たちは幸運にも、長年にわたってフレッドとともに働き、フレッドから学ぶことができた。「正しいことをしよう」、そして本書を読んでほしい！

——アンドリュー・C・テイラー（エンタープライズ・ホールディングス＊会長）
＊レンタカーブランドである「エンタープライズ」「ナショナル・カー・レンタル」「アラモ」の親会社

ネット・プロモーターは、デジタルの世界において、これまでよりもはるかに重要な役割を担っている。我々はライクヘルドのツールを毎日使うことによって、「メンバー第一」という約束を果たし、世界中の数百万人のコミュニティに比類のない経験を提供できている。非常に説得力のある読み物だ——素晴らしい！

——ブラッド・オルソン（ペロトンCBO＊）＊最高業務責任者

*Winning on Purpose*には、企業が顧客の幸福実現にとことんこだわるための、インパクトの強い実践的な指導というフレッド・ライクヘルドのかねての信念が貫かれている。彼の実践的なアプローチのおかげで、組織で働くあらゆるレベルの従業員が、それぞれの立場でなすべき重要なことに具体的に取り組むことができる。フレッドの考え方は、数十年にわたって我々の組織に影響を与えてきたが、本書によって彼はその影響度を再び引き上げた。

——ティム・バックリー（バンガード会長兼CEO）

フレッド・ライクヘルドは偉大な語り部である。*Winning on Purpose*は、ビジネス書であると同時に回顧録でもあり、価値ある素晴らしい人生を送り、良きビジネスを営むとはどういうことかについての重要性や教訓を明らかにしてくれる。本書は、道徳的な基準と成功のための強力なツールのどちらをもNPSが企業に提供できることを示している。

――ゼイネップ・トン（MITスローン・スクール・オブ・マネジメント教授、*"The Good Jobs Strategy"*〔『良い仕事戦略』未邦訳〕著者）

フレッド・ライクヘルドは、顧客をビジネスの中心に据えることが永続的な成功の鍵であることをはっきりと示してくれた。*Winning on Purpose*は、ネット・プロモーターの圧倒的な影響力の本質を明らかにしている。それは「自分がしてもらいたいように他の人々に接しなさい」ということである。啓発的で感動的な本だ。

――ラーム・チャラン（多くのスタートアップ企業やトップ企業のCEOのビジネス・アドバイザー、著作家、七社の取締役）

ビジネスの真のパーパスとは何か。この重要な書でフレッド・ライクヘルドが力強く主張しているように、それは利益や株主価値を高めることではなく、顧客の生活を豊かにすることだ。*Winning on Purpose*は、後者を行うことがいかに前者につながるかを示してくれる。まさに必読書だ。

――ジーン・ブリス（カスタマー・ブリス創業者兼社長、*"Chief Customer Officer 2.0"*〔『最高顧客責任者二・〇』未邦訳〕著者）

長期的な成長には、隠された秘密はない。それは、あなたの幸せな顧客があなたの最も強力なマーケティングの武器になることに他ならないからだ。ライクヘルドは、顧客のニーズと幸福を第一に考える文化をつくることで、企業が繁栄するための力強い指南書を書いた。ビジネスパーソンは黙って本書を読むべきだ。

——マーシャル・ゴールドスミス（『ニューヨークタイムズ』紙ベストセラーのビジネス書"*Triggers*"〔『トリガー 自分を変えるコーチングの極意』日本経済新聞出版社、二〇一六年〕、"*Mojo*"〔『コーチングの神様が教える「前向き思考」の見つけ方』日本経済新聞出版社、二〇一一年〕、"*What Got You Here Won't Get You There*"〔『コーチングの神様が教える「できる人」の法則』日本経済新聞出版社、二〇〇七年〕著者）

ライクヘルドは、一度目はネット・プロモーターで、二度目はプロモーター獲得成長で、ビジネス界を永久に変革した。NPSは、私たちが全力で圧倒的な顧客体験を提供し続けるための主要な指標である。プロモーター獲得成長は、アンケート調査に基づくNPSの力を強化するための会計版のNPSだ。すべての起業家が本書を読むことを強くお薦めする。

——デイヴ・ギルボア（ワービー・パーカー共同創業者兼共同CEO）

シュワブは、もう二〇年近くフレッド・ライクヘルドの考え方に導かれてきた。彼のネット・プロモーターというコンセプトは、当社のパーパスと顧客重視の戦略を導く羅針盤のようなものだ。*Winning on Purpose*は、この分野でフレッドがまごうことなきリーダーであることを証明している。持続的な成功を追求するビジネスパーソンにとっての必読書だ。

――ウォルト・ベッティンガー（チャールズ・シュワブ社長兼CEO）

*Winning on Purpose*は、すでに強力なネット・プロモーター・システムをデジタル時代向けに適応させたものであり、非常に魅力的で、しかも説得力がある。そればかりか、パーパス重視のリーダーにやる気を与える手引書となっている。フレッドは、人々を大切に扱うことの利点を語る。さらに、彼が明らかにしている新たなデータは、顧客中心の世界におけるビジネスリーダーの道徳上の義務を明確にするのに役立つ。本書を読むのにこれほどよいタイミングはないだろう。私の仲間たちに今すぐにでも読んでほしい。

――バーバラ・ヒギンス（デューク・エナジーCCO）

フレッド・ライクヘルドは、*Winning on Purpose*でネット・プロモーターを次の段階に引き上げたうえで、リーダーが勝ちたいのであれば、なぜ顧客愛とロイヤルティに関する戦略を再構築しなければならないか、を説いている。もちろん、ここでの「勝つ」とは、単に顧客ではなく、あらゆるステークホルダーの支持を得るということだ。本書は、数十年に及ぶ実体験に加え、真に偉大な企業の経済的優位性を裏付ける新鮮なデータと深い洞察に裏付けられている。*Winning on Purpose*は、投資家が長期的なビジネスの勝者を見極めるのにも大いに役立つだろう。

――アンディ・クロス（モトリーフールCIO）

6. Isabelle Lee, "Can you trust that Amazon review? 42% may be fake, independent monitor says," *Chicago Tribune*, October 20, 2020, https://www.chicagotribune.com/business/ct-biz-amazon-fake-reviews-unreliable-20201020-lfbjdq25azfdpa3iz6hn6zvtwq-story.html

7. "Jay Hennick: from pool boy to billionaire," *OPM Wire*, September 10, 2020. OPM Wire は、カナダの運用会社、投資家、有力者向けのニュースレター。

8. GE はこの現象の不幸な事例となった。元 CEO のジェフリー・イメルトは、CEO としての在任中に何億ドルもの報酬を得ていたが、その期間中、同社の TSR はマイナスだった。

9. ジェイは、ほぼ全額が株価に連動する報酬を得ていたので、彼が投資家に対して、そもそも抱いていた尊敬の念がこの制度によってさらに強まっていた。

10. ジェイは最近、多議決権株式を普通株式に転換したが、ファーストサービスとコリアーズ両社の筆頭株主での地位は維持している。

11. サータプロは紹介による見込み客の 80%以上を成約に導いている。

12. 私は、自分が親会社の取締役であることは知らせていなかった。

13. 感謝の気持ちとして 20 ドル札を数枚彼に手渡した。

14. 「謙虚な」を意味する英語の humble の語源は、「人間」を意味する human と同じラテン語の "humus"（英語では、庭師の無二の親友「腐植土」を意味する）である。humble も human も「大地から」という意味合いがある。私たち人類は皆、灰や塵になって地に帰り、また生まれ変わるという同じ謙虚な旅を共有しているのである。

付録 A

1. NPSロイヤルティ・フォーラムは、前身のグループであるロイヤルティ・ラウンドテーブル（第9章で紹介した）から発展した。NPSロイヤルティ・フォーラムの全参加者の名簿を謝辞に掲載したので参照されたい。

グルの順位は11位、マイクロソフトは21位で、アップルは84位だった。"Best Places to Work, 2020" Glassdoor, https://www.glassdoor.com/Award/Best-Places-to-Work-2020-LST_KQ0,24.htm

6. CEO letter to shareholders, Amazon 2020 annual report.
7. Dana Mattioli, Patience Haggin, and Shane Shifflett, "Amazon Restricts How Rival Device Makers Buy Ads on Its Site," *Wall Street Journal*, September 22, 2020, https://www.wsj.com/articles/amazon-restricts-advertising-competitor-device-makers-roku-arlo-11600786638
8. Brad Stone, *The Everything Store* (New York: Little, Brown, 2013), 317..（邦訳『ジェフ・ベゾス 果てなき野望』）
9. Enron annual report 2000, 55.
10. Ken Brown and Ianthe Jeanne Dugan, "Arthur Andersen's Fall From Grace Is a Sad Tale of Greed and Miscues," *Wall Street Journal*, June 7, 2002.
11. Greg Ryan, "Tamar Dor-Ner Keeps a Keen eye on company culture at Bain," *Boston Business Journal*, January 3, 2019, https://www.bizjournals.com/boston/news/2019/01/03/tamar-dor-ner-keeps-a-keen-eye-on-company-culture.html

第9章

1. 《マタイによる福音書》5章5節。
2. Jim Collins, *How the Mighty Fall: And Why Some Companies Never Give In*（New York: HarperCollins, 2009)（邦訳『ビジョナリー・カンパニー 3』）。
3. トム・ドナホーは、本書の序文を執筆してくれたジョン・ドナホーの父親である。
4. アマゾン、アップル、フェイスブック、アルファベットをはじめとする各社にぜひ聞いてほしいメッセージだ。
5. 行動と要件に関する包括的なチェックリストは付録Aに記載されている。

May 18, 2020, https://fortune.com/longform/net-promoter-score-fortune-500-customer-satisfaction-metric.「冒涜的な」という表現は、埋めるのさえ嫌になるほどの数百の質問で構成された巨大な調査の設計者に対するコルヴィンによる当てこすりである。

10.《マタイによる福音書》5 章 41 節。正直なところ、私は「セカンドマイルを行く」が聖書に由来した言葉であることを知らなかったが、驚かなかった。

11. これは、私たちに "EAT MOR CHIKIN"（もっとチキンを食べてください＝チックフィレイの有名な広告）と訴えかける、あの牛である。

12. チューイーの NPS スコアがアマゾンを 28 ポイント上回っているのは偶然ではない。

13. Malcolm Gladwell, *Blink: The Power of Thinking Without Thinking* (New York: Time Warner Book Group, 2005),（邦訳『急に売れ始めるにはワケがある――ネットワーク理論が明らかにする口コミの法則』高橋啓訳、SB クリエイティブ、2007 年）

14. BILT のウェブサイトには「紙の図よ、どいてなさい」と書かれている (https://biltapp.com/)。BILT は、メーカーの CAD をクラウドベースのインタラクティブ 3D インストラクションに転換する技術者向けサービスである。あるソフトウエアの営業担当者とその妻が、ある晩にイケアのナイトテーブルを組み立てようとしたときにフラストレーションを感じたことがこの会社設立のきっかけだと知って、私は身震いするほどの快感を覚えた。イケアについては改めて説明するまでもないだろう。

第 8 章

1. このフレーズは旧約聖書、《レビ記》25 章第 10 節からの引用である。

2. 年次報告書は、財務実績よりも顧客の体験談と本質的価値観（コア・バリュー）のメッセージに、はるかに多くのページ数が費やされている。

3. 同書の正式なタイトルは、*Voices of Discover: The Stories and Culture of Our People*, published by Discover Financial Services in 2012 である。

4. "Leadership Principles," Amazon, https://www.amazon.jobs/en/principles/

5. アマゾンは、たとえばアメリカの企業レビューサイト「グラスドア」の「2020 年最も働きやすい職場」トップ 100 のリストに入っていない。比較のために紹介しておくと、グーライン市場でつけている価格以下でなければなりません。そして買い手は例外なく、どんなときでも他の顧客と同じ価格を提示されるものとします。」アマゾン自身の巨大な在庫に関しては、その巨大で増殖を続ける倉庫の中に、同社が本書で描いたような押しつけがましい略奪的なダイナミックプライシングの証拠は一切見つからなかった。

2. Brad Stone, *The Everything Store* (New York: Little, Brown, 2013), 125–126.（邦訳『ジェフ・ベゾス 果てなき野望』）

3. Robert D. Hof, “Amazon.Com: The Wild World Of E Commerce,” Bloomberg, December 14, 1998, https://www.bloomberg.com/news/articles/1998-12-13/amazon-dot-com-the-wild-world-of-e-commerce

4. Jason Del Rey, “The making of Amazon Prime, the internet’s most successful and devastating membership program,” Vox, May 3, 2019, https://www.vox.com/recode/2019/5/3/18511544/amazon-prime-oral-history-jeff-bezos-one-day-shipping

5. この予測の背景としては、バーンズ・アンド・ノーブル（Barnes & Noble）が成り上がりのアマゾンを押しつぶすためにウェブサイトを立ち上げようとしていたことも挙げられる。専門家は、ベゾスが中核事業を守ることで「ハリネズミになる」よう警告したが、ベゾスは賢明にもそのアドバイスを無視した。

6. “Principles Underlying the Drucker Institute’s Company Rankings,” Drucker Institute, https://www.drucker.institute/principles-underlying-the-drucker-institutes-company-rankings/

7. テレビの秋の番組ラインアップ、自動車業界で数年おきに見られるフルモデルチェンジ、ほぼすべての業界で相次ぐブランドの刷新やウェブサイトのリニューアルなどを思い浮かべてほしい。これを認めることはやや気恥ずかしいけれども、要するに、私たち人間はピカピカの新しもの好きなのだ。

8. 現在進行中の特許訴訟の結果しだいでは、USAAは追加的な収入を得られるかもしれない。Penny Crosman, “USAA won $200M from Wells Fargo in patent fight.Will others be on the hook?,” American Banker, November 18, 2019, を参照のこと。https://www.americanbanker.com/news/usaa-won-200m-from-wells-fargo-for-patent-infringement-will-it-stop-there

9. Geoff Colvin, “The simple metric that’s taking over big business,” *Fortune*,

第6章

1. イエスの言葉は、《マタイによる福音書》7章12節の中で次のように引用されている。「何ごとにも、自分がしてもらいたいと思うことを他人にも行いなさい」。《マタイによる福音書》22章39節：「己の如く、汝の隣人を愛せよ」

2. 『論語』

3. 申し訳ない。どうしても言いたかったのだ。

4. MRE（Meal, Ready to Eat）とは、「ブリスケット（牛のバラ肉）とソーセージ」の味付けをした小袋入りの栄養補助ペーストのこと。

5. 運用会社は、少なくとも年金口座を取り扱うときには、顧客利益を最優先に行動すべきだと規制当局が求めたところ、政治的な反発がかなり強く、このルールは覆された。

6. 同じような現象は、きちんと管理されていない「360度」評価システムにも見られる。

7. Adam Grant, *Give and Take: Why Helping Others Drives Our Success*（New York: Viking, 2013）.（邦訳『GIVE & TAKE「与える人」こそ成功する時代』楠木健監訳、三笠書房、2014年）

8. Deepa Seetharaman, "Jack Dorsey's Push to Clean Up Twitter Stalls, Researchers Say," *Wall Street Journal*, March 15, 2020. を参照のこと。

第7章

1. おそらく若干の補足説明が必要だろう。アマゾンは、自社のウェブサイトに出品している独立ベンダーがダイナミックプライシングを使わないように奨励しているわけではない。実のところ、特定の限定された方法であれば、かえって推奨しているくらいだ。夏にサングラスの値段を上げられるのであればそうすればいいと、アマゾンはサングラス会社に言う。次のアマゾンのプライシングポリシーは非常に面白い。"Amazon Pricing Policy," Feedvisor, https://feedvisor.com/university/amazon-pricing-policy/。「（売り手）が季節変動、消費者の需要、季節性その他を考慮しなければ、利益獲得のチャンスを失うかもしれません」と、アマゾンは助言する。だが、次のように警告することも忘れない。「あなたがアマゾンで設定する価格は、あなたが他のオン

articles/the-dubious-management-fad-sweeping-corporate-america-11557932084?page=1

12. 念のため説明しておくと、二重盲検（ダブル・ブラインド）調査とは、検査が完了するまでは、実施する側とされる側がお互いに誰かを知らない調査のことである。

13. さまざまな種類のNPSの格付や適切な使用法の詳しい説明については、NetPromoterSystem.comを参照されたい。

14. これは、『ネット・プロモーター経営』で業界リーダーを特定するために私たちが使用した、2010年NICE Systems=NPS調査のサンプリング法だ。

15. 最近の調査では、点数の並びが0点から10点（左端に0点）だったものを10点から0点（右端に0点）へと変えただけでスコアが10点以上変動した事例があった!

16. もう一度言うと、このアプローチは機能しないと思われた。というのも、NPSプリズムがファースト・リパブリック・バンクに関する十分な回答サンプルを得る唯一の方法は同行の名前を出すことであったのに、それをするとサンプルが推奨者（プロモーター）であふれかえってしまうからだ。

17. Rob Markey, “Are You Undervaluing Your Customers?,” *Harvard Business Review*, January–February 2020, https://hbr.org/2020/01/are-you-undervaluing-your-customers

18. 詳細な分析については、SaaSキャピタル（SaaS Capital）の白書 “Essential SaaS Metrics: Revenue Retention Fundamentals,” November 12, 2015, https://www.saas-capital.com/blog-posts/essential-saas-metrics-revenue-retention-fundamentals/ を参照されたい。

19. そうすれば、効率的に事業活動を行える。詳しくは付録Bを参照のこと。

20. 大半のプライベート・エクイティ企業は、ハードルレートを8%（これは、バンガード・トータル・ストック・マーケット・インデックスの設定リターンにほぼ等しい）に定めている。彼らが莫大なボーナスを得るには運用リターンがこの水準を超える必要がある。上場企業の役員報酬にも同じような構造が用いられるべきだろう。

第5章

1. このランチは、バフェットの亡き妻スーザンが支援していた、サンフランシスコを拠点とする慈善事業のためのオークションに「出品」されたものである。

2. Howard Gold, "Opinion: Jack Bogle even towered over Warren Buffett as the most influential investor," MarketWatch, January 17, 2019, https://www.marketwatch.com/story/jack-bogle-even-towered-over-warren-buffett-as-the-most-influential-investor-2019-01-17

3. John Melloy, "Warren Buffett says Jack Bogle did more for the individual investor than anyone he's ever known," CNBC, January 17, 2019, https://www.cnbc.com/2019/01/16/warren-buffett-says-jack-bogle-did-more-for-the-individual-investor-than-anyone-hes-ever-known.html

4. FRED 株式指数は、優れた NPS スコアが示す通り、顧客愛にあふれた企業を選択することを読者は覚えているだろう。

5. 成熟した市場では、NPS リーダーだけが株式市場全体のインデックスに勝つことは可能だろうか。

6. 図表 11 の分析期間を 2019 年までとしたのは、2020 年に T- モバイルがスプリントを買収したためである。

7. NPS に対する TSR の回帰モデルは、TSR の自然対数を用いて指定する。これは、この数値が複利的な優位性があって、長期的には NPS との間に幾何学的な関係があることを示唆しているからだ。

8. これらの数値は 2019 年の年次報告書に基づいている。

9. クライスラーが自動車業界の分析から抜け落ちているのは、この期間の初期に同社が経営破綻し、意味のある（比較可能な）TSR の計算が不可能だったからである。クライスラーの NPS スコアは 46 で、業界で最下位だった。

10. レストランに関する調査が 2020 年ではなく 2019 年で終了しているのは、本書執筆時点で、既存店増収率を計算するためのデータが揃っていなかったためである。

11. Khadeeja Safdar and Inti Pacheco, "The Dubious Management Fad Sweeping Corporate America," *Wall Street Journal*, May 15, 2019, https://www.wsj.com/

当の意味で働きがいのある職場になるために、自分たちでつくったシステムとプロセスに基づいている。

9. このアイデアは、本社が近くにあるアマゾンからヒントを得たのかもしれない。ジェフ・ベゾスは、アマゾンの「常にお客様のことを念頭に置く」というミッションを実現するために「ピザ 2 枚チーム」、つまり夜遅くまで働くとき食事がピザ 2 枚で足りる程度の小規模なチームに組織を再編した。Brad Stone, *The Everything Store: Jeff Bezos and the Age of Amazon*（New York: Little, Brown & Company, October, 2013）, 169.（邦訳『ジェフ・ベゾス 果てなき野望――アマゾンを創った無敵の奇才経営者』滑川海彦解説、井口耕二訳、日経 BP、2014 年）を参照のこと。

10. 第 7 章で紹介する「セカンドマイルサービス」プログラムは聖書に基づくもので、他人に奉仕することが、いかに意味と目的のある人生の基礎になるかを示している。

11. Steve Robinson, *Covert Cows and Chick-fil-A: How Faith, Cows, and Chicken Built an Iconic Brand*（Nashville: Thomas Nelson, 2019）, 6.

12. たとえば、ハーバード大学の入試合格率はおよそ 5%で、チックフィレイのおよそ 10 倍である。ベイン・アンド・カンパニーに昨年志願した 6 万人の大学卒業生のうち、無事入社できたのはわずか 2%を下回る事実からも、チックフィレイによる店舗責任者の選抜がいかに厳しいかがわかるだろう。

13. Matthew McCreary, "5 Things You Need to Know Before Investing in a Chick-fil-A Franchise," *Entrepreneur*, May 5, 2021, https://www.franchise500.com/slideshow/307000

14. 合格率と客足の統計も、情報の非常に豊富なスライドショーで確認できる。

15. Frederick Reichheld, *Loyalty Rules! How Today's Leaders Build Lasting Relationships*（Boston: Harvard Business Review Press, 2001）.the Loyalty Acid Test,（pp. 191–198）を参照のこと。

16. もちろん、上場企業の CEO はウォール街のアナリストを定期的に訪問する。だが、地方のコールセンターに足を踏み入れるようなことを考える CEO はほとんどいないだろう。

17. たとえ口座の残高がマイナスになっても、金利はずっと低いのが一般的だ。

18. 幹部職員と副社長は、毎週火曜日と金曜日に催されているこの会に 2 回出席することになっている。対象となる地域の監督者も出席して、電話ごとにどういう状況かを補足説明したり、会で発せられた質問に答えたりする。

優れていることになる。つまり、保険料を減額した後でも、利益率はなお10ポイント高いということだ。

18. 同社の記者会見より。Junko Fujita, "Tokio Marine to buy U.S. insurer Pure Group for about $3 Billion," *Reuters*, October 3, 2019, https://www.reuters.com/article/us-pure-m-a-tokio-marine-idUKKBN1WI0BJ

19. たとえば、次の素晴らしい記事を参照されたい。Scott McCartney "The Hotel Fees That Barely Even Make Sense," *Wall Street Journal*, January 9, 2019.

第4章

1. この部分に関しては、ハリー・ストラーンとダーレル・リグビーの貢献が大きい。ここに感謝したい。

2. 私がこの手のリストに懐疑的だという点はすでに指摘した。というのも、これらは従業員を幸せな気持ちにするかもしれないが、それ以外の誰も愉快になるものはない事柄に焦点を当てがちだからだ。だが、ベインはこうしたリストの多くに顔を出すので、それなりの理由があるのだろう。

3. 次を参照のこと。"2021 Best Places to Work（2021年最も働きやすい職場）," Glassdoor, https://www.glassdoor.com/Award/Best-Places-to-Work-2021-LST_KQ0,24.htm

4. 時代は変わった。ハーバード大学の卒業見込みの学生の半分以上がベインの面接に申し込むようになった。

5. ハドルの前に、匿名で最高のアイデアを求めることの一つの利点は、内気な人間や若手のメンバーが上司に自分の意見を言いやすいという点である。

6. もっと安定したチームを持つ組織であれば、この質問を次のように変えると、さらにうまく機能するかもしれない。「あなたは自分のチームリーダーを上司としてどの程度推薦しますか」

7. なお、私はティアニーを選んだ指名委員会のメンバーであり、その後報酬および昇進委員会のメンバーとなった。全面開示の観点から申し添えておく。

8. ご推察の通り、私たちはアップルストアから名前を拝借した。だが内容は、ベインが本

4-000-treadmill-may-illustrate-the-future-of-gadgets/article_46dec879-6eb7-5360-9e2f-d638771f20f4.html を参照のこと。同社はバイクライダーたちが互いに競争するバーチャルコミュニティをつくり上げ、フィットネス教室のリーダー層を任命し、その何人かは有名人としての地位を獲得している。

5. 同上。

6. "Airbnb Statistics," iProperty Management, https://ipropertymanagement.com/research/airbnb-statistics

7. 私が後に確認してみると、確かにコストコが新規株式公開をして以降 34 年間の累積 TSR は、同じ期間のバンガード 500 指数ファンドの TSR の 5 倍に達していた。

8. *The Good Jobs Strategy*（『良い仕事戦略』未邦訳）は Amazon Publishing から 2014 年に刊行された。同書は、従業員に賢く投資して、いかにコストを下げて利益を上げられるかに焦点を当てている。

9. Sarah Nassauer, "Costco to Raise Minimum Hourly Wage to $16, as Congress Debates $15," *Wall Street Journal*, February 25, 2021.

10. Brendan Byrnes, "An Interview With Jim Sinegal, Co-founder of Costco," The Motley Fool, July 31, 2013, https://www.fool.com/investing/general/2013/07/31/an-interview-with-jim-sinegal-of-costco.aspx

11. この点については次章でも触れる。カスタマーサービス担当者は、黄金律を実践することで非常にモチベーションが上がっていることがわかった。

12. このサービスは、電子メールによる警告を申し込んだ顧客のみを対象とする。

13. FICO スコアは、1989 年にフェア・アイザックによって開発されたクレジット・スコアの有名なブランドである。スコアが高いほど、ローンでデフォルト（債務不履行）になるリスクが低い。

14. 気むずかしい顧客よりも幸せな顧客に応対するほうがはるかに楽しい。『フォーチュン』誌は現在、T- モバイルを働きがいのある会社のトップ 100 にランク付けしている。

15. これは彼女の本名である。カスタマーサービス担当者の名前としては完璧ではないか。

16. 具体的には、NPS スコアは 4 年目の更新時の 69 から 5 年目には 79 に伸びている。

17. 保険用語で言うと、ピュア保険の損害率は、歴史の浅い同業他社よりも 10 ポイント

value-11553607751 を参照のこと。

7. 同書の刊行後、私はフェイスブック（Facebook）とアルファベット（Alphabet）を NPS リーダーに任命するのは時期尚早だったことに気がついた。というのも、私たちが調査したのは広告主（金を出している彼らの実際の顧客）ではなく、（ソーシャルメディア・プラットフォームと検索エンジンの無償利用を愛している）消費者だったからだ。幸運なことに、この 2 銘柄が入っていてもいなくても指数のパフォーマンスはほとんど変わらなかったので、そのまま残すことにした。

8. バンガード・トータル・ストック・マーケット・インデックス（VTI）は時価総額加重平均なので、単純平均のインベスコ指数のほうが適当だろう。過去 10 年で比較すると、両ベンチマークはほぼ同水準のパフォーマンスを上げているが、いつもそうだというわけではない。

9. カプランによると、FRED 株式指数の 26％というリターンは、プライベート・エクイティ・ファンドのリミテッド・パートナーの中ではトップ 25％に入るとのこと。そして、FRED 株式指数構成企業への私の投資は、プライベート・エクイティ投資につきものの高い負債比率や流動性の欠如といった負担がなかった。

第 3 章

1. ベインの NPS ロイヤルティ・フォーラムは、優れた顧客ロイヤルティの獲得に情熱を持っている数十社からなる企業集団だ。四半期に一度集まってさまざまな課題解決にヒントを出し合ったり、ベスト・プラクティスを紹介したりすることを通じて、NPS のミッションを発展させるうえで重要な役割を演じてきた。

2. チューイーの提出した SEC S-1 資料（2019 年 6 月 12 日付）の P5 を参照のこと。https://www.sec.gov/Archives/edgar/data/1766502/000119312519170917/d665122ds1a.htm

3. 第5章に示すように、ベインはチューイーの本当の顧客とのリレーションシップをもっと低い（60％のちょうど下）と見ていたが、それでもアマゾンや他の先進企業よりも 25 ポイント以上高かった。

4. Farhad Manjoo, "New $4,000 treadmill may illustrate the future of gadgets," *New York Times*, January 17, 2018, https://www.bendbulletin.com/nation/new-

第 1 章

1. 2021 年 7 月に実施されたベイン企業経営者向け調査による（既出）。

2. 『チェーン・ストア・エイジ』誌によると、アップルは毎年売り場面積 1 平方フィート当たり 5,546 ドルという驚くべき売上高を記録している。第 2 位はガソリンスタンドとコンビニエンスストアを運営しているマーフィー USA（3,721 ドル／平方フィート、Murphy USA)、第 3 位がティファニー・アンド・カンパニー（2,951 ドル／平方フィート、Tiffany & Co）だ。2017 年の数値については Marianne Wilson, "The most profitable retailers in sales per square foot Are ...," Chain Store Age, July 31, 2017, https://chainstoreage.com/news/most-profitable-retailers-sales-square-foot-are を参照のこと。

第 2 章

1. この討論会については、https://www.netpromotersystem.com/insights/journey-to-greatness-nps-video/ を参照のこと。

2. コリンズが著し、ハーパービジネス（HarperBusiness）が 2001 年に刊行した本書は、現在もベストセラーであり続けている（邦訳『ビジョナリー・カンパニー2――飛躍の法則』山岡洋一訳、日経 BP、2001 年)。

3. Jim Collins, *How the Mighty Fall: And Why Some Companies Never Give In*（New York: HarperCollins, 2009)（邦訳『ビジョナリー・カンパニー3――衰退の五段階』山岡洋一訳、日経 BP、2010 年)。

4. 売上高が 5 億ドルを上回る全上場企業を対象に、全企業の中央値を算出した。時価総額加重平均としなかったのは、時価総額で加重すると、会社の規模と偉大さを混同してしまうからである。

5. これは同時に、『ネット・プロモーター経営』のスター企業であるアマゾンやアップルの天井知らずの上昇の影響を緩和した。その結果、比較がより保守的となった。

6. Christopher Mims, "Apple Pitches Values Along With Credit Card, News and TV Plus—but Will People Buy It?," *Wall Street Journal*, March 26, 2019, https://www.wsj.com/articles/apple-bets-that-plugging-its-values-can-help-create-

"The Age of Customer Capitalism," *Harvard Business Review*, January/February 2010 だったと思う。その後の調査で、1999 年に刊行された *Customer Capitalism* (London: John Murray Press) by Sandra Vandermerwe（『顧客資本主義』未邦訳）というタイトルの本を見つけた。著者はインペリアル・カレッジ・ロンドンでマーケティングの教授をしているサンドラ・ヴァンダーメルウェで、HBS の教授クリストファー・ラブロックやジョン・ケルチなどの学者たちとも複数の記事を共同執筆している。

9. この調査は、フレッド・ライクヘルドとロブ・マーキーによる *The Ultimate Question 2.0: How Net Promoter Companies Thrive in a Customer-Driven World*（Boston: Harvard Business Review Press, 2011）, 47–51.（邦訳『ネット・プロモーター経営——顧客ロイヤルティ指標 NPS で「利益ある成長」を実現する』森光威文・大越一樹監訳、渡部典子訳、プレジデント社、2013 年）で説明している。

10. たとえば次の記事を参照のこと。Siemens, "Sustainability Information 2020" (Berlin, 2020), 34, https://assets.new.siemens.com/siemens/assets/api/uuid:13f56263-0d96-421c-a6a4-9c10bb9b9d28/sustainability2020-en.pdf

11. Geoff Colvin, "The simple metric that's taking over big business," *Fortune*, May 18, 2020, https://fortune.com/longform/net-promoter-score-fortune-500-customer-satisfaction-metric/

12. Fay Twersky and Fred Reichheld, "Why Customer Feedback Tools Are Vital for Nonprofits," *Harvard Business Review*, February 2019.

13. 「オープンソース」とは、実務家がネット・プロモーター・システムに関連する理論、手法、ツールを自由に使って、自社のビジネスにおいて利益を上げながら持続可能な成長を実現することを意味する。「NPS」「ネット・プロモーター」「ネット・プロモーター・システム」といった NPS の商標は、ベインからライセンス（使用許諾）を得ない限り商用目的としては使えない。たとえば、NPS を自社の顧客に販売するサービスやソリューションの中に組み込むフィードバック、分析、データ提供を業とする企業にはライセンスが必要となる。NPS の商標の使用はすべて、ベインの商標帰属要件を遵守しなければならない。NPS のライセンス供与と使用に関する詳しい情報は https://www.netpromotersystem.com/resources/trademarks-and-licensing/ を参照してほしい。

はじめに

1. 特に断りがない限り、本書のコメントと引用はすべて、著者であるフレッド・ライクヘルドが行ったインタビューや個人的な会話からのものである。

イントロダクション

1. 2021 年 7 月に実施されたベイン企業経営者向け調査。
2. ビジネススクールでのケーススタディの授業の多くは、教授が不運な学生を指名して、学生たち全員が前の晩に熟読してきたはずのケースの分析を命じるところから始まる。ビジネススクールのケーススタディの教授法になじみのない読者のために補足しておく。
3. マーケティング分野は、その数十年前に学術的な関心の的ではなくなっていた。
4. Frank Newport, "Democrats More Positive About Socialism Than Capitalism," Gallup News, August 13, 2018, https://news.gallup.com/poll/240725/democrats-positive-socialism-capitalism.aspx
5. このスピーチで、ブルームバーグは（特に）従業員を公平に扱うことの重要性を強調した。彼の言葉を借りれば、「それが、正しく、合理的な行動姿勢だ」と述べたのである。Clea Simon, "Former New York mayor and philanthropist urges grads toward ethical business practices," *Harvard Gazette,* May 30, 2019, https://news.harvard.edu/gazette/story/2019/05/michael-bloomberg-extolls-moral-leadership-at-harvards-class-day/ を参照のこと。
6. 他のすべての次元は、閾値要件を備えた制約条件として扱われなければならない。このような制約が満たされると、エネルギーと創造性のすべては 1 つの目的関数の最大化に集中させることができる。
7. たとえば、資本コストを真のコストと見なせば（現在の金利環境では 8%としよう）、株主価値を最大化すると同時に顧客価値を（従業員エンゲージメント、地域への貢献、イノベーション、人権、持続可能性等とともに）最大化するという混乱が避けられる。この問題は第 1 章以降にも現れる。
8. 私がこのフレーズを印刷物の中に初めて見たのは、ロジャー・マーティンの優れた記事、

監訳・解説者紹介

大越 一樹（おおこし・かずき）

ベイン・アンド・カンパニー東京オフィス パートナー

京都大学法学部卒、フランス HEC 経営大学院修士課程（MBA）修了。第一勧業銀行、アーンスト・アンド・ヤングを経てベインに参画。通信・テクノロジー、自動車、金融などの幅広い業界において、全社戦略、顧客ロイヤルティ（NPS）向上を中心とした顧客戦略・マーケティング、営業改革、アフターサービス戦略等、多岐にわたるテーマのプロジェクトに携わる。『ネット・プロモーター経営——顧客ロイヤルティ指標 NPS で「利益ある成長」を実現する』（プレジデント社）でも監訳を務めた。

髙木 啓晃（たかぎ・ひろあき）

ベイン・アンド・カンパニー東京オフィス アソシエイト・パートナー

早稲田大学政治経済学部卒。10 年以上にわたり、保険・金融、商社、不動産・住宅、メーカー、小売、消費財等の幅広い業界において、全社戦略、顧客ロイヤルティ（NPS）向上を中心とした顧客戦略・マーケティング、新規事業立案、PMI（買収後の企業統合）など多岐にわたるテーマのプロジェクトに携わる。

訳者紹介

鈴木 立哉（すずき・たつや）

一橋大学社会学部卒。米コロンビア・ビジネス・スクール（MBA）修了。野村證券などを経て 2002 年に独立。訳書に『ティール組織——マネジメントの常識を覆す次世代型組織の出現』（英治出版）、『ビッグミステイク　レジェンド投資家の大失敗に学ぶ』（日経 BP）、『FUZZY-TECHIE（ファジー・テッキー）　イノベーションを生み出す最強タッグ』（東洋館出版社）など。著書に『金融英語の基礎と応用　すぐに役立つ表現・文例 1300』（講談社）がある。

ベイン・アンド・カンパニーについて

未来を切り開き、変革を起こそうとしている世界のビジネス・リーダーを支援するコンサルティングファーム。1973 年の創設以来、クライアントの成功をベインの成功指標とし、世界 40 カ国 65 拠点のネットワークを展開。クライアントが厳しい競争環境の中でも成長し続け、クライアントと共通の目標に向かって「結果」を出せるように支援する。同社は、持続可能で優れた結果をより早く提供するために、さまざまな業界や経営テーマにおける知識を統合し、外部の厳選されたデジタル企業等とも提携しながらクライアントごとにカスタマイズしたコンサルティング活動を行っている。また、教育、人種問題、社会正義、経済発展、環境などの世界が抱える緊急課題に取り組んでいる非営利団体に対し、プロボノコンサルティングサービスを提供することで社会に貢献している。

著者紹介

フレッド・ライクヘルド

ベイン・アンド・カンパニー　フェロー

米ハーバード大学卒、米ハーバード・ビジネス・スクール(MBA)修了。1977年にベイン・アンド・カンパニーに入社。ネット・プロモーター経営システムの考案者で、ベイン・アンド・カンパニーのロイヤルティ実践の創始者でもある。主要なビジネス・フォーラムでも頻繁にスピーカーを務めており、顧客ロイヤルティに関する業績は『ウォール・ストリート・ジャーナル』紙、『フィナンシャル・タイムズ』紙、『フォーチュン』誌、『ビジネスウィーク』誌、『エコノミスト』誌などに幅広く取り上げられてきた。『ハーバード・ビジネス・レビュー』誌に15本の論文を掲載。2012年には、最初の「リンクトイン認定インフルエンサー」の一人になった。「リンクトイン認定インフルエンサー」は、それぞれの分野で思想的指導者となっている企業リーダーや著名人の招待者限定の集団である。2003年、『コンサルティングマガジン』誌で「世界で最も影響力のあるコンサルタント25名」に選ばれた。『ニューヨーク・タイムズ』紙は、フレッドを「ロイヤルティの経済性を地図上に示した人物」と評し、『エコノミスト』誌はロイヤルティの「第一人者」と呼んでいる。

『ニューヨーク・タイムズ』紙でベストセラーとなった“The Ultimate Question 2.0”（邦訳『ネット・プロモーター経営――顧客ロイヤルティ指標NPSで「利益ある成長」を実現する』プレジデント社）を含む5冊の書籍を執筆した。マサチューセッツ州ケープコッドとフロリダ州マイアミ在住。

ダーシー・ダーネル

ベイン・アンド・カンパニー　カスタマープラクティス グローバル・ヘッド

米セントルイス・ワシントン大学卒（会計学学士）、米ダートマス大学タックビジネススクール（MBA）修了。顧客戦略、ロイヤルティ、コマーシャルエクセレンス、プライシング、マーケティングなどの顧客ソリューションを担当。複数のグローバル部門を指揮した経験があり、現在、同社トップから選出のガバナンス委員会の委員を務めている。シカゴ在住。

モーリーン・バーンズ

ベイン・アンド・カンパニー　カスタマープラクティス シニア・パートナー

米ジョージタウン大学エドムンド・A・ウォルシュ外交学校卒、ハーバード・ビジネス・スクール（MBA）修了。ネット・プロモーター・システムと顧客ロイヤルティに関する最先端の専門家。ベインが実施した主なデジタルトランスフォーメーションの大半をけん引し、クライアントがテクノロジーとデータを活用して顧客ロイヤルティを獲得できるよう支援している。ボストン在住。

「顧客愛」というパーパス〈NPS3.0〉

2022年10月4日 第1刷発行

著　者――――フレッド・ライクヘルド
ダーシー・ダーネル
モーリーン・バーンズ

監訳・解説者――大越一樹　髙木啓晃

訳　者――――鈴木立哉

発行者――――鈴木勝彦

発行所――――株式会社プレジデント社
〒102-8641
東京都千代田区平河町2-16-1
平河町森タワー13F
電話 03-3237-3732［編集］
03-3237-3731［販売］
https://www.president.co.jp/

装丁・DTP　aTELla
制作　関 結香
販売　桂木栄一　高橋 徹　川井田美景
森田巌　末吉秀樹　花坂 稔　榛村光哲
編集協力　株式会社ランチプレス
印刷・製本　中央精版印刷株式会社

ISBN 978-4-8334-2476-9